SHANGHAI'S
FINANCIAL DEVELOPMENT
REPORT 2023

2023

上海金融发展报告

信亚东　周小全 主编

上海人民出版社

编　委　会

前　　言

　　上海国际金融中心建设是党中央、国务院高瞻远瞩、审时度势，从我国改革开放和社会主义现代化建设全局高度提出的一项重大国家战略。近年来，习近平总书记多次亲临上海，对上海工作作出了一系列重要指示，对上海国际金融中心建设寄予了新的历史使命和时代嘱托。党中央、国务院和国家有关部门出台了一系列重要文件，为上海国际金融中心建设注入了强大动力。上海金融市场格局日益完善，金融中心核心功能不断增强。各类金融市场、基础设施等金融要素齐备，人民币金融资产定价、支付清算、风险管理功能不断提升，金融产品日益丰富，"上海价格"影响日增，"债券通""沪港通""沪伦通"等金融市场互联互通渠道平稳运行，启动利率衍生品"互换通"机制建设。上海金融改革开放深入推进，有力支持实体经济发展。上海自贸试验区及临港新片区金融开放创新先行先试作用显著，自由贸易账户体系不断完善，开展跨境贸易投资高水平开放外汇管理改革试点等。金融中心与科创中心联动效应日益增强，科创板改革"试验田"作用充分发挥，数字人民币试点稳步推进。全国碳排放权交易市场、国家绿色发展基金等在沪设立。普惠金融服务方式更加多元，政策性融资担保的撬动引导功能不断提升，大数据普惠金融应用持续深化，普惠金融顾问制度启动。上海金融机构体系日益健全，国际金融人才高地加快构筑。2022年末，上海持牌金融机构1 736家，其中外资金融机构539家，占比超过30%；2018年中国扩大金融对外开放以来，一系列"首批""首家"外资金融机构落地，示范效应明显；金融人才高地建设取得积极进展，深入实施"上海金才"工程，上海金融从业人员超过47万人。上海金融营商环境不断优化，金融中心城市影响力明显提升。金融法治建设深入推进，金融领域浦东新区法规陆续出台，上海金融法院首推金融市场案例测试机制；信用与消费者保护体系不断健全，上线全国首个金融"合规一码通"；金融品牌知名度日益扩大，陆家嘴金融城、沿黄浦江金融集聚带建设成效明显。2022年，上海金融业增加值达到8 626.3亿元，上海金融市场成交额达到2 933万亿元。上海已经基本建成了与我国经济实力以及人民币国际地位相适应的国际金融中心，正在奋力向更高发展水平迈进。

　　展望未来，上海国际金融中心建设动力依然强劲，经济高质量发展为上海国际金融中心建设提供了坚实的物质基础，信息化和数字化浪潮是上海国际金融中心建设的新机遇，特别是浦东引领区、自贸试验区及临港新片区等一系列重要的国家战略,正成为上海金融高质量发展的重要抓手和载体。上海国际金融中心建设将以构建更加开放、高效、稳健、富有活力的"金融市场体系、产品体系、机构体系、基础设施体系"为重要着力点,增强全球资源配置功能,力争取得新突破。

一是建设更富韧性、更具活力的金融市场体系。深入对标高标准国际经贸规则,持续深化金融改革开放创新,着力提高金融市场的深度广度、定价能力和资源配置效率,稳步拓展各种场内和场外市场,推进境内外金融市场互联互通,加快完善多层次资本市场,支持科技创新和产业结构升级。

二是打造种类齐全、丰富多元的金融产品体系。立足于服务实体经济导向,以浦东高水平金融改革开放为契机,不断丰富金融产品,打造上海金融品牌。进一步推动"上海价格"在国际金融市场的广泛使用,建立和完善具有全球影响力的人民币债券、利率、汇率等指数和基准价格体系,提升人民币金融资产的自主定价能力和国际话语权。

三是培育更具国际竞争力、行业影响力的金融机构体系。支持银行、证券、保险及各类新型金融机构集聚发展,发展更高能级的总部经济,打造更多旗舰型机构。吸引国内外知名投行、资产管理公司、股权投资公司等直接投资机构,提升全球资管中心能级。扩大金融机构在上海的业务经营范围,增强对中外资金融机构吸引力。

四是建设技术先进、安全高效的金融基础设施体系。积极建设具有国际先进水平的支付、登记、结算、清算、托管等金融基础设施体系,聚焦提升上海金融基础设施运营机构的国际化程度和危机应对能力。加强监管科技的应用,优化金融科技发展布局,完善金融科技全链条生态系统。

我们将始终以国家使命为指引,充分发挥上海的资源禀赋优势,以市场化、国际化、法治化、数字化、绿色化为方向,努力把上海国际金融中心建设成为金融与科技融合创新的引领者、服务绿色低碳转型的示范样板、金融风险管理与压力测试的试验区,不断开创上海国际金融中心建设新局面,为全面建设社会主义现代化国家作出更大贡献。

Introduction

Building Shanghai into an international financial center is a landmark national initiative proposed by the CPC Central Committee and the State Council in line with the present and future context and China's pursuit of reforms, opening-up, and socialist modernization. Notably, President Xi Jinping has made numerous visits to Shanghai in recent years to provide guidance and set forth new goals and mandates for the initiative. The CPC Central Committee, the State Council, and many government agencies have also provided support through a wide array of policy documents.

An increasingly complete financial market system and growing effectiveness as a financial center. Shanghai is now home to all types of financial markets and infrastructures and is becoming a prominent center for the pricing of RMB financial assets, payment and clearing, and risk management. In addition to an expanding range of financial products, the "Shanghai Prices" are gaining influence and the various market interconnectivity schemes—Bond Connect, Shanghai-Hong Kong Stock Connect, and Shanghai-London Stock Connect—are running smoothly, with the Swap Connect for interest rate derivatives also in preparation.

More-extensive financial reforms to support the real economy. The Shanghai FTZ and Lin-gang Special Area are making significant contributions as a testing ground for financial opening-up measures and innovations, including the improving free-trade account system and the pilot program for high-standard easing of foreign exchange controls for cross-border trade and investment. There are a growing synergy between building Shanghai into a financial center and into a technology innovation center, exemplified by the functions played by the STAR Market and the steady progress made by e-CNY pilot program. The national carbon emissions trading market and the National Green Development Fund are established in Shanghai. Inclusive financial services are becoming more varied with the growing leading role of the policy-based financing guarantee fund, the penetration of big data-powered inclusive finance app，and the implementation of the financial inclusion consultancy scheme.

Expanding range of financial institutions and becoming a magnet to international financial professionals. The number of licensed financial institutions in Shanghai has grown from 1,227 at the end of 2012 to 1,736 at the end of 2022，of which 539 or more than 30% are foreign-funded. Since China introduced enhanced financial opening-up policies in 2018，many foreign financial institutions have chosen Shanghai as their physical point of entry into the Chinese market，setting an example for many more to come. Progress is also made in building Shanghai into a magnet for financial professionals——with the Shanghai Financial Talent Initiative in full swing，Shanghai's financial industry is now employing more than 470,000 professionals.

Improving financial and business environment and a much more influential financial center. Financial rule-of-law continues to improve in Shanghai with the launch of a succession of financial regulations in Pudong New Area and the introduction of the financial markets test case scheme by the Shanghai Financial Court. The debut of China's first financial "Compliance Code" attests to an ever-more robust system for credit and financial consumer protection. Many local financial brands are gaining prominence——"Lujiazui Financial City" and the "Huangpu River Financial Belt" are all making a positive impact. The value-added of Shanghai's financial industry increased to RMB862.63 billion，and the turnover in its financial market grew to RMB2,933 trillion. In particular，Shanghai is in all material respects now an international financial center commensurate with China's economic strength and RMB's international stature，and is currently aiming for higher aspirations.

Looking ahead，Shanghai will remain committed to cementing its functions as an international financial center，a goal boosted by China's robust economy and the wider adoption of information and digital technologies. In particular，the various national initiatives——the Pudong Pioneer Area，Shanghai FTZ，and Lin-gang Special Area——are driving the high-quality development of the local financial industry. The next phase of the international financial center initiative will seek to promote more open，efficient，robust，and dynamic financial markets，products，institutions，and infrastructures，in order to enhance Shanghai's capacity in global resource allocation and pave the way for further breakthroughs.

First，building more resilient and dynamic financial markets. Shanghai will continue to align with international trade rules and promote financial reform，opening-up，and innovation. The goal is to boost its various financial markets in their breadth and depth， pricing capacity, and resource allocation efficiency; broaden the range of exchange and OTC markets; promote interconnectivity between domestic and overseas financial markets; optimize the multi-layered capital market system, and support technological innovation and industry restructuring.

Second, offering a complete spectrum of financial products. Riding on the momentum of Pudong's high-standard financial reform and opening-up, Shanghai will further expand its financial product offerings and increase their market recognition, with the ultimate goal of supporting the real economy. Shanghai will continue to promote the application of "Shanghai Prices" in international financial market; develop globally influential indices and benchmark prices on RMB bonds, interest rates, and exchange rates; and ensure RMB financial assets have a greater pricing power and international sway.

Third, cultivating more internationally competitive and influential financial institutions. Shanghai will support the creation of financial hubs for banks, securities firms, insurance companies, and emerging types of financial institutions, a more robust headquarters economy, and more world-leading financial institutions. The city will also become a more powerful global asset management center by attracting well-known investment banks, asset management companies, equity investment firms, and other direct investment firms. Furthermore, financial institutions in Shanghai will enjoy expanded scope of business to increase the city's appeal to financial institutions.

Fourth, building technologically advanced, secure, and efficient financial infrastructures. Shanghai will build internationally competitive payment, registration, clearing, settlement, and depository infrastructures, and help their operators become more international and more prepared for potential crisis situations. The city will increase the use of regulatory technologies, optimize the fintech development plan, and boost the fintech ecosystem.

We will be firmly aligned with the national mandates, make the most of the city's vast resources, and pursue market-oriented, international, law-based, digital, and green development. We strive to build Shanghai into an international financial center that stays at the forefront of finance-technology integration, serves as a model for green and low-carbon transition, and provides a test bed for financial risk management and stress testing. Through these efforts, we will break new ground with the international financial center initiative and make greater contributions in building China into a modern socialist country.

目　录

前言 ·· 1

综　合　篇

第一章　2022 年上海金融业发展概述 ·· 3
　第一节　2022 年上海金融业发展情况 ·· 3
　第二节　2023 年工作打算 ·· 4

市　场　篇

第二章　信贷市场 ·· 13
　第一节　市场运行情况 ·· 13
　第二节　市场运行主要特点 ·· 15

第三章　银行间货币市场和债券市场 ······································ 18
　第一节　市场运行特点 ·· 18
　第二节　市场建设 ·· 19
　第三节　市场发展展望 ·· 20

第四章　银行间外汇市场 ·· 23
　第一节　市场运行特点 ·· 23
　第二节　市场建设 ·· 25
　第三节　市场发展展望 ·· 26

第五章　黄金市场 ·· 28
　第一节　市场运行情况 ·· 28

第二节　市场建设 …………………………………………… 30

第三节　2023 年第一季度业务运行情况 …………………… 31

第六章　票据市场 ………………………………………… 33

第一节　市场运行情况 ……………………………………… 33

第二节　市场运行主要特点 ………………………………… 36

第三节　市场建设与产品创新 ……………………………… 38

第四节　市场发展展望 ……………………………………… 39

第七章　证券市场 ………………………………………… 42

第一节　股票市场运行情况 ………………………………… 42

第二节　债券市场运行情况 ………………………………… 44

第三节　衍生品市场运行情况 ……………………………… 45

第四节　基金市场运行情况 ………………………………… 46

第五节　双向开放情况 ……………………………………… 46

第六节　上海上市公司情况 ………………………………… 48

第七节　上海股权托管交易市场运行情况 ………………… 50

第八章　期货市场 ………………………………………… 58

第一节　商品期货市场概况 ………………………………… 58

第二节　金属类期货品种运行情况 ………………………… 59

第三节　能源化工类期货品种运行情况 …………………… 69

第四节　期权市场上市品种运行情况 ……………………… 74

第五节　金融期货市场运行情况 …………………………… 78

第六节　市场发展展望 ……………………………………… 83

第九章　保险市场 ………………………………………… 85

第一节　市场总体情况 ……………………………………… 85

第二节　行业基础设施建设情况 …………………………… 86

第三节　市场发展展望 ……………………………………… 88

第十章　信托市场 ………………………………………… 90

第一节　市场运行情况 ……………………………………… 90

第二节　行业基础设施建设情况 …………………………… 94

第三节　市场发展展望 ……………………………………… 95

第十一章　产权市场 ·· 98
　第一节　市场运行概况 ·· 98
　第二节　市场发展展望 ··· 102
第十二章　金融市场基础设施 ································· 106
　第一节　上海清算所业务情况 ································· 106
　第二节　中央国债登记结算公司上海总部业务情况 ········· 110
　第三节　中国证券登记结算公司上海分公司业务情况 ······· 116
　第四节　跨境银行间支付清算公司业务情况 ················· 119

业　务　篇

第十三章　银行业务 ·· 129
　第一节　总体运行情况 ·· 129
　第二节　2023 年第一季度情况 ······························ 130
第十四章　证券业务 ·· 132
　第一节　基本情况 ·· 132
　第二节　主要特点 ·· 132
　第三节　2023 年第一季度情况 ······························ 134
第十五章　期货业务 ·· 136
　第一节　基本情况 ·· 136
　第二节　主要特点 ·· 136
　第三节　2023 年第一季度情况 ······························ 137
第十六章　基金业务 ·· 139
　第一节　基本情况 ·· 139
　第二节　主要特点 ·· 139
　第三节　2023 年第一季度情况 ······························ 140
第十七章　保险业务 ·· 142
　第一节　总体运行情况 ·· 142
　第二节　主要特点 ·· 143
　第三节　2023 年第一季度情况 ······························ 144

第十八章　银行卡业务 ··· 147

第一节　银行卡市场整体情况 ··· 147

第二节　重点产品和业务发展情况 ······································· 150

第三节　业务发展展望 ··· 152

第十九章　地方金融业务 ··· 154

第一节　本市地方金融组织基本情况 ····································· 154

第二节　小额贷款公司 ··· 155

第三节　融资担保公司 ··· 156

第四节　典当行 ··· 157

第五节　地方资产管理公司 ··· 157

第六节　融资租赁公司 ··· 158

第七节　商业保理公司 ··· 159

环　境　篇

第二十章　金融监管 ··· 163

第一节　银行业保险业监管 ··· 163

第二节　证券业监管 ··· 164

第三节　地方金融业监管 ··· 166

第二十一章　金融行业自律 ··· 171

第一节　银行业行业自律 ··· 171

第二节　证券业行业自律 ··· 173

第三节　期货业行业自律 ··· 174

第四节　基金业行业自律 ··· 176

第五节　保险业行业自律 ··· 178

第六节　互联网金融行业自律 ··· 180

第二十二章　金融集聚区 ··· 182

第一节　浦东新区 ··· 182

第二节　黄浦区 ··· 185

第三节　虹口区 ··· 186

第二十三章　金融人才队伍建设 …………………………………………… 189

　　第一节　金融人才工作机制情况 ……………………………………… 189

　　第二节　金融人才队伍建设情况 ……………………………………… 190

　　第三节　金融人才发展综合环境 ……………………………………… 191

第二十四章　支付体系和信用体系建设 …………………………………… 192

　　第一节　支付体系建设情况 …………………………………………… 192

　　第二节　信用体系建设情况 …………………………………………… 193

第二十五章　金融法治建设和风险防范 …………………………………… 196

　　第一节　金融司法建设 ………………………………………………… 196

　　第二节　金融风险防范 ………………………………………………… 198

专栏

1. 深入推进上海金融科技中心建设 ………………………………………… 6

2. 长三角五城市科创金融改革试验区成功落地 …………………………… 7

3. 上海启动普惠金融顾问制度 ……………………………………………… 8

4. 金融业统筹疫情防控和经济社会发展，推动经济恢复重振 …………… 8

5. 五大行合资理财公司全部落户上海 ……………………………………… 10

6. 沪港开展"互换通"合作 …………………………………………………… 21

7. 外汇市场新增期权品种，提升外汇市场服务实体经济能力 …………… 27

8. "上海金"助力提升我国黄金市场的定价影响力 ………………………… 31

9. 新一代票据业务系统建成投产 …………………………………………… 40

10. 科创板第五套上市标准发布实施，适用企业范围拓宽至医疗器械企业 …………… 54

11. 上海机场重大资产重组 …………………………………………………… 55

12. 全国性大宗商品仓单注册登记中心启动 ………………………………… 83

13. 构建面向全球的再保险"国际板"助力上海打造国际一流再保险中心 …………… 89

14. 全国股权信息管理系统上线 ……………………………………………… 96

15. 上海清算所支持加快推动柜台债券业务发展改革措施落地 …………… 122

16. 上海清算所创新推出清算通供应链金融服务 …………………………… 122

17. 中央结算公司推出债券一级市场认购分销业务直通式服务 …………… 123

18. 绿色债券担保品管理应用 ………………………………………………… 124

19. 加强金融科技应用、推动标准体系建设 ·· 125

20. 上海银保监局与临港新片区管委会共建"临港新片区银行业保险业科技金融创新试验基地" ·· 131

21. 上海证券公司积极服务实体经济高质量发展 ·· 135

22. 全国首单 QFII 境内商品期货交易落地上海 ·· 138

23. 上海基金行业积极参与个人养老金投资公募基金业务 ·· 140

24. 上海保险码平台正式上线 ·· 145

25. 上海资产管理协会揭牌成立，全球资管中心建设再上新台阶 ·· 187

26. 探索解决疫情期间企业发放工资难题，解决群众急难愁盼 ·· 194

附　　录

1. 2022 年上海金融大事记 ·· 203

2. 2022 年上海金融统计数据 ·· 205

3. 2017—2022 年上海各金融市场重要数据 ·· 206

4. 2022 年上海金融管理部门和金融机构名录 ·· 207

后记 ·· 231

Contents

Introduction ··· 1

Overview

Chapter I Shanghai's Financial Sector in 2022 ·· 3
  Section I   Review of 2022 ·· 3
  Section II Work Plan for 2023 ··· 4

Market Development

Chapter II Credit Market ·· 13
  Section I   Market Review ··· 13
  Section II Key Market Features ··· 15
Chapter III Interbank Money and Bond Markets ··········· 18
  Section I   Market Features ·· 18
  Section II Market Building ·· 19
  Section III Market Outlook ··· 20
Chapter IV Interbank Foreign Exchange Market ··········· 23
  Section I   Market Features ·· 23
  Section II Market Building ·· 25
  Section III Market Outlook ··· 26
Chapter V Gold Market ·· 28
  Section I   Market Review ··· 28
  Section II Market Building ·· 30

Section III　Gold Market in Q1 2023 ································ 31
Chapter VI　Commercial Paper Market ························· 33
Section I　Market Review ··································· 33
Section II　Market Features ································ 36
Section III　Market Building and Product Innovations ········ 38
Section IV　Market Outlook ································· 39
Chapter VII　Securities Market ······························ 42
Section I　Stock Market Review ······························· 42
Section II　Bond Market Review ····························· 44
Section III　Derivatives Market Review ······················ 45
Section IV　Fund Market Review ···························· 46
Section V　Two-Way Opening-Up ···························· 46
Section VI　Shanghai-Based Listed Companies ··············· 48
Section VII　Review of Shanghai Equity Exchange Market ······ 50
Chapter VIII　Futures Market ······························· 58
Section I　Overview of Commodity Futures Market ············· 58
Section II　Review of Metal Futures ························· 59
Section III　Review of Energy and Chemical Futures ·········· 69
Section IV　Review of Options Products ····················· 74
Section V　Review of Financial Futures Market ··············· 78
Section VI　Market Outlook ································· 83
Chapter IX　Insurance Market ······························· 85
Section I　Market Performance ····························· 85
Section II　Infrastructure Building ························· 86
Section III　Market Outlook ································· 88
Chapter X　Trust Market ··································· 90
Section I　Market Review ··································· 90
Section II　Infrastructure Building ························· 94
Section III　Market Outlook ································· 95
Chapter XI　Assets and Equity Market ······················· 98
Section I　Market Review ··································· 98
Section II　Market Outlook ································· 102
Chapter XII　Financial Market Infrastructures ················ 106
Section I　Shanghai Clearing House ························· 106

Section II   CCDC Shanghai Head Office ·· 110

Section III   CSDC Shanghai Branch ··· 116

Section IV   Cross-Border Interbank Payment System(CIPS) ·············· 119

Business Development

Chapter XIII   Banking Business ·· 129

Section I   Performance ··· 129

Section II   Q1 2023 Review ··· 130

Chapter XIV   Securities Business ··· 132

Section I   Overview ·· 132

Section II   Key Features ·· 132

Section III   Q1 2023 Review ··· 134

Chapter XV   Futures Business ··· 136

Section I   Overview ·· 136

Section II   Key Features ·· 136

Section III   Q1 2023 Review ··· 137

Chapter XVI   Fund Business ··· 139

Section I   Overview ·· 139

Section II   Key Features ·· 139

Section III   Q1 2023 Review ··· 140

Chapter XVII   Insurance Business ··· 142

Section I   Performance ··· 142

Section II   Key Features ·· 143

Section III   Q1 2023 Review ··· 144

Chapter XVIII   Bank Card Business ··· 147

Section I   Market Performance ··· 147

Section II   Key Products and Businesses ·· 150

Section III   Development Outlook ··· 152

Chapter XIX   Local Financial Businesses ······································ 154

Section I   Local Financial Institutions ·· 154

Section II   Microloan Companies ··· 155

Section III   Financing Guarantee Companies ·· 156

Section IV   Pawn Shops ·· 157

Section V   Local Asset Management Companies ················ 157

Section VI   Financial Leasing Companies ····················· 158

Section VII   Commercial Factoring Companies ················ 159

Market Environment

Chapter XX   Financial Regulation ·························· 163

Section I   Banking and Insurance Regulation ················· 163

Section II   Securities Regulation ·························· 164

Section III   Local Financial Regulation ····················· 166

Chapter XXI   Financial Self-Regulation ·················· 171

Section I   Self-Regulation in the Banking Industry ··········· 171

Section II   Self-Regulation in the Securities Industry ········· 173

Section III   Self-Regulation in the Futures Industry ··········· 174

Section IV   Self-Regulation in the Fund Industry ············· 176

Section V   Self-Regulation in the Insurance Industry ········· 178

Section VI   Self-Regulation in the Internet Finance Industry ··· 180

Chapter XXII   Financial Hubs ·························· 182

Section I   Pudong New Area ····························· 182

Section II   Huangpu District ····························· 185

Section III   Hongkou District ····························· 186

Chapter XXIII   Cultivation of Financial Professionals ····· 189

Section I   Talent Programs ······························ 189

Section II   Attracting Top Financial Professionals ··········· 190

Section III   Growth Environment ·························· 191

Chapter XXIV   Development of Payment and Credit Systems ·· 192

Section I   Developments in Payment System ··············· 192

Section II   Developments in Credit System ················· 193

Chapter XXV   Financial Rule of Law and Risk Prevention ··· 196

Section I   Rule of Law ································· 196

Section II   Risk Prevention ····························· 198

Features

1. Further headway in building Shanghai into a fintech center ·················· 6
2. Pilot financial reform zones for technological innovations set up in five Yangtze River Delta cities ·················· 7
3. Inclusive financial advisory system launched in Shanghai ·················· 8
4. Balancing pandemic containment with economic and social development to promote economic recovery ·················· 8
5. The Big Five Banks all chose Shanghai for their joint venture asset management companies ·················· 10
6. Swap Connect between Shanghai and Hong Kong markets ·················· 21
7. FX market unveils options products to better support the real economy ·········· 27
8. "Shanghai Gold" to boost the pricing power of China's gold market ·········· 31
9. New commercial paper system completed and online ·················· 40
10. Medical device companies included in the 5th edition of STAR Market listing rules ·················· 54
11. Major asset restructuring of the Shanghai International Airport ·················· 55
12. The National Commodity Warehouse Receipt Registration Center was launched ·················· 83
13. Newly unveiled reinsurance international board to boost Shanghai's bid as a global reinsurance center ·················· 89
14. The national equity information system was launched ·················· 96
15. Shanghai Clearing House empowering OTC bond market policies and reforms ·················· 122
16. Shanghai Clearing House launches the "Clearing Connect" supply chain financing service ·················· 122
17. China Central Depository & Clearinglaunches "Direct Access" service for primary market bond subscription and distribution ·················· 123
18. Application of ChinaBond green bond collateral management ·················· 124
19. Embracing fintech and establishing standards ·················· 125
20. The "Lin-gang Banking and Insurance FinTech Innovation Pilot Zone" was jointly established by the CBIRC Shanghai Office and the Management Committee of Lin-gang Special Area ·················· 131
21. Shanghai-based securities companies empower the high-quality development of the real economy ·················· 135

22. Shanghai welcomed the first domestic commodity futures trade in China by a QFII ·················· 138
23. Shanghai's fund industry is an active player in private pensions' investment in public funds ·················· 140
24. Shanghai Insurance Code Platform launched ·················· 145
25. Shanghai Asset Management Association inaugurated to boost Shanghai as a global asset management center ·················· 187
26. Helping businesses to make payroll during the pandemic ·················· 194

Appendices

1. Highlights of Shanghai Financial Sector in 2022 ·················· 203
2. Statistics of Shanghai Financial Sector in 2022 ·················· 205
3. Key Data of Shanghai Financial Markets in 2017—2022 ·················· 206
4. List of Shanghai Financial Administrative Departments and Financial Institutions(2022) ·················· 207

Afterword ·················· 231

综 合 篇

第一章　2022年上海金融业发展概述

第一节　2022年上海金融业发展情况

2022年,上海金融系统统筹疫情防控和经济社会发展,保持金融市场和金融基础设施平稳运行,加大力度支持企业复工复产和经济恢复重振,在推动经济发展的同时进一步提升上海国际金融中心建设能级。2022年,上海实现金融业增加值8 626.3亿元,同比增长5.2%。在沪主要金融要素市场合计成交2 933.0万亿元,同比增长16.8%。

一是金融改革开放深入推进,全球金融资源配置功能显著提升。自贸试验区和临港新片区金融先行先试不断加快。认真落实《中共中央　国务院关于支持浦东新区高水平改革开放打造社会主义现代化建设引领区的意见》,国际金融资产交易平台建设有序推进,全国性大宗商品仓单登记注册中心正式挂牌。临港新片区开展跨境贸易投资高水平开放外汇管理改革试点落地。再保险"国际板"建设规划方案发布。第11批自贸试验区金融创新案例发布。资本市场跨境投融资更加便利。沪港开展利率"互换通"合作。B股上市公司跨境转换港交所上市顺利落地,互联互通全球存托凭证机制从英国拓展至瑞士、德国,ETF纳入内地与香港股票市场交易互联互通机制,高水平制度型开放持续提质增效。《银行间债券市场与交易所债券市场互联互通业务暂行办法》发布,境内债券市场互联互通机制建设取得重大进展。金融业务产品创新加快。中证1000股指期货和期权、中证500ETF期权、上证50股指期权、保障性租赁住房REITS项目等一批重要金融产品和业务推出。重点金融机构集聚发展。全国已批设的3家新设外商独资公募基金、5家外资控股合资理财公司,以及超过一半的新设外资控股券商都选择落户上海。上海资产管理协会成立,QFLP和QDLP试点机构分别达86、59家。

二是金融服务体系持续完善,支持实体经济高质量发展。一系列金融助企纾困政策实施见效。抗疫助企"21条"、经济恢复重振"50条"、新一轮稳增长"22条"以及金融惠企纾困"17条"和"14条"等重要举措出台,有力支持疫情防控和经济恢复重振。金融机构加大对重点领域和薄弱环节的信贷投放,实际贷款利率继续下行,上海企业贷款加权平均利率为有记录以来的历史低位。普惠金融深入发展。上海普惠金融顾问制度启动,首批普惠金融顾问专家89名、服务团队94个。大数据普惠金融应用持续深化,累计服务企业约46.8万家,为3 182亿元信贷服务提供数据支持。国际绿色金融枢纽加快打造。《上海市浦东新区绿色金融发展若干规定》颁布实施。上海碳普惠体系逐渐完善,落地多笔"首单"碳金融业务。

三是金融与科技加速融合,支持高水平科技自立自强。科创投融资体系建设加快推进。经国务院同意,人民银行等八部委出台《上海市、南京市、杭州市、合肥市、嘉兴市建设科创金融改革试验区总体方案》。中国银保监会与上海市人民政府联合发布《中国(上海)自由贸易试验区临港新片区科技保险创新引领区工作方案》。科创板功能不断提升。科创板持续完善资本市场基础制度,首批科创板做市商正式开展科创板股票做市交易业务。截至2022年末,科创板已上市企业501家,累计首发募集资金7 600亿元,总市值5.8万亿元。金融数字化转型深入推进。资本市场金融科技创新试点首批项目正式推出,金融科技创新监管工具实施不断深化,数字人民币创新特色应用场景更加丰富。

四是金融风险防控能力不断增强,金融营商环境进一步优化。国际金融人才高地和金融营商环境高地建设有序推进。加强国际宣传推介和联系沟通,深化境内外金融交流合作。做好金融机构和金融人才服务。《上海金融创新奖评审和组织实施办法》印发。深化放管服改革,落实"一网通办""一网统管"要求。工信部发布的中小微企业发展环境评估中,本市连续两年融资环境排名全国第一。切实维护金融稳定。地方金融监管制度进一步完善,本市地方金融监督管理信息平台有效运行。强化市金融稳定协调联席会议机制和国务院金融委办公室地方协调机制(上海市)的信息共享和重大事项沟通,健全市金融稳定协调联席会议制度。精准施策推动重点领域和重点个案风险处置,牢牢守住不发生区域性系统性金融风险底线。

第二节　2023年工作打算

2023年,上海金融系统将深入贯彻落实党的二十大精神,以习近平新时代中国特色社会主义思想为指导,深化金融供给侧结构性改革,扩大金融高水平开放,着力完善金融市场体系、产品体系、机构体系、基础设施体系,稳妥推进金融监管体制改革,不断强化全球资源配置功能,提升上海国际金融中心能级,更好服务全国经济社会高质量发展。

一是全力深化金融改革开放创新。深化自贸试验区及临港新片区金融开放创新。根据中央和本市支持浦东高水平改革开放要求,推进国际金融资产交易平台等重大项目建设。深化资本市场改革。支持推动全面实行股票发行注册制。加快金融市场业务产品创新,推动更多商品期货和金融期货产品立项申报和上市,进一步丰富产品序列。深化金融市场互联互通,配合实施"互换通"。支持区域性股权市场发展,储备孵化上市后备资源。吸引金融机构落户。推动各类金融机构加快落地,完善多样化金融机构体系。深化 QFLP、QDLP 试点,修订试点实施办法,吸引优质境内外机构参与试点。推进金融科技中心建设。深化人民银行金融科技创新监管工具实施,持续构建更加包容审慎的金融科技监管生态。有序推进资本市场金融科技创新试点,促进资本市场数字化转型和高质量发展。持续推进数字人民币试点工作,推动更多特色场景落地。

二是全力服务实体经济。加快发展科创金融。鼓励金融机构增强中长期信贷支持,为"3+6"重点产业等重点领域提供资金。支持知识产权融资发展。增强科创板融资功能,完善"浦江之光"行动升级版服务体系,聚焦科创企业成长的全生命周期,提供更加系统、更加精准的服务。推动绿色低碳发展。边申边建上海绿色金融改革创新试验区,在绿色金融领域先行先试。贯彻落实《上海加快打造国际绿色金融枢纽　服务碳达峰碳中和目标的实施意见》《上海市浦东新区绿色金融发展若干规定》。发展普惠金融。推动金融纾困相关政策进一步落地。深化普惠金融顾问试点。实施中小微企业信贷奖补政策,引导银行加大支持力度。优化大数据普惠金融应用,依法归集并逐步扩大数据开放范围。更好服务社会民生。鼓励金融机构推出更多养老普惠金融产品。支持城市新基建,推动城市更新。持续扩大巨灾保险政策覆盖面。

三是全力防范化解金融风险。加强地方金融监管。修订完善地方金融组织监管细则。完善监管评级指标体系,引导企业依法合规经营。优化本市地方金融监督管理信息平台功能。支持地方金融组织发挥行业优势,满足多层次融资需求。健全金融风险防范化解长效机制。强化央地协同,进一步加强和国家在沪金融管理部门的信息共享和协调联动。依法稳妥化解金融风险矛盾。落实《防范和处置非法集资条例》,加快制定《上海市实施〈防范和处置非法集资条例〉办法》。

四是全力优化金融发展环境。加强金融法治建设,加强与国际接轨的金融规则体系的法治研究。深化金融合作交流。更高标准举办好陆家嘴论坛,持续提升影响力和关注度。支持举办资管高峰论坛,打造资管中心品牌。支持召开金融科技论坛活动,构建金融机构与科技企业间的交流平台。落实完善金融扶持政策。适时修订本市集聚金融资源加强金融服务促进金融业发展相关政策。开展上海金融创新奖评审发布，进一步提升奖项的知名度和影响力。提升金融服务水平，大力吸引集聚国内外高端金融人才，为金融机构和人才在沪发展营造良好环境。

专栏 1

深入推进上海金融科技中心建设

自 2020 年 1 月《加快推进上海金融科技中心建设实施方案》正式印发以来，三年间，上海金融科技中心建设取得丰硕成果，已成为金融服务实体经济的重要着力点，上海国际金融中心建设的重要支撑点，贯彻落实国家战略，推动国际金融中心和科技创新中心联动发展的重要结合点。

一是金融科技创新生态不断优化，依托人工智能、区块链、大数据、云计算等领域前沿科技企业，形成强大技术支撑，依托创新中心、联合实验室、共建平台等，促进产、学、研、用高效对接。上海交通大学特许全球金融科技师（CGFT）项目影响力持续扩大，"上海金融科技国际论坛""1024 国际资管科技开发者大会"等金融科技论坛活动国际影响力和品牌效应不断显现。

二是金融科技产业格局持续完善，人保信息科技、太保科技相继落沪，金融科技头部企业加速集聚，在金融基础设施、银行、证券、保险、支付等领域形成金融科技企业集聚态势，一批相关领域科技公司和独角兽企业在沪发展，上海已成为全国重要的金融科技企业集聚地。

三是金融科技创新场景更加丰富，数字人民币试点应用场景超 135 万个；推出 19 个人民银行金融科技创新监管工具应用，示范效应突出；26 个资本市场金融科技创新试点项目获证监会审核通过，居全国首位。依托相关试点，推出一批金融科技标杆应用场景，如"上证链""保交链"等行业性、功能性平台。2022 年 12 月，上海金融科技中心建设三周年优秀成果发布，在沪金融要素市场、金融基础设施、金融机构、科技企业等开展金融科技创新推出的 110 项优秀成果入选。

面向未来，上海金融科技中心将站在新的起点上，积极把握数字经济发展新趋势，聚焦数字金融新业态，推动上海金融科技中心建设迈向更高层级。

专栏 2

长三角五城市科创金融改革试验区成功落地

2022 年 11 月,经国务院批复同意,人民银行会同国家部委正式印发《上海市、南京市、杭州市、合肥市、嘉兴市建设科创金融改革试验区的总体方案》提出 6 方面主要任务和 22 条政策举措,拟发挥承载城市的比较优势,着力构建广渠道、多层次、全覆盖、可持续的科创金融服务体系。

《方案》印发后,上海又出台了"1+2"科技金融服务方案等,进一步完善政策支持体系。2022 年 12 月,上海银保监局会同市地方金融监管局、市发展改革委等七部门联合印发了《上海银行业保险业支持上海科创中心建设的行动方案(2022—2025 年)》,并配套出台《上海银行业保险业进一步提升服务企业能级　推动本市专精特新企业发展的方案》《上海银行业保险业做好知识产权质押融资服务的工作方案》两项专项政策,在贯彻落实《方案》要求的基础上,推出上海银行业保险业具体举措,推动上海科技金融产品和服务能级提升。

经过多年发展,上海已构建较为完整的科创金融政策与服务体系。在直接融资方面,支持符合条件的"硬科技"企业在科创板上市。截至 2022 年末,上交所科创板累计已上市企业 501 家,其中上海 78 家,排名全国第二。科创板总市值 5.8 万亿元,其中上海 1.3 万亿元,排名全国第一。私募股权和创业投资份额转让试点稳步推进,创新开发"张江自主创新 50ETF"指数类特色产品。在间接融资方面,"科技履约贷""科技助力贷""科技小巨人贷""高企贷""专精特新码上贷"等政府支持的科技专属信贷产品持续完善,各类市场化科创信贷产品不断增量扩面,知识产权质押贷款产品和服务模式不断创新,形成了专利许可收益质押融资模式、科创企业专属评级授信模型等创新成果。截至 2022 年末,上海辖内科技型企业贷款余额 6 892.5 亿元,较年初增长 52%;上海专利商标质押融资登记项目 519 笔,登记金额 121.5 亿元。在发挥保险、担保作用方面,出台了临港新片区科技保险创新引领区工作方案。中国集成电路共保体在沪设立并签订合作协议,在全国率先对中国集成电路共保体创新实验室和企业投保给予财政支持。政策性融资担保支持不断加强,2022 年,为科技型企业提供担保贷款占全市直接担保业务的比重约 57%。

未来,上海将抓住建设科创金融改革试验区新机遇,在科创企业孵化、科创投资规模提升、科创信贷产品完善升级、科创保险支撑作用发挥、科技成果转化促进、知识产权金融发展、科创金融生态环境优化、科创金融人才培养等方面加强研究、深化合作,推进上海科创金融改革试验区建设取得新成效。

专栏 3

上海启动普惠金融顾问制度

根据要求,本市积极探索研究和推进普惠金融顾问试点工作。2022年初,市地方金融监管局带队赴浙江省实地调研学习,并召开专题座谈会多方听取意见建议,形成《关于探索建立"普惠金融顾问制度"推动中小微企业融资供需精准对接的报告》,拟探索建立上海普惠金融顾问制度。

2022年9月21日,上海普惠金融顾问制度正式启动,市地方金融监管局、人行上海总部、上海银保监局、上海证监局、市经济信息化委、市科委、市商务委、市委宣传部、市工商联、上海金融业联合会等单位建立普惠金融顾问制度工作联席会议,出台《上海普惠金融顾问制度实施办法(试行)》等政策文件。上海普惠金融顾问制度坚持公益性定位、产业需求导向,突出精准对接、差异化服务,通过发挥普惠金融顾问的专业优势和桥梁纽带作用,整合金融、产业资源,推动金融资源与实体经济的精准对接,支持企业平稳健康发展。上海普惠金融顾问制度首批聘任普惠金融顾问89名、服务团队94个;2022年,组织召开相关政策宣讲会、助企交流会、服务对接会等主题活动15场,帮助市场主体进一步对接金融资源。

2023年3月31日,上海普惠金融顾问综合服务平台正式启动,漕河泾科创金融服务枢纽成功落地。线上综合平台将发挥数字普惠优势,支持"一键直联"金融顾问,为企业经营发展答疑解惑,为"把脉问诊"提供数据支撑,在服务精度上更进一步,线下枢纽将挖深挖细产业需求,以"一区一园一枢纽"机制,逐步推广覆盖本市16个区,在服务广度上更进一步。未来,普惠金融顾问"线上平台,线下枢纽"双轮驱动服务模式的形成,将切实缓解"企业何处询""顾问哪里找"的问题,为科创等中小微企业提供多元化、广覆盖的服务载体,进一步提升普惠金融顾问制度的服务能级。

专栏 4

金融业统筹疫情防控和经济社会发展,推动经济恢复重振

2022年,在沪金融管理部门高度重视助企纾困稳增长相关工作,坚持"疫情要防住、经济要稳住、发展要安全"的要求,高效统筹疫情防控和经济社会发展,切实发挥金融输血实体经济积极作用。

一、强化相关政策供给

（一）制定本市助企纾困政策。本市先后出台《上海市全力抗疫情助企业促发展的若干政策措施》《上海市加快经济恢复和重振行动方案》《上海市助行业强主体稳增长的若干政策措施》三轮政策，包含多项金融支持举措。在沪金融管理部门印发《上海市全力抗疫情助企业促发展的金融支持举措》《关于进一步做好金融支持疫情防控和经济社会发展工作的指导意见》《关于坚持人民至上　做好金融支持抗疫和复工复产工作的通知》等以及相关政策配套说明文件，并在官网公开相关《金融服务指南》，帮助疫情受损主体对接金融资源。

（二）积极向国家争取支持经济恢复重振发展、稳增长相关政策。配合市发改委向国务院提交《关于恳请中央支持上海加快经济恢复和重振若干政策及事项的请示》（沪委〔2022〕201号，即"18条"）；根据要求，牵头汇总并向国务院金融委提出八条支持上海经济恢复重振有关政策建议。其中，多项政策已落地。

二、建立多项工作机制

（一）建立企业工资发放应急机制。为解决市民服务热线反映问题，市地方金融监管局会同人行上海总部、上海银保监局研商并建立企业工资发放应急机制。2022年5月1日至6月5日，辖内中资商业银行共受理相关业务咨询2694次，成功办理相关业务26128笔，涉及企业员工近300万人次，业务总金额135.04亿元。

（二）建立"纾困融资""无缝续贷"工作机制。2022年6月，市地方金融监管局与上海银保监局联合印发《关于建立上海市中小微企业"纾困融资"工作机制的通知》，并共同推进无缝续贷工作，对符合条件企业贷款实施延期还本付息至2023年底。截至2022年底，辖内49家中资银行累计投放纾困融资4678.7亿元，间接为598万人提供就业支持；累计投放无缝续贷超10000亿元。

（三）发挥"稳保"工作机制作用。在沪金融管理部门会同产业主管部门协助解决多家上市公司在疫情防控期间面临的生产经营困难。市地方金融监管局开通24小时咨询服务热线，协调解决近30家企业无还本续贷、融资、保供、供应链等问题。

此外，为推动政策落地，帮助企业更好对接金融资源。市地方金融监管局派员参加中小微企业纾困政策市级宣讲团，参与多场金融主题政策宣讲活动，支持在沪银行与产业部门联合举办线上银企对接活动，详细解读具体惠企举措和专项产品，提高各类市场主体对金融支持政策的知晓度。

专栏 5

五大行合资理财公司全部落户上海

2022 年,施罗德交银理财有限公司、高盛工银理财有限责任公司相继在沪开业,法巴农银理财有限责任公司获批在沪筹建。2023 年,法巴农银理财有限责任公司正式开业。至此,国内五大行均已参与设立外资控股合资理财公司,且全部落户上海。

2019 年,国务院金融委办公室发布的《关于进一步扩大金融业对外开放的有关举措》中首次明确提出"允许境外资产管理机构和中资银行或保险公司的子公司设立由外方控股的理财公司"。在这一政策支持下,国际资管机构开始积极加速在中国资管市场的布局。上海拥有齐备的金融市场体系、丰富的金融人才储备、优良的金融发展环境,同时背靠经济发达、民间财富积累深厚的长三角地区,成为外资试水中国理财行业的首选地。2020 年,中国银行与法国东方汇理资产管理公司在沪成立汇华理财,成为国内首家外资控股合资理财公司。2021 年,国际顶级资管巨头贝莱德集团携手建设银行,在沪成立贝莱德建信理财。2022 年在沪成立的三家外资控股理财依然是中外资旗舰级金融机构的强强联合,体现了国际金融巨头对中国市场的信心,也凸显了上海在中国金融对外开放进程中当之无愧的排头兵地位。

市 场 篇

第二章　信　贷　市　场

第一节　市场运行情况

1. 贷款增速有所放缓，贷款投向不断优化

受疫情影响，上海地区贷款增速有所放缓。2022 年末，全市本外币各项贷款余额为 103 138.9 亿元，同比增长 7.4％，增速比上年末回落 6.1 个百分点，比同期全国贷款增速低 3.0 个百分点；比年初新增 7 106.8 亿元，同比少增 4 284 亿元。其中，中外资金融机构人民币和外币贷款余额分别为 96 492.6 亿元和 954.3 亿美元，同比分别增长 9.3％和下降 21.7％，增速分别较上年末下降 3.9 个和 41.3 个百分点。

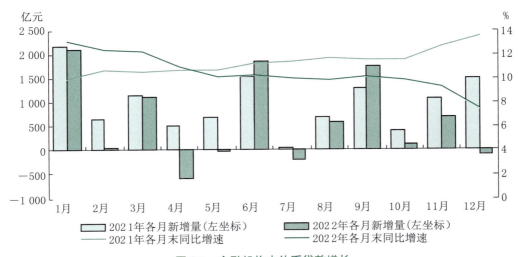

图 2-1　金融机构本外币贷款增长

数据来源：中国人民银行上海总部。

从增量看,全市本外币贷款累计增加 7 106.8 亿元,同比少增 4 284.0 亿元。分币种看,人民币各项贷款增加 8 232.5 亿元,同比少增 2 038.3 亿元;外币各项贷款减少 264.7 亿美元,同比多减 464.2 亿美元。

分主体看,境内贷款累计增加 7 064.8 亿元,同比少增 3 610.1 亿元;境外贷款累计增加 42.0 亿元,同比少增 673.9 亿元。

2. 结构性货币政策工具成效显著,助力疫情防控和经济修复

人民银行上海总部推进各项结构性货币政策工具全面发力,有力支持疫情防控和助企纾困工作。一是全年累计发放支农支小再贷款 472.7 亿元,惠及市场主体近 12 000 户;累计发放再贴现 1 061.6 亿元,惠及市场主体 3 300 余户。二是实施普惠小微贷款支持工具和利息减免政策。截至 12 月末,累计发放普惠小微贷款支持工具激励资金 5.16 亿元,带动相关地方法人银行新增普惠小微贷款 295.4 亿元。12 月份,首批 5 094 万元普惠小微贷款阶段性减息资金落地,惠及市场主体 9 200 余户,户均减息资金超过 5 500 元。三是截至年末,相关金融机构累计发放符合碳减排支持工具、煤炭清洁高效利用专项再贷款、科技创新再贷款、交通物流专项再贷款、设备更新改造专项再贷款要求的贷款超 1 000 亿元。四是累计发放两批政策性开发性金融工具项下贷款 206 亿元,支持 15 个重大基础设施项目补充资本金。

3. 企业贷款和个人消费贷款增长均有所放慢

2022 年末,全市企业贷款余额同比增长 8.8%,增速比上年末回落 5.4 个百分点;比年

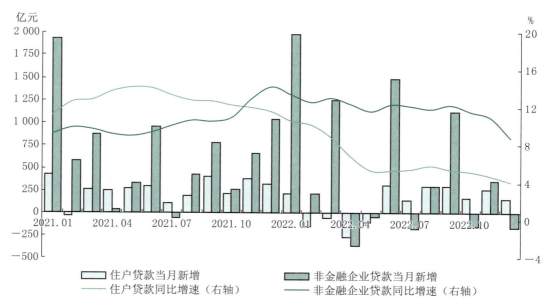

图 2-2　金融机构本外币贷款增长

数据来源:中国人民银行上海总部。

初新增 5 728.4 亿元,同比少增 2 002.3 亿元。企业新增贷款结构不断优化,其中短期贷款增加 965.9 亿元,同比多增 101.9 亿元;中长期贷款增加 3 478.9 亿元,占企业贷款增量的 60.7%;票据融资增加 1 065.5 亿元,与上年同期基本持平。

受住房成交回落、疫情抑制消费以及部分汽车消费贷款证券化出表的影响,个人消费贷款增长放慢。2022 年末,全市个人消费贷款余额同比增长 0.3%,增速比上年末回落 8.5 个百分点;比年初新增 65.1 亿元,同比少增 1 888 亿元。其中,个人住房贷款新增 132.3 亿元,同比少增 1 163.4 亿元。

4. 对重点领域金融支持进一步强化,切实提高服务实体经济的精准性

2022 年末,全市高新技术服务业和制造业的贷款余额增速分别为 25.8% 和 16.1%,均高于各项贷款增速。其中,全市高新技术企业、科技中小企业、专精特新企业贷款余额同比分别增长 25.8%、34.5% 和 27.8%,保持高速增长态势。

普惠小微贷款增速维持高位。2022 年末,全市普惠小微企业贷款余额 8 814 亿元,同比增长 25.6%。信贷继续加大对小微企业主和个体工商户稳经营、保就业的支持力度,全年个体工商户和小微企业主的人民币经营贷款增加 931.71 亿元,占普惠小微贷款全部增量的 51.8%。

民营企业贷款较快增长。2022 年末,全市民营企业贷款余额同比增长 10%,高出各项贷款增速 2.6 个百分点;比年初新增 3 294.8 亿元,同比少增 396.4 亿元。

房地产贷款平稳增长。2022 年末,全市房地产贷款余额同比增长 4.2%,增速比上年末回落 1.1 个百分点。房地产开发贷款余额同比增长 12.8%,比年初新增 395.4 亿元,同比多增 194.8 亿元。其中,住房开发贷款和商业用房开发贷款分别减少 66.6 亿元和增加 498.8 亿元,同比分别多减 213.5 亿元和多增 407.1 亿元。个人住房贷款余额同比增长 0.7%,比年初新增 123.5 亿元,同比少增 1 142.8 亿元。

第二节　市场运行主要特点

1. 融资成本持续回落,融资贵问题明显缓解

市场资金面总体宽松,银行间融资成本持续回落。2022 年 12 月,银行间市场同业拆借及质押式债券回购月加权平均利率为 1.255 9% 和 1.409 5%,分别较上年 12 月下降 76.3 个和 63.4 个基点。

不同品种贷款利率同步下行,促进实体经济综合融资成本明显下降。2022 年 12 月,上海企业贷款加权平均利率为 3.59%,比上年末下降 62 个基点。其中,小微贷款加权平

均利率为 3.99％,比上年末下降 47 个基点。同时,充分发挥存款利率市场化调整机制作用,引导金融机构合理调整存款利率水平,适当降低负债成本。

2. 社会融资规模同比微降,本外币贷款有所减少,直接融资占比上升

2022 年,上海社会融资规模为 8 842.3 亿元,同比少增 3 284.1 亿元。其中,人民币与外汇贷款合计增加 6 614.5 亿元,同比少增 4 154.4 亿元,合计占比 74.8％,较上年同期下降 14.0 个百分点。信托贷款减少 1 406.1 亿元,同比少减 396.4 亿元,未贴现的银行承兑汇票增加 440.6 亿元,同比增加 912.0 亿元,委托贷款减少 72.1 亿元,同比减少 91.1 亿元。

在直接融资方面,地方政府专项债呈现爆发式增长,支持实体经济力度明显增大。全年政府债券融资 1 193.3 亿元,同比多增 727.4 亿元,占社融规模的 13.5％,同比大幅上升 9.7 个百分点。股票融资占比依旧维持高位。全年非金融企业境内股票融资 1 110.4 亿元,同比少增 130.6 亿元,占社融规模的 12.6％,同比上升 2.4 个百分点。受债券市场大幅波动影响,企业债券取消发行较多。全年企业债券融资 352.1 亿元,同比少增 636.9 亿元,占社融规模的 4.0％,同比下降 4.2 个百分点。

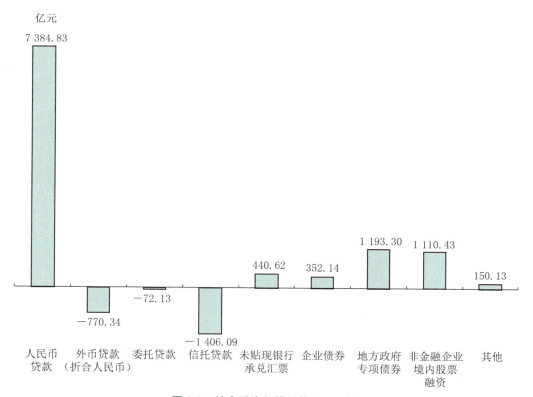

图 2-3　社会融资规模结构(2022 年)

数据来源:中国人民银行上海总部。

3. 流动性状况较为平稳,信贷资产质量基本稳定

贷存比和备付率水平微降。由于年初以来存款增速略高于贷款增速,全年贷存比小幅下降。12月末,全市中资商业银行人民币贷存比为49.5%,比上年同期下降0.5个百分点;外资金融机构人民币贷存比为59.3%,比上年同期下降2.9个百分点。12月末,全市中资商业银行人民币备付率为1.42%,比上年同期小幅下降0.12个百分点。

2022年,上海金融机构贷款不良率略微下降,信贷风险基本可控。随着更多的逾期90天以上贷款纳入不良贷款,上海不良贷款额较上年末上升。12月末,上海金融机构不良贷款余额819.6亿元,比上年末增长47.4亿元;不良贷款率为0.79%,比上年末下降0.02个百分点,同时继续明显低于全国1.71%的水平。12月末,在沪法人银行拨备覆盖率为342.6%,较上年同期下降21.6个百分点,仍显著高于全国同期水平205.9%。综合来看,目前上海商业银行的资产质量基本稳定。

第三章　银行间货币市场和债券市场

2022 年，银行间货币市场资金面保持宽松，资金价格稳中有降，债券收益率总体平稳，货币市场日均成交大幅增加，债券市场交易活跃，交易量同比增幅明显，新一代本币交易平台多项功能优化上线，标准债券远期等产品机制优化，利率衍生品市场开放进程继续加快。

第一节　市场运行特点

1. 货币市场资金面保持宽松，资金价格稳中有降

2022 年，央行公开市场操作量增价减呵护流动性，分别于 4 月和 12 月两次降准共计 0.5 个百分点，1 月和 8 月两次下调 7 天逆回购及 1 年期 MLF 利率共计 20BP，四次超额续作 MLF，全年公开市场操作净投放加大至 10 280 亿元，向中央财政上缴结存利润 1.13 万亿元，通过系列再贷款工具、政策性开发性金融工具等投放流动性。人民币货币市场流动性保持充裕。资金价格中枢环比下行，波动幅度收窄。DR001、DR007 加权均值分别环比下行 51BP、40BP 至 1.42％、1.85％；R001、R007 的加权均值分别环比下行 50BP、40BP 至 1.50％和 1.98％。全年来看，DR007 基本在 7 天逆回购操作利率下方波动，最低值 1.285％、最高值 2.423％、中位数 1.701 8％，环比下降 46 个基点；波动幅度为 114 个基点，环比收窄 38 个基点。具体看，年初以来，资金价格中枢逐步走低，8 月 DR007 中枢降至年内低点 1.45％，9 月以后，DR007 中枢逐步反弹至 1.75％—1.95％，但仍明显低于一季度 2.12％—2.19％水平。

2. 债券收益率总体平稳

2022 年末，国债 1、3、5、7、10 年期到期收益率分别为 2.1％、2.4％、2.64％、2.82％和 2.84％，分别较上年末下降 15 个、5 个、上升 4 个、4 个和 6 个基点。信用债收益率多数上行，信用利差走阔。具体看，2022 年初降息和 MLF 扩量超预期，引导收益率小幅下行，

10 年期国债收益率最低至 2.68％；2 月金融数据转弱，收益率继续回落。二季度降准落地，收益率先下后上；疫情扰动持续，4 月至 6 月，收益率继续保持 2.7％—2.85％区间震荡。7 月至 8 月中旬，资金面超预期宽松、7 月 PMI 等数据偏弱、年内二次降息落地，10 年期国债下行至全年低点 2.58％。8 月下旬至 10 月，稳经济接续政策与政策性工具出台释放稳经济信号，资金面边际收敛，收益率先上后下。11 月至年末，经济修复"强预期"令债市收益率大幅上行，10 年期国债从 2.64％上行至全年高点 2.92％，信用债收益率更快速上行；临近年末，10 年期国债下行收于 2.84％。

3. 货币市场日均成交大幅增加，债券市场交易活跃，交易量同比增幅明显

2022 年，人民币货币市场成交总量为 1 526.9 万亿元，日均成交 6.1 万亿元（同比增加 31％）。其中 8 月成交量 170 万亿元，创单月成交历史新高。分市场看，信用拆借成交 146.8 万亿元，日均成交 0.6 万亿元（同比增加 24％）；质押式回购成交 1 374.6 万亿元，日均成交 5.5 万亿元（同比增加 32％）；买断式回购成交 5.5 万亿元，日均成交 220 亿元（同比增加 16％）。

2022 年，现券成交 536 万笔、268.9 万亿元，日均成交 10 757 亿元，同比增加 26％。其中，国债成交 53.8 万亿元，同比增加 34％；政金债成交 100.7 万亿元，同比增加 23％；地方债成交 9.4 万亿元，同比增加 20％。信用债成交 28.9 万亿元，同比增加 17％，其中中票成交最为活跃；金融债成交 16.8 万亿元，同比增加 43％；同业存单成交 56.7 万亿元，同比增加 29％。全年债券借贷成交 12.5 万笔、标的券券面总额为 16.1 万亿元，成交量同比增加 58％。

第二节　市场建设

1. 新一代本币交易平台质押式回购、信用拆借、衍生品等功能优化上线

2022 年 9 月 17 日，中国外汇交易中心（以下简称"交易中心"）银行间市场新一代本币交易平台新增质押式回购质押券替换、质押券价值查询，优化 X-Repo 点击成交、货币小助手交易辅助工具，新增衍生品自定义要素模块等功能。本次调整有助于进一步完善交易系统功能，提高交易效率、完善市场服务。

2.《全国银行间同业拆借中心债券交易流通操作指引》发布

2022 年 11 月 24 日，交易中心对原《全国银行间同业拆借中心债券交易流通指南》进行修订，补充债券存续期要素变更情形和操作流程，发布《全国银行间同业拆借中心债券交易流通操作指引》。发布《全国银行间同业拆借中心债券交易流通操作指引》，有助于落

实中国人民银行相关规定,进一步优化债券交易流通和债券存续期要素变更流程。

3. CFETS 碳减排工具支持领域精选信用债指数和 CFETS ESG 高等级信用债指数发布

2022 年 12 月 13 日,交易中心正式发布 CFETS 碳减排工具支持领域精选信用债指数和 CFETS ESG 高等级信用债指数。CFETS 碳减排工具支持领域精选信用债指数样本券由在银行间债券市场上市交易且符合样本筛选条件的债券组成,每月调整一次。指数基准日均为 2021 年 12 月 31 日,基点值为 100。CFETS ESG 高等级信用债指数样本券由在银行间债券市场上市交易且符合样本筛选条件的债券组成,每月调整一次。指数基准日均为 2018 年 12 月 31 日,基点值为 100。发布 CFETS 碳减排工具支持领域精选信用债指数和 CFETS ESG 高等级信用债指数,有助于进一步贯彻落实国家"2030 碳达峰、2060 碳中和"的战略部署,支持经济绿色低碳转型,引导资金流向碳减排工具支持领域,同时有利于践行环境绩效、社会责任和公司治理(ESG)投资理念,助力国家绿色金融创新发展,丰富投资者相关领域业绩比较基准与投资标的。

4. 标准债券远期等产品机制优化,市场流动性不断提升

2022 年,随着标准债券远期实物交割的推出和机制的不断优化,市场成交量提升,标准债券远期报价价差日趋缩窄。实物交割推出后,进一步丰富了标准债券远期的合约品种,加强了衍生品与现券的价格联动,更好地体现了其价格发现和风险管理的功能。

5. 利率衍生品市场开放进程继续加快

2022 年 7 月 4 日,中国人民银行、香港证券及期货事务监察委员会、香港金融管理局发布联合公告,决定同意中国外汇交易中心、银行间市场清算所股份有限公司和中国香港地区场外结算有限公司开展香港地区与内地利率互换市场互联互通合作(简称"互换通")。"互换通"指境内外投资者通过香港地区与内地基础设施机构连接,参与两个金融衍生品市场的机制安排。初期先开通"北向通",未来将适时研究扩展至"南向通"。"互换通"旨在疏通并连接内地和香港地区的利率互换交易系统。"互换通"的推出一方面有利于境外投资者管理利率风险,平缓资金跨境流动,进一步推动人民币国际化;另一方面也有利于推动境内利率衍生品市场发展,提升市场流动性,并形成良性循环。

第三节　市场发展展望

2023 年,全球经济金融形势依然复杂。从国际看,当前全球经济增长放缓,通胀仍处高位,地缘政治冲突持续,国际金融市场波动加剧,不稳定、不确定、难预料因素较多。但

也要看到,我国经济韧性强、潜力大、活力足,具有市场规模巨大、产业体系完备、人力资源丰富等优势条件,长期向好的基本面没有改变。新的一年,银行间货币市场和债券市场发展的机遇与挑战并存。

1. 坚持服务实体经济

无论是国际金融危机教训还是国内金融市场发展经验,都无一例外地证明脱离实体经济、囿于金融投机的"脱实向虚"式金融市场将是无本之木、难以为继。银行间货币市场和债券市场发展的首要原则是形成与实体经济的良性互动,促进实体经济新兴产业、栋梁行业的繁荣。

2. 利率市场化改革不断深化

银行间市场将不断完善市场产品、制度体系建设,强化基准价格培育,以配合利率市场化改革的深化。在服务提升金融服务实体经济质效、防范化解金融风险、创新推动绿色发展、深化金融改革、提升金融科技应用等方面,银行间市场需建立相应政策配套支持体系,以更好发挥服务央行货币政策精准调控的职能。

3. 完善金融基础设施的配套支持,防范化解重大金融风险能力的需求不断提升

目前银行间市场的金融基础设施框架已经建立,应当进一步以市场需求为导向、以服务实体经济为要义畅通交易各个环节,加强货币市场和债券市场一线监测分析,持续完善市场风险预警体系,推动银行间市场健康发展,市场功能不断优化提升。同时,应充分认识经济社会发展的复杂性,遵循金融市场运行的客观规律,从全局高度继续提升风险预防、预警和处置能力。

专栏 6

沪港开展"互换通"合作

近年来,我国债券市场开放进程继续加快。2022 年 7 月 4 日,中国人民银行、香港证券及期货事务监察委员会、香港金融管理局发布联合公告,决定同意中国外汇交易中心、银行间市场清算所股份有限公司和中国香港地区场外结算有限公司开展香港地区与内地利率互换市场互联互通合作(简称"互换通")。

"互换通"指境内外投资者通过香港地区与内地基础设施机构连接,参与两个金融衍生品市场的机制安排。初期先开通"北向通",未来将适时研究扩展至"南向通"。"互换通"旨在疏通并连接内地和香港地区的利率互换交易系统。"互换通"的推出有以下几方面重要意义。

第一,有利于境外投资者管理利率风险。"互换通"的推出可便利境外投资者使用利率互换管理风险,减少利率波动对其持有债券价值的影响,平缓资金跨境流动,进一步推动人民币国际化。

第二,有利于推动境内利率衍生品市场发展。推出"互换通"后,境外机构带来差异化需求增加,辅之以高效电子化交易、紧密衔接的交易清算环节等优势,有助于提升市场流动性,推动银行间利率衍生品市场进一步发展,并形成良性循环。

第三,有利于巩固香港和上海国际金融中心地位。作为我国金融衍生品市场对外开放的重要举措,"互换通"的推出有利于增强香港和上海作为国际金融中心的吸引力,深化内地与香港金融市场合作。

第四章　银行间外汇市场

2022年，在复杂多变的国内外环境下，银行间外汇市场保持平稳有效运行，人民币汇率总体保持相对稳定，有效保障宏观经济环境稳定，外汇市场交投平稳，市场成员数量稳步增加，银行间外汇市场新增期权品种，外币对掉期曲线正式发布。

第一节　市场运行特点

1. 人民币汇率总体保持相对稳定

2022年，受中美货币政策分化、全球地缘政治风险事件及国内疫情发展等因素共同影响，人民币汇率波动显著加剧。年初国际避险资金流入，人民币对美元汇率一度走升至6.30阶段性高点附近波动。4月至5月中旬受国内疫情发展叠加俄乌地缘国际冲突加剧等因素影响，汇率迅速走贬至6.75附近，人民银行随后下调境内外汇存款准备金率1％至8％以稳定市场预期。5月中旬至7月国际市场动荡加剧，人民币市场成为"避风港"，汇率逐步止跌企稳，维持在6.70附近窄幅波动。8月至11月美元加息预期迅速增强，汇率再次承压迅速走贬"破7"并触及7.33阶段性低点，创下2007年12月以来新低，人民银行和外汇局陆续采取了上调远期售汇业务风险准备金率、上调跨境融资宏观审慎调节参数、加强市场沟通等措施。在有效的预期管理下，11月以来，随着美元加息预期弱化及国内疫情防控优化，汇率迅速走强收复7关口。从实际效果看，外汇市场对人民银行及外汇局各项间接调控措施、基本面、供求变化做出了灵活及时的反馈，韧性经受住考验，有效助力避免采用高成本调控工具，市场在汇率形成中的决定性作用凸显。

人民币汇率总体保持相对稳健，有效保障宏观经济稳定环境。年末，人民币对美元汇率中间价收于6.951 4，较上年末贬值8.5％。但人民币汇率指数表现强劲，CFETS指数年中一度创历史新高，CFETS、BIS和SDR货币篮子指数年末分别收于98.67、103.67和96.08，较上年末分别贬值3.71％、2.80％和4.25％，贬幅也均显著小于即期汇率贬幅。人民币对一篮子货币汇率的相对稳定，有效减轻了汇率过度波动对实体经济的影响。

图 4-1   2022 年人民币汇率指数走势

数据来源:中国外汇交易中心。

2.外汇市场交投平稳,市场成员数量稳步增加

2022 年,银行间外汇市场累计成交 40.6 万亿美元,受疫情发展等因素影响,日均同比下降 10.7%。其中,人民币外汇市场、外币对市场和外币利率市场日均成交量同比分别下降 8.0%、2.9%和 18.4%。

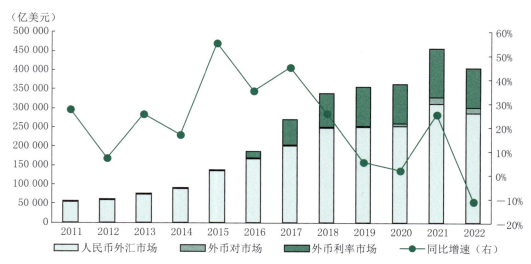

图 4-2   2011—2022 年外汇市场交易量

数据来源:中国外汇交易中心。

　　人民币外汇市场上,分品种看,主要交易品种即期和掉期日均成交量同比分别下降16.2%和4.5%,远期和期权分别增长19.8%和4.1%。分货币对看,非美货币成交占比下降,人民币对美元成交量占比进一步提升0.3个百分点至98.7%。28个非美货币对中有20个日均交易量有所下降,主要受国内外复杂环境下市场客盘需求减少所致。

　　截至2022年末,人民币外汇市场会员782家,较上年末增加18家;外币对市场会员256家,较上年末增加17家;外币利率市场会员648家,较上年末增加25家。

第二节　市场建设

　　1. 支持银行间外汇市场集团内会员协商交易功能

　　自2022年3月28日起,中国外汇交易中心(以下简称"交易中心")支持集团内会员机构通过协商交易功能开展交易。隶属于同一金融机构集团的银行间人民币外汇市场会员(以下简称集团内会员)之间可通过协商交易功能达成外汇交易。支持集团内会员通过协商交易功能达成人民币外汇即期、远期、掉期、货币掉期和期权交易。其中,人民币外汇即期、远期和掉期交易支持批量上传和协商交易接口。支持银行间外汇市场集团内会员协商交易功能,有助于满足市场需求,提升交易效率。

　　2. 免除中小微企业外汇衍生品交易相关银行间外汇市场交易手续费

　　为贯彻落实中国人民银行、国家外汇管理局发布的《关于做好疫情防控和经济社会发展金融服务的通知》(金融23条)中第18条的相关要求,进一步支持实体经济发展,降低企业避险保值成本,经向国家外汇管理局备案,2022年4月27日,交易中心发布通知,进一步加大中小微企业外汇衍生品交易相关的银行间外汇市场交易手续费优惠力度,从减半收取调整为全额免除。适用交易手续费优惠的交易品种包括远期、掉期、货币掉期和期权等人民币外汇衍生品。减免措施自2022年1月1日起实施,暂免期两年。免除中小微企业外汇衍生品交易相关银行间外汇市场交易手续费,有助于持续降低市场成本,发挥好银行间市场支持实体经济发展功能。

　　3. 银行间外汇市场新增期权品种

　　为落实《关于进一步促进外汇市场服务实体经济有关措施的通知》,满足外汇市场风险管理需求,经国家外汇管理局同意,交易中心于2022年6月13日起在银行间外汇市场新增期权品种。银行间人民币外汇市场新增普通美式期权及其组合交易、亚式期权;银行间外币对市场新增普通美式期权及其组合交易、亚式期权、欧式障碍期权和欧式数字期权。银行间外汇市场新增期权品种,有助于满足市场主体多元化的交易需求,帮助市场参与者更灵活地管理外汇风险敞口，从而更好地服务实体经济。

4. 外汇交易系统推出代理交易功能

2022年7月25日，交易中心在外汇交易系统推出代理交易功能。该功能适用于银行间外汇市场会员（代理机构）代理境外央行类机构等（被代理机构）开展交易，支持人民币外汇即期、远期和掉期交易。外汇交易系统推出代理交易功能，有助于满足市场需求，提高代理交易便利程度。

5. 发布外币对掉期曲线

交易中心自2022年9月9日起正式发布外币对掉期曲线。外币对掉期曲线是根据外汇交易系统行情数据计算得到的曲线。货币对包括：EUR.USD、USD.JPY、USD.HKD、GBP.USD、AUD.USD，关键期限点包括：ON、TN、SN、1W、2W、3W、1M、2M、3M、4M、5M、6M、9M、1Y。发布外币对掉期曲线，有助于满足市场成员对于外汇掉期市场的估值需求，丰富外汇掉期曲线产品序列。

第三节　市场发展展望

面对复杂多变的外部环境，我国坚持稳中求进工作总基调，着力推动高质量发展，经济发展呈现回升向好态势，为我国外汇市场平稳发展提供根本支撑。在此背景下，银行间外汇市场将坚持稳中求进工作总基调，坚定信心，稳步推进金融基础设施建设。

1. 多措并举降低汇率避险成本，持续强化企业"风险中性"理念

汇率避险成本是企业决定是否开展套保的重要因素，包括价格成本、时间成本、操作成本等。一方面，银行间外汇市场要创新多层次交易机制，丰富多元化市场主体，促进价格发现功能提升；另一方面，要进一步优化企业套保操作流程，提高衍生产品办理流程的时效性、灵活性和便利性，使避险服务"触手可及"，不再"耗时耗力"。同时，应多措并举引导企业树立"汇率风险中性"理念。

2. 持续扩大市场对外开放

随着金融市场双向开放的推进，更多国际投资者将进入银行间市场加大人民币资产配置力度，汇率风险管理需求也进一步提升。银行间外汇市场发展将获得新的动力，探索为境外机构"走进来"和境内机构"走出去"提供更多元化的金融产品和服务，逐步完善与国际制度接轨的制度体系建设，更好助力双循环格局的形成。

3. 加强科技攻关，增加新兴技术储备，催生外汇市场新机遇

在系统建设和运维方面，交易中心一直坚持科技引领、创新驱动，加快实现高水平科

技自立自强。随着新兴技术应用不断发展突破,数字化、网络化、智能化的更高发展阶段加快到来,金融科技在提升交易效能、优化业务流程、降低运营成本、促进数据共享、提升协同效率、防控金融风险等方面带来新的机遇,有助于推动银行间外汇市场实现更高质量的发展。

专栏 7

外汇市场新增期权品种,提升外汇市场服务实体经济能力

2022 年 6 月,外汇交易中心落实国家外汇管理局促进外汇市场服务实体经济的总体部署,在银行间外汇市场现有普通欧式期权的基础上,进一步推出美式、亚式、障碍和数字期权等奇异期权交易品种。奇异期权品种的推出丰富了境内外汇市场交易工具,完善了银行间外汇市场品种序列,为市场主体管理汇率风险提供更灵活、更全面的支持,切实提升外汇市场服务实体经济能力。

奇异期权能有效满足企业精细化、专业化外汇套保需求。相较于欧式期权,普通美式期权的行权时间灵活,适用于未来现金流具体收支时点不确定或预期现金流可能会发生变化的企业,在当前国内外经济环境不确定性增加、人民币汇率双向波动显著加大的背景下,美式期权能帮助企业灵活获取更有利的结售汇价格,解决资金管理困境。亚式期权由于标的资产平均价格波动率小于行权日当日市场价格的波动率,同等条件下其期权费低于欧式期权,有助于显著降低企业的套保成本;同时其采用平均市场价格结算,可更好地平滑价格波动,降低连续性汇率风险,满足特定场景客户的汇率风险管理需求。

奇异期权能促进外汇批发和零售市场的良性循环,提升金融基础设施服务实体经济能力。在银行间外汇市场推出奇异期权产品的同时,多家银行在对客市场落地奇异期权交易,通过银行间市场与银行对客市场的有效联动,提升了金融基础设施和金融机构服务实体经济外汇风险管理能力。

奇异期权的推出对外汇市场改革和上海国际金融中心建设具有重要积极意义。一方面,奇异期权的推出践行了外汇局关于坚持实需交易、风险可控、市场导向等原则,逐步丰富外汇交易工具,深化外汇市场发展;另一方面,也落实上海国际金融中心建设"十四五"规划的重点任务,丰富外汇衍生品市场产品体系,有助于进一步提升上海国际金融中心全球定价权和影响力。

第五章 黄金市场

第一节 市场运行情况

1. 交易情况

（1）市场交易情况

2022年，上海黄金交易所（简称上金所）贯彻人民银行决策部署，做好市场监督管理，维护市场运行有序。

2022年，市场整体运行稳健，全市场交易金额17.04万亿元。交易方式上，竞价业务成交金额5.30万亿元，询价业务成交金额11.11万亿元。交易品种上，黄金成交金额15.18万亿元，成交量3.88万吨；白银成交金额1.83万亿元，成交量38.32万吨；铂金成交金额261.31亿元，成交量124.37吨。上金所国际业务板块（简称国际板）成交金额2.09万亿元，其中竞价成交金额0.84万亿元，询价成交金额1.25万亿元。

（2）交割、清算情况

交割储运平稳有序。黄金出库量1 571.60吨，入库量1 513.61吨。清算结算安全稳健。资金净额清算量4.54万亿元，日均资金净额清算量187.77亿元。

2. 市场运行结构

2022年，市场整体运行稳健，黄金、白银仍呈现分化态势，黄金国内外价差受汇率因素影响阶段性波动，总体平稳。

（1）国内金价小幅上涨，国内外价差总体平稳

2022年末，国际现货黄金收于1 822.79美元/盎司，较2021年末下跌0.35%。受人民币汇率和国际金价共同影响，上金所黄金Au99.99收于410.49元/克，较2021年末上涨9.80%。白银Ag(T+D)收于5 337.00元/千克，较2021年末上涨11.68%。铂金Pt99.95收于245.52元/克，较2021年末上涨18.61%。2022全年，黄金国内外平均价差为2.51元/克，白银国内外平均价差为24.06元/千克，铂金国内外平均价差为9.68元/克。

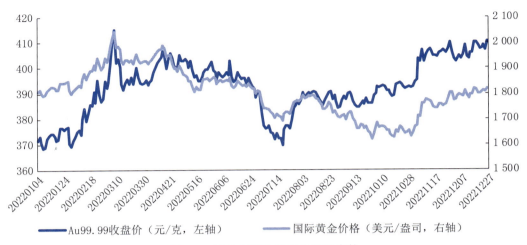

图 5-1　2022 年国内外黄金价格走势

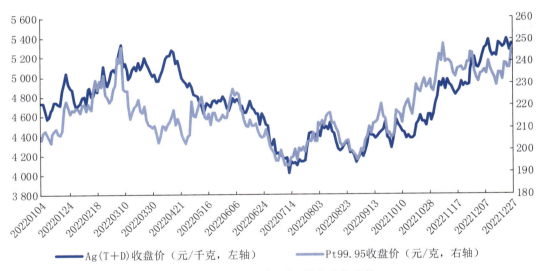

图 5-2　2022 年国内白银、铂金价格走势

数据来源：上海黄金交易所。

（2）受实物供求放缓影响，产品结构持续分化

2022 年，受实物供求放缓影响，定价在内的现货业务成交金额 1.92 万亿元；延期产品成交金额 4.00 万亿元；以掉期为主的即期、远期、掉期、期权等产品成交金额 11.11 万亿元。

（3）黄金 ETF 业务运行稳健

黄金 ETF 二级市场交易热情有所减弱，黄金 ETF 基金交易成交金额 3 530.32 亿元，成交 1 004.20 吨。

（4）国际板会员规模持续扩大

2022 年，国际板成交金额 2.09 万亿元。2022 年度新招募国际会员 5 家，会员数量稳中有增，市场参与度持续上升。

第二节　市　场　建　设

1. 拓展"上海金"应用场景，强化做市商市场服务

履约担保型询价合约成功挂牌上市，持续拓展了"上海金"在衍生品结算定价的应用场景，引导线下交易向线上平台集聚。第二批四只上海金 ETF 产品顺利推出，丰富黄金 ETF 市场产品。开展黄金 ETF 应急备忘录的修订，提升应急处置能力。持续加强做市业务管理，深化做市商双边报价，改善市场流动性，维护价格稳定。

2. 夯实交割仓储基础设施，鼓励企业绿色发展

夯实交割仓储基础设施，积极探索仓库智能化建设，全面提高储运业务处理效率。进一步优化交割储运网络，在西南和北京地区设立临时铂金交割仓库，缓解疫情期间铂金供给压力，满足产业下游企业用铂需求。通过对认定精炼企业的走访调研，鼓励企业在质量、检测、工艺、技术等方面四新应用和工艺优化，走生态优先、高质量可持续发展之路，发挥好金融支持绿色发展功能。

3. 履行合格中央对手职责，打造保证金"绿色通道"

确保中央对手清算业务不间断，为市场参与者提供服务不停歇。发布 2022 年《上海黄金交易所中央对手清算业务金融市场基础设施原则（PFMI）信息披露》中英文版。成功实现过渡户管理全覆盖，提升黄金市场保证金管理的安全性和有效性。联通征信中心动产融资统一登记系统，对充抵保证金的黄金库存类有价物进行统一的查询登记公示，实现担保信息透明共享。打造多维度保证金"绿色通道"，为会员出入金保驾护航。加大预清算频次，有力保障会员履约。

4. 拓展"黄金之路"市场应用，推动国内外市场合作

继续拓展"黄金之路"市场应用，推动实现"一带一路"市场黄金资源、资金、技术共享。研究探讨"黄金之路"项下创新业务模式，丰富"黄金之路"项目在区域全面经济伙伴关系协定下应用场景。进一步推广 FT 账户的使用范围，拓宽境外机构进入中国黄金市场的渠道。2022 年 12 月，成功举办第四届"外滩金融峰会"黄金专题会场，邀请全球代表性市场和金融机构专家共同探讨黄金市场一体化发展前景，积极推动国际国内黄金市场合作共识。

5. 持续强化风险管理，健全风险防范体系

梳理重点环节潜在风险，制定《上海黄金交易所重点风险控制指引》。强化量化风险分析能力，推进保证金调整方案的量化评估，关注重点会员、重点环节的风险监测，严控异常交易。持续优化风险管理"三道防线"间的沟通机制，深入梳理应急预案与流程，提升应急处置能力。着力加强会员管理，提供技术指导协助会员筛选可疑交易。

6. 全面开展风险教育，践行社会责任担当

连续 9 年参加人民银行消保局指导的"金融知识普及月"线下主题宣教活动，搭建咨询宣教台，通过为市民答疑解惑、案例分析等形式讲解金融知识，让理性投资和消费观念更加深入人心。将"金普月"拓展延伸至"金普季"，丰富宣传内容，持续提升投资者金融素养和风险防范能力。先后编写《上海黄金交易所社会责任报告》《2022 中国黄金行业社会责任报告》《2022 中国黄金行业重点企业社会贡献报告》，展示黄金行业积极履行社会责任的精神面貌，倡导践行 ESG 和可持续发展理念，探索绿色、低碳、高效的行业发展模式。

第三节　2023 年第一季度业务运行情况

2023 年第一季度，上金所全市场成交金额 5.09 万亿元。交易方式上，竞价成交额 1.17 万亿元；询价成交额 3.76 万亿元；定价成交额 1 617.17 亿元。交易品种上，黄金成交金额 4.84 万亿元，白银成交金额 2 488.76 亿元，铂金成交金额 33.86 亿元。其中，国际板成交金额 7 916.07 亿元。

专栏 8

"上海金"助力提升我国黄金市场的定价影响力

2016 年 4 月，上金所发布全球首个以人民币计价的黄金基准价格"上海金"，吸引了国内外主要产用金企业、银行参与报价，避免了外汇风险，完善了中国黄金市场的价格形成机制，有效提升了我国黄金市场的定价影响力。

"上海金"为占全球黄金实物消费近一半规模的中国市场和实体企业提供了更为有利的交易模式，对提升人民币对全球金融资产的定价权、丰富离岸人民币投资渠道、助

力人民币国际化进程都起到了积极作用。上线七年以来,运行情况稳健,交易、交割和清算安全顺畅,参与机构范围稳步扩大,定价功能逐步受到市场认可。2022全年,"上海金"成交量1 453.63吨,成交额5 688.44亿元,切实提高了国际投资者对中国黄金市场和"上海金"基准价的认可度,助力上海国际金融中心建设。

同时,"上海金"金锭标准作为"上海金"黄金实物的基础,于2020年入选首批"上海标准",目前已成为被全球黄金市场普遍接受的权威质量标准。

第六章 票据市场

2022 年,票据市场各类主体积极担当作为、守正创新,顺利实现新一代票据业务系统投产上线,有效推动供应链票据等创新产品增量扩面,助推各项业务实现了量的较快增长和价的稳中有降,在促进实体经济企稳恢复、支持中小微企业平稳发展等方面发挥了积极作用。

第一节 市场运行情况

1. 承兑贴现规模同比增长,有效服务企业需求

2022 年全市场票据承兑金额 27.39 万亿元,同比增长 13.40%,增速较上年提高 4.08

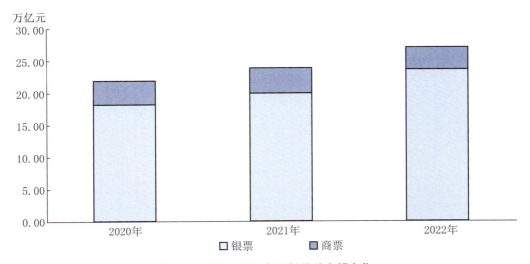

图 6-1 2020—2022 年票据承兑金额变化

个百分点。其中,银票承兑 23.96 万亿元,增长 17.72%;商票承兑 3.43 万亿元,下降 9.72%。

在背书流转方面,全年票据背书金额 58.59 万亿元,同比增长 3.60%,增速较上年下降 16.24 个百分点。其中,银票背书 56.62 万亿元,增长 5.65%;商票背书 1.97 万亿元,下降 33.53%。

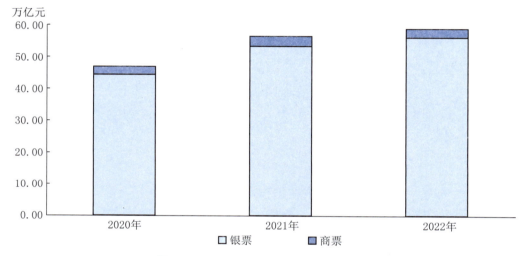

图 6-2　2020—2022 年票据背书金额变化

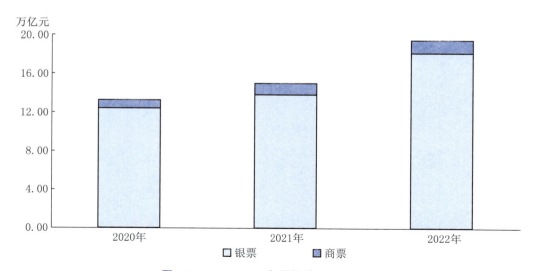

图 6-3　2020—2022 年票据贴现金额变化

2022年全市场票据贴现金额19.46万亿元,同比增长29.62%,增速较上年提高17.69个百分点。其中,银票贴现18.18万亿元,增长31.81%;商票贴现1.28万亿元,增长4.81%。2022年,全市场贴现加权平均利率为1.94%,较上年下降91个基点。其中,银票贴现利率为1.82%,下降91个基点;商票贴现利率为3.71%,下降49个基点。与贷款基准利率相比,2022年全市场贴现加权平均利率较1年期LPR均值低174个基点,利差较上年扩大74个基点。

2. 交易规模显著增长,市场参与者数量稳步增加

2022年,全市场转贴现交易金额58.20万亿元,同比增长24.01%,增速较上年提高17.60个百分点。其中,银票转贴现53.04万亿元,增长26.08%;商票转贴现5.16万亿元,增长6.10%。农村金融机构和国有银行是主要的净买入方,股份制银行和城商行是主要的净卖出方。

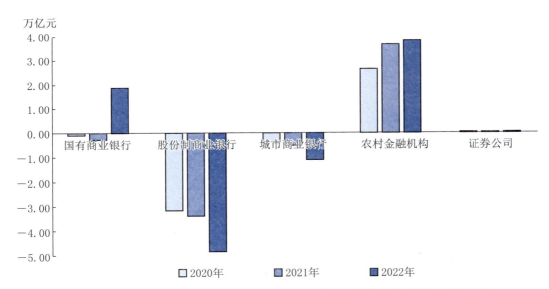

图6-4 2020—2022年不同类型机构转贴现交易净买入金额变化(剔除内部交易)

2022年,全市场票据回购交易金额合计29.90万亿元,同比增长30.14%,增速较上年提高15.16个百分点。其中,质押式回购交易27.77万亿元,增长27.97%;买断式回购交易2.13万亿元,增长66.98%。从资金流向来看,国有银行和股份制银行是主要的资金融出方,城商行、证券公司和农村金融机构则是主要的资金融入方。

2022年,通过上海票据交易所(以下简称票交所)系统开展交易的会员单位数量为2 152家,系统参与者数量9 784家,交易主体数量稳步增长。从交易量占比来看,市场参与者类型结构总体保持稳定。国有商业银行、股份制商业银行、城市商业银行仍是最主要的市场参与者,三者交易量合计占比达78.44%。

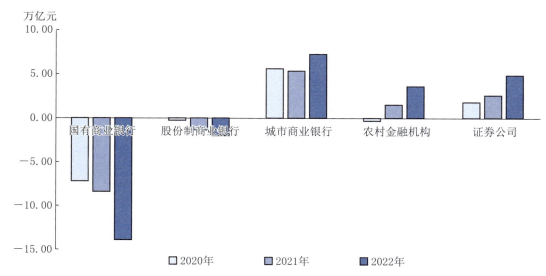

图 6-5　2020—2022 年不同类型机构通过票据回购净融入资金金额变化

第二节　市场运行主要特点

1. 企业用票规模同比增长,有力支持中小微企业发展

2022 年,全市场企业用票金额达到 105.44 万亿元,用票企业家数达到 307.93 万家。其中,中小微企业用票金额 75.43 万亿元,占比 71.53%;中小微企业用票家数 303.46 万家,占比 98.55%。随着票据服务渗透率不断深入、覆盖范围持续拓展、应用场景更加多元等,票据与中小微企业发展的融合度不断提升,金融普惠功能持续彰显。全年中小微企业的户均票据签发金额同比增长 15.38%,户均票据贴现金额增长 39.77%;全年中小微企业票据贴现加权平均利率为 2.01%,同比下降 90 个基点,融资成本显著下降。

2. 主要行业用票增势平稳,有力满足重点领域用票需求

2022 年,制造业用票金额 34.1 万亿元,占比 32.3%,较上年提高 0.7 个百分点,有力支持制造业高质量发展。其中,汽车行业用票金额同比增长 14.07%,增速较全市场高 3.92 个百分点,带动实体经济企稳恢复、畅通产业链供应链运转。同时,票据市场各类机构落实宏观政策导向,满足重点领域和薄弱环节用票需求。全年电子通信行业、基础科学研究和医药生物行业用票金额同比分别增长 29.35%、28.75% 和 17.77%,增速较全市场分别高 19.20 个、18.60 个和 7.62 个百分点,全力助推产业转型升级。

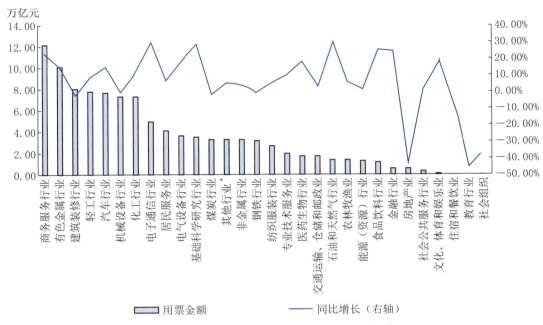

图 6-6　2022 年不同行业用票金额及同比增长情况

3. 不同地区用票规模有所分化，重点区域用票增长较为明显

2022 年，东部地区和西部地区用票金额分别为 70.24 万亿元和 14.95 万亿元，同比分别增长 12.66% 和 11.92%，增速较全市场分别高 2.51 个和 1.77 个百分点。在区域经济协同发展、创新驱动深入推进等利好的带动下，部分省份或区域用票规模呈现较为明显的增长

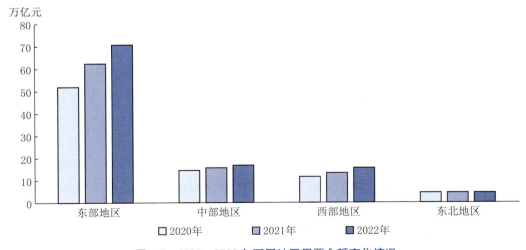

图 6-7　2020—2022 年不同地区用票金额变化情况

势头。2022年,东部地区的福建省和广东省的用票金额同比分别增长36.31%和23.43%,较全国平均水平分别高26.16个和13.28个百分点;西部地区的川渝地区用票规模同比增长21.41%,较全国平均水平高11.26个百分点。

第三节　市场建设与产品创新

1.《商业汇票承兑、贴现与再贴现管理办法》正式出台

为规范商业汇票承兑、贴现与再贴现业务,促进票据市场健康发展,人民银行、银保监会联合修订发布了《商业汇票承兑、贴现与再贴现管理办法》(中国人民银行　中国银行保险监督管理委员会令〔2022〕第4号)(以下简称《办法》)。《办法》结合市场发展实践和风险防范要求,扩大了信息披露范围,强化了约束机制;对银行承兑汇票和财务公司承兑汇票提出了风险防控指标;将商业汇票最长期限设定为6个月。《办法》有利于推动商业汇票规范运用,减轻中小微企业占款压力;进一步健全市场化约束机制,完善票据市场信用管理框架;引导和约束银行、财务公司等承兑人将票据规模控制在合理水平,保障票据市场长期健康发展。

2. 新一代票据业务系统投产上线

2022年6月3日,新一代票据业务系统成功投产上线,标志着全国统一、安全高效的电子票据全生命周期业务平台正式建成。截至2022年末,已有404家金融机构、18家供应链平台完成了新一代票据业务系统上线。新一代票据业务系统对电子商业汇票系统(以下简称ECDS)和中国票据交易系统(以下简称交易系统)功能进行全面优化升级,承载了票据全生命周期业务,覆盖了多元化票据产品体系,有效解决了企业票据支付痛点,持续提升了票据市场风险防控能力。

3. 票据信息披露机制建设取得新进展

2022年,票据信息披露平台功能进一步优化,配套《商业汇票承兑、贴现与再贴现管理办法》的出台,制定发布《商业汇票信息披露操作细则》(票交所公告〔2022〕1号),修订了《票据信息披露平台操作要点》,引导和服务市场主体做好信息披露工作。截至2022年末,信息披露平台用户6.6万余家,承兑信息披露率达98%,信用信息披露率96.61%。信息披露要求正式实施以来,市场整体信用水平有所改善,市场主体信用意识进一步增强,市场信用约束机制逐步形成。

4. 供应链票据平台进一步优化升级

2022年6月,供应链票据平台完成升级,报文接口规范与普通票据保持统一,新增质

押、回购、追索等功能,实现了供应链票据从签发、流转、融资、交易至到期处理的全生命周期业务流程。此外,提供供应链平台代理付款应答、交易背景影像报文查询等辅助功能,为供应链平台服务企业支付融资提供了更广阔的发挥空间。在风险防控方面,积极落实人民银行关于商业汇票信息披露的有关要求,开展供应链票据逾期监测和交易关系信息抽查,将供应链票据纳入票据账户主动管理体系,通过信息披露、监测预警、系统控制等方式多管齐下,进一步夯实风险防控机制。截至 2022 年末,共有 17 家供应链平台通过票交所为企业提供了供应链票据服务,登记企业 7 500 余家,各项业务合计 2 211.87 亿元。其中商票累计签发占比 92.60%,承兑贴现发生额比例为 65%,较普通商票高约 28 个百分点,中小微企业用票金额占比 70%。

5. "贴现通"更多助力中小微企业融资

2022 年,"贴现通"业务保持较快发展,在拓宽企业贴现渠道、缓解贴现融资难题、助力实体经济抗击疫情等方面发挥了积极作用。全年"贴现通"业务服务企业 5 965 家,促成票据贴现 4.83 万张,票面金额 1 677.67 亿元,同比增长 115.06%;贴现票据中,100 万元以下的小额票据 2.43 万张,占比 50.36%,城商行、农商行等中小机构承兑票据 3.00 万张,占比 62.16%;全年"贴现通"加权平均贴现利率为 1.90%,较全市场平均水平低 5 个基点,较一年期贷款市场报价利率(LPR)平均低 178 个基点,有效支持实体经济降低融资成本,实现精准扶持民营小微企业。系统建设方面,票交所结合市场需求,对"贴现通"功能进行优化升级,新增银企签约功能和一站式清算功能,完善贴现询价功能,推动业务流程更加高效便捷。

6. "票付通"更好服务互联网新经济

2022 年,票交所建设投产新"票付通"功能。新"票付通"服务企业的线上支付场景进一步扩大,业务参与模式更加丰富,业务功能更加完善,在服务平台经济发展、提升企业用票便利性、缓解企业流动性压力方面发挥了积极作用。截至 2022 年末,累计 11 家合作金融机构、185 家电票接入机构、44 家 B2B 平台以及近 5 000 户平台企业开通"票付通"业务,累计发起支付订单 2.60 万笔,订单金额约 926.07 亿元,同比分别增长 33.91%、51.19%;累计完成票据支付 2.80 万笔、支付金额 675.83 亿元,同比分别增长 40.22%、74.06%。全年,平均单户平台企业支付 11.76 笔,同比增长 12.46%,企业参与度进一步提升;商票支付量同比增长 122.06%,完成贴现率达到 99.67%,有效减轻了企业现金支出压力。

第四节　市场发展展望

从市场运行看,2023 年第一季度,票据市场业务总量 42.8 万亿元,同比有所下降。这与市场形势变化、金融机构信贷"开门红"以及政策调整等因素有关。

下一步,随着市场建设不断完善,票据市场服务实体经济功能将进一步显现:一是票据信用市场化约束机制逐步发挥作用,票据市场发展将更趋稳健;二是新一代票据业务系统全面上线,票据市场基础设施服务功能将得到有效增强,票据支持实体经济的优势功能将进一步得以有效发挥;三是供应链票据、贴现通、信息服务产品等创新业务进一步增量扩面,在促进产业链供应链优化升级、增强供应链韧性、服务中小微企业等方面将发挥更大作用。

专栏 9

新一代票据业务系统建成投产

2022 年 6 月 3 日,上海票据交易所(以下简称票交所)新一代票据业务系统(以下简称新系统)成功投产上线。新系统是票交所倾力打造的全国统一的票据业务综合处理平台,将 ECDS 和交易系统相互融合,提升票据市场运行效率,为新时期票据市场的新发展格局奠定重要基础。

1. 全国统一的票据全生命周期业务处理平台正式建成

近年来,票交所负责同时运营中国票据交易系统和 ECDS,客观上形成了纸电票据贴现后业务在交易系统处理、贴现前业务在 ECDS 处理的基本格局。为真正实现纸电票据业务全流程一体化处理,票交所启动了新系统建设工作,统一贴现前、后业务处理的技术路线,以全面融合 ECDS 和交易系统业务功能。

为了提高新系统建设的科学性,票交所深入开展市场调研,形成了切实可行的新系统业务方案,新系统对 ECDS 和交易系统功能进行全面优化升级,承载票据全生命周期业务,并创新实现票据"找零支付"功能。在人民银行的指导和支持下,票交所先后向市场成员发布业务方案、直连接口规范、工程实施计划、推广期业务安排,并先期投产新系统一期供应链平台相关功能。2022 年 6 月 3 日,新系统顺利完成投产上线。

新系统的建成,标志着全国统一的票据全生命周期业务处理平台的功能更安全、更高效,现代化票据市场已具雏形。

2. 新系统将为票据市场高质量发展提供重要支撑

完善的基础设施是现代金融市场运行发展的定盘星和压舱石。新系统解决了长期以来制约票据市场发展的诸多问题,是票交所建设"具有关键影响力、系统重要性的一流金融基础设施"的关键举措,将为新时期票据市场的新发展格局奠定重要基础。

一是实现系统和规则统一,为票据市场发展提供新动力。新系统建成了统一高效的业务处理平台,在票据市场发展历史上首次实现纸电票据业务全场景、全要素、全流程、全生态的统一,并面向机构、企业、平台等全渠道市场成员,从根本上解决了长期以来两个系统并存导致的重复投入、系统割裂等问题。

二是形成一体化风控体系,为票据市场稳发展保驾护航。新系统为维护金融安全提供了新手段,引入企业信息报备、账户主动管理等功能,前置企业准入控制;强化信息披露要求,提高票据到期处理的自动化水平,降低了票据兑付的道德风险和操作风险,有效提升了票交所面对新时期下票据业务风险的管控和处置能力。

新系统不仅为票据市场规范健康提供了重要保障,也必将为票据市场更好更快发展筑牢基础,提供新动力、催生新活力。

3. 新系统将成为票据市场服务实体经济的新阵地

新系统在支持票据服务实体经济方面推出了系列创新功能,有效扩大了票据应用场景,为多层次的市场成员提供了稳定坚实、丰富多元的服务保障。

一是面向企业,解决票据的支付痛点。新系统解决了企业因持有票据金额与支付金额不匹配造成票据使用不便利的痛点,对传统电票的签发和流转形式进行优化升级,支持出票人签发由标准金额票据组成的票据包,持有人可依据实际需要在不同的业务场景中对票据包进行灵活分包流转,增强了票据的支付功能。

二是提升服务,覆盖多层次全产品体系。新系统提供了票据签发、背书流转、贴现融资等传统业务以及线上贴现、"票付通"等创新产品的多层次产品体系,打通了系统分隔导致的业务和产品壁垒,从实体经济的多样化需求出发,优化票据应用场景,提供多样化的票据流转和融资服务。

新系统的建成是提升票据市场服务实体经济效能的一次提档升级和集中突破,将为扩大票据在实体经济中的应用提供新助力。

4. 新系统将平稳有序覆盖全渠道、全市场成员

自新系统建设启动以来,票交所与市场成员合力推进上线工作。2022年3月至5月,首批上线的市场成员为上线实施做好了充分准备。截至2022年末,已有404家金融机构、18家供应链平台完成了新系统上线,累计超过30万家企业完成了信息登记。随着新系统的市场成员覆盖范围不断扩大,票据市场发展的技术支撑将进一步增强,越来越多的机构和企业将会体验到新系统功能和性能的优势,票据市场基础设施服务实体经济功能将进一步显现。

第七章 证 券 市 场

第一节 股票市场运行情况

1. 市场概况

一是股票市场规模持续扩大。截至 2022 年底,上交所上市公司 2 174 家,其中,主板公司 1 673 家,科创板公司 501 家。股票总市值 46.38 万亿元。其中,主板市值 40.56 万亿元,科创板市值 5.82 万亿元。沪市全年主板累计成交额 84.27 万亿元,同比下降 18.85%;科创板累计成交额 11.99 万亿元,日均成交量 495.33 亿元。根据世界交易所联合会(WFE)统计数据,2022 年,上交所年末股票总市值、全年股票交易额在全球交易所中位列第 3、第 5[①]。

二是股票融资结构继续优化。2022 年,股票筹资总额 8 477 亿元,同比增加 1.7%,其中,主板筹资 5 345.19 亿元,科创板筹资 3 131.99 亿元。完成首次公开发行(IPO)154 家,募集资金 3 589 亿元,其中,主板新上市公司 31 家,募集资金 1 068 亿元,分别减少 64.4%、34.2%;科创板新上市公司 123 家、同比减少 24.1%,募集资金 2 520 亿元,同比增加 24.2%。再融资 611 家,募集资金 4 888.3 亿元,同比增加 4.4%。根据 WFE 排名,上交所股票 IPO 数量和 IPO 筹资额分别位居全球第 2、第 1[②]。

三是上市公司质量持续提升。贯彻落实《推动提高沪市上市公司质量三年行动计划》和《中央企业综合服务三年行动计划》,沪市主板公司积极应对多重复杂因素影响,生产经营展现较强韧性。截至 2023 年 4 月 29 日,沪市主板共有 1 689 家上市公司完成 2022 年年度报告披露,实现营业收入、净利润同比增幅分别为 6%、2%,超八成公司实现盈利,近五成公司实现利润增长。创新驱动发展战略持续落实,实体类公司合计研发投入 8 412 亿

---

① 根据 WFE 统计数据,2022 年,上交所年末股票总市值位列第 3 位,仅次于纽交所、纳斯达克;股票交易额位列第 5 位,仅次于纳斯达克、纽交所、深交所、CBOE Global Markets。

② 根据 WFE 统计数据,2022 年,年末 IPO 筹资额位列第 1 位;IPO 数量位列第 2 位,仅次于深交所。

元,同比增长 18%。上市公司有效利用资本市场做优做强,沪市主板全年共计披露 56 单重大资产重组方案,合计交易金额 2 366 亿元,其中高端制造、节能环保、新能源等新兴产业的重组标的占比约 23%。常态化退市格局更趋成熟,全年共 24 家退市,其中,强制退市 18 家,较 2021 年增长 125%。

2. 创新发展

一是科创板持续引领科技创新。科创板支持和鼓励"硬科技"企业上市的集聚示范效应日益显现,科创板公司行业高度集中在高新技术产业和战略性新兴产业。其中,新一代信息技术、生物医药、高端装备行业市值占比合计 79%。科创板公司上市后,整体业绩保持较快增长,科创成色不断增强。2022 年,科创板公司共计实现营业收入 12 120.5 亿元,同比增长 29%;实现归母净利润 1 135.9 亿元,同比增长 6%;实现扣除非经常性损益后归母净利润 907.81 亿元,同比增长 9%。研发强度保持高位,全年研发投入金额合计 1 284.7 亿元,同比增长 28%,研发投入占营业收入的比例平均为 16%。创新成果不断涌现,取得一系列技术突破和科研进展。全年合计新增发明专利 13 758 余项,平均每家公司拥有发明专利数达到 152 项,90 家次公司牵头或者参与的项目获得国家科学技术奖等重大奖项。

二是市场服务质量持续提高。树立"店小二"意识,不断加大"开门办审核、开门办监管、开门办服务"的幅度、深度和力度。着力打造简明清晰、好用易懂的自律监管规则体系,上市公司自律监管规则精简约 90%,构建完善"基本业务规则、自律监管指引、自律监管指南"三级规则体系。优化市场主体咨询沟通渠道,科创板申报前咨询沟通次数较去年提升 168%。持续开展"我是股东"走进上市公司活动,全年带领投资者线上线下走进上市公司 173 家次,首次实现年报业绩说明会全覆盖。开展"上交所资本市场服务周"活动,推动业务办理数字化改造,优化 20 余项上市公司系统功能、146 项会籍系统功能,市场主体获得感进一步增强。

3. 市场展望

2023 年一季度,沪市上市公司数达到 2 194 家,总市值 49.7 万亿元。股票成交金额 21.7 万亿元。市场融资功能持续发挥,沪市首发上市企业 23 家(主板 14 家,科创板 9 家),募集资金 290.3 亿元(主板 173.3 亿元,科创板 116.9 亿元)。295 家上市公司完成再融资,募集资金 1 732.8 亿元。截至 2023 年 3 月底,上交所股票市场筹资额、成交金额和总市值分别位居全球第 1、第 5 和第 3 位①。

---

① 根据 WFE 统计数据,2023 年一季度,上交所筹资额位列第 1 位;季末股票总市值位列第 3 位,仅次于纽交所、纳斯达克;股票交易额位列第 5 位,仅次于纳斯达克、纽交所、深交所、CBOE Global Markets。

第二节　债券市场运行情况

1. 市场概况

市场规模稳步扩大,有效提升服务实体经济能力。截至 2022 年底,上交所债券托管量 15.9 万亿元,同比增长 4.7%。债券挂牌 2.68 万只,品种涵盖国债、地方债、金融债、企业债、公司债、可转换公司债和资产支持证券等。全年债券市场融资总额 4.5 万亿元,同比下降 35%。其中,政府债筹资 1 847 亿元,公司债筹资 32 282 亿元,资产支持证券筹资 9 160 亿元。全年债券累计成交 380.3 万亿元,日均成交 1.6 万亿元,同比增长 15.5%。其中,现券成交 21.8 万亿元,回购(包括债券质押式回购、协议回购、三方回购和报价回购)成交 358.4 万亿元。

2. 市场创新

一是深化债券市场基础制度供给。2022 年 4 月 22 日,上交所发布了《上海证券交易所公司债券发行上市审核规则》《上海证券交易所公司债券上市规则》《上海证券交易所非公开发行公司债券挂牌规则》和《上海证券交易所债券市场投资者适当性管理办法》4 项债券业务规则。5 月 31 日,上交所发布了《上海证券交易所公开募集基础设施证券投资基金(REITs)规则适用指引第 3 号——新购入基础设施项目(试行)》,规范了基础设施 REITs 新购入基础设施项目及扩募发售等行为。7 月 15 日,上交所发布了《上海证券交易所公开募集基础设施证券投资基金(REITs)规则适用指引第 4 号——保障性租赁住房(试行)》,规范了保障性租赁住房企业发行 REITs 产品的相关要求。

二是持续推进基础设施领域不动产信托基金。上交所推动保障性租赁住房 REITs 项目落地。2022 年 8 月 31 日,中金厦门安居 REIT、华夏北京保障房 REIT 作为首批保障性租赁住房 REITs 试点项目正式在上交所上市,为深化保障性租赁住房市场化进程、深化金融供给侧结构性改革,进一步丰富基础设施 REITs 产品类型提供了更多元的助力。2022 年,上交所全年共上市 9 只基础设施公募 REITs 产品,合计融资 342 亿元。沪市 REITs 产品全年成交 453.68 亿元,较 2021 年增长 237.89%,年末市值 585.2 亿元,较 2021 年年底增长 133.9%。

三是探索转型债券、绿色债券、碳资产债券产品,助力国家重点战略实施。2022 年 5 月,上交所推出低碳转型债券、低碳转型挂钩债券品种,募资可用于支持各行业节能降碳技术研发和应用、化石能源清洁高效开发利用、新型基础设施节能降耗、园区节能环保提升等多个领域,募集资金主要使用于符合国家低碳转型相关发展规划或政策文件及国家产业政策要求的低碳转型领域,引导社会资本投向国家政策支持的各绿色领域,助力实现"30·60"目标。2022 年,上交所债券市场共发行绿色债券 752 亿元(包括碳中和绿色债券 241 亿元),绿色资产支持证券 673.23 亿元,低碳转型债券、低碳转型挂钩债券 239 亿元。绿色债券和绿色资产支持证券合计规模 1 425.23 亿元,较 2021 年增长 19.45%。

3. 市场展望

2023 年一季度,上交所债券挂牌数 2.8 万只,债券托管量 2.78 万亿元。债券市场融资总额 1.2 万亿元,同比增长 9.9%。其中,公司债券发行 9 291 亿元,大力支持企业多样化融资需求;资产支持证券发行 2 554 亿元,有力支持企业盘活资产。

第三节　衍生品市场运行情况

1. 市场概况

2022 年,股票期权市场总体运行平稳。全年 ETF 期权合约累计成交 10.75 亿张,日均成交 444.24 万张,同比减少 1.6%;日均持仓 494.45 万张,同比减少 1.2%;日均成交面值 1 581.75 亿元,同比减少 16.5%;日均权利金成交 26.76 亿元,同比减少 21.1%。目前,上证 50ETF 期权和沪深 300ETF 期权已经成为全球重要的 ETF 期权品种。上证 50ETF 期权合约累计成交 5.66 亿张,日均成交 233.81 万张,日均成交面值 664.14 亿元,日均权利金成交 11.53 亿元;沪深 300ETF 期权合约累计成交 4.67 亿张,日均成交 192.99 万张,日均成交面值 812.89 亿元,日均权利金成交 13.77 亿元;中证 500ETF 期权合约累计成交 0.42 亿张,日均成交 60.29 万张,日均成交面值 362.02 亿元,日均权利金成交 5.03 亿元。截至 2022 年底,上交所期权投资者账户总数 59.1 万,年内新增 4.9 万户。随着市场规模增加,越来越多的投资者使用期权进行保险和增强收益,期权经济功能逐步发挥。

2. 市场创新

为促进期权市场进一步发挥经济功能,上交所持续推进期权新品种上市。2022 年 9 月 19 日,上交所推出中证 500ETF 期权。新标的上市后,市场运行平稳,风控措施有效,投资者参与理性,舆情积极正面,市场功能充分发挥。随着期权市场规模的稳步扩大,其风险管理功能逐步发挥,成为各类投资者的重要避险工具。

3. 市场展望

2023 年一季度,衍生品市场保持了良好的发展势头。上交所股票期权日均成交 389.14 万张,日均持仓 413.80 万张,日均权利金成交 19.83 亿元,日均成交面值 1 426.20 亿元。其中,上证50ETF期权日均成交205.97万张,日均持仓209.28万张,日均权利金成交8.54亿元,日均成交面值564.26亿元;沪深300ETF期权日均成交130.99万张,日均持仓143.13万张,日均权利金成交7.35亿元,日均成交面值535.16亿元;中证500ETF期权日均成交52.19万张,日均持仓61.39万张,日均权利金成交3.94亿元,日均成交面值326.78亿元。

第四节　基金市场运行情况

1. 市场概况

基金规模持续增长,财富管理功能日益显现。截至2022年底,上交所基金挂牌总数614只,市值总规模1.3万亿元。全年累计成交18.8万亿元,同比增长22.9%,创历史新高。截至年底,上交所共有469只ETF,市值规模12 429亿元,分别较2021年底增长14.67%和9.13%。沪市ETF累计成交18.7万亿元,占境内ETF总成交额比重约八成。其中,权益型ETF(含跨境ETF)成交8.94万亿元。年末持有ETF账户数601.83万户,较2021年增长10.40%。

2. 市场创新

推动ETF纳入沪港通机制,扩充基金市场参与范围。2022年6月24日,上交所正式发布《上海证券交易所沪港通业务实施办法(2022年修订)》等相关文件。7月4日,ETF纳入互联互通机制正式启动,成功实现首批53只沪市ETF基金和5只港交所ETF基金纳入互联互通标的。上交所积极做好ETF纳入的配套工作,搭建上交所ETF纳入互联互通英文专栏网站,为境外投资者参与上交所ETF市场提供资讯便利。

3. 市场展望

截至2023年3月底,上交所基金挂牌总数达到626只,总市值达到1.35万亿元。ETF已成为基金市场发展主力,拥有产品479只,市值规模1.27万亿元,累计成交4.98万亿元,ETF规模和交易量均占境内市场近八成。

第五节　双向开放情况

1. 拓展优化境内外市场联通机制,丰富可投资产品类型

一是优化完善互联互通存托凭证机制。2022年3月25日,上交所与境外证券市场互联互通存托凭证业务配套规则正式发布。上交所联合境外交易所、市场机构等举办了多场业务说明会及推介会,实现全市场首家公告发行全球存托凭证(GDR)、首家获准发行和首家公告在德国市场发行 GDR 等"三个"首家。截至 2022 年底,已有 21 家沪市上市公司发布在瑞士、英国、德国等发行 GDR 的公告,全面覆盖新规适用的全部境外市场,其中 4 家公司成功发行,累积募资 12.9 亿美元。

二是优化沪港通机制。上交所发布《上海证券交易所沪港通业务实施办法(2022 年修订)》等相关文件,并于 7 月 4 日正式启动 ETF 纳入互联互通机制,成功实现首批 53 只沪市 ETF 基金和 5 只港交所 ETF 基金纳入互联互通标的。7 月 25 日,规范沪股通标的证券返程交易行为相关规定正式实施,规定联交所参与者不得为内地投资者新开通沪股通交易权限。

三是发布跨境合作产品。2022 年 12 月 22 日,境内首只中韩合编指数产品——中韩半导体 ETF 在上交所上市,该产品基于 2021 年上交所与韩交所合作编制的指数产品,是上交所与境外交易所通过共同开发指数实现跨境产品合作有益尝试。

2. 加强与国际投资者沟通,提升境外投资者参与度

一是全方位开展国际投资者服务。上交所积极发挥国际推介职能,围绕上交所重点工作和四大市场,举办 7 场国际路演和培训,活动举办频次和国际投资者参与数量均创历年新高。聚焦吸引中长期资金入市、紧扣市场关切话题,围绕热门行业、ESG 和复工复产等,全年组织近 120 场"国际投资者线上走进沪市公司"活动,参与的国际投资者、沪市公司规模较去年大幅增长。面向国际投资者主动开展 8 场专项调研,了解投资者诉求,回应外资关切。

二是上交所推动首批 21 家境外机构投资者直接入市交易所债券市场落地。截至 2022 年底,境外合格投资者合计持有上交所债券规模 645 亿元。上交所持续推进"一带一路"债券和熊猫债券发行,促进债券市场对外开放。截至 2022 年底,上交所累计发行 71 只熊猫债券、24 只"一带一路"债券,债券发行规模达 1 345 亿元人民币。

3. 积极参与国际组织事务,提升国际影响力

一是积极发挥已加入国际组织的平台作用,参与全球行业治理,提升中国资本市场国际影响力。上交所再次连任世界交易所联合会(WFE)董事席位,认真履行 WFE 董事职责,举办"敲响性别平等之钟""提升投资者财经素养鸣锣"等活动。2022 年,上交所加入中英绿色金融工作组指导委员会,提升本所绿色金融领域国际影响力,参加服贸会主权财富论坛、中国银行资管沙龙等活动,积极宣传上交所绿色金融的政策与实践。

二是积极开展国际交流活动。2022 年进博会期间,上交所首次与虹桥论坛秘书处共同举办第五届虹桥国际经济论坛分论坛,超 150 位嘉宾到场参会,约 30 家境内外媒体进行报道,积极展示我国资本市场发展与开放成果、传递开放合作共赢的理念。

4. 推动共建"一带一路"高质量发展

依托上交所海外参股机构，助力中资企业海外展业。支持"一带一路"建设，依托中欧国际交易所，协助北京国有资本运营管理有限公司、中国银行法兰克福分行等中资企业在欧洲挂牌优先无抵押欧元债券和绿色债券；协助境外金融机构在法兰克福证券交易所和中欧所挂牌数十只交易所交易产品（ETP）。支持阿斯塔纳国际交易所推出首只人民币ETN。先后举办"上交所国际合作论坛——哈萨克斯坦新机遇"和"阿斯塔纳金融日"等活动。

第六节　上海上市公司情况

1. 上海上市公司概况

截至 2022 年末，上海上市公司总数为 422 家，约占全国 8.3%，位居全国各省市第 5位；总市值为 7.2 万亿元，约占全国 8.5%，位居全国各省市第 4 位。按上市板块分，沪市主板 228 家，科创板 78 家，深市主板 33 家，创业板 76 家，北交所 7 家。

表 7-1　2022 年上海上市公司概况表

类　别	家数	总市值（万亿元）	总资产（万亿元）	净资产（万亿元）
上海上市公司	422	7.6	41.16	5.9

资料来源：wind 资讯。

2. 上海上市公司 2022 年业绩特点

（1）整体盈利承压较大，业绩呈现边际修复

2022 年，上海上市公司实现营业收入[1] 6.1 万亿元，同比持平（−0.8%）；实现净利润[2]3 575 亿元，扣除非经常性损益后的净利润 3 093 亿元，均同比下降 19%。八成（342 家）公司克服疫情等不利影响实现盈利，86 家公司亏损，亏损金额合计 803 亿元。逾五成公司实现营收规模扩大，近四成公司实现净利润增长。分季度看，2022 年一季度至四季度，营业收入、净利润均同比增速分别为 2%、−10%、3%、1% 及 −12%、−31%、−16%、−11%，自二季度后呈现边际修复的积极态势。

---

[1]　数据来源为 Wind 资讯，下同；本报告营业收入为营业总收入。因交大昂立 2022 年未披露年报，故本报告所列 2022 年度财务数据均未包含交大昂立。

[2]　本报告中净利润均指归属于母公司股东的净利润，下同。

（2）国资公司业绩双降,民营业绩低于全国

120家国资控股上市公司2022年度合计实现营业收入4.8万亿元、净利润2 867亿元,同比下降3%、18%。其中,78家上海市属国资控股上市公司合计实现营业收入3.4万亿元、净利润1 901亿元,同比下降5%、16%,占上海上市公司净利润比重为53%,回升1个百分点。236家民营控股上市公司2022年度实现营业收入7 892亿元、净利润443亿元,同比增长8%和下降25%,营业收入、净利润增速均低于全国民营控股上市公司13%、2%的增速水平。

（3）科创公司收入增长,研发投入持续加码

2022年,上海科创板公司实现营业收入1 865亿元、净利润222亿元,同比增长10%和下降9%;研发投入269亿元,同比增长21%,营业收入占比14%,同比提升1个百分点。行业龙头中芯国际业绩创新高,营业收入、净利润分别达495亿元、121亿元,同比增长34%、7%,沪硅产业、上海谊众、艾力斯、芯原股份、安路科技等5家公司实现扭亏、摘U。

3.融资及并购重组情况

（1）融资及并购重组情况概括

2022年,上海共有36家企业实现A股首发上市,其中主板上市5家,科创板上市19家,深交所创业板上市8家,北交所4家①。首发募集资金共计522.0亿元。

2022年,98家(次)上市公司完成再融资,共计募集资金2 353.6亿元,包括股权融资857.2亿元,债券融资1 496.4亿元。8家(次)上市公司完成并购重组,涉及交易金额396亿元。

（2）主要特点

上海上市公司积极利用多层次资本市场开展直接融资、并购重组等,促进产业转型和技术升级,服务高质量发展成效显著。2022年,上海企业实现A股首发上市家数位居全国各省市第五,首发募集资金位居全国各省市第四。2022年,上海上市公司股权融资增额较大,同比增长32%。8家(次)上市公司完成并购重组,涉及交易金额396亿元,同比增长82%。

4.2023年第一季度上海上市公司经营情况②

截至2023年第一季度末,上海上市公司共427家③,约占全国8.3%。按上市板块分,沪市主板229家、科创板79家、深市主板33家、创业板78家、北交所8家。2023年一季度,上海上市公司实现营业总收入1.4万亿元,同比下降2.1%,净利润1 118亿元,较2022

---

① 统计口径包括新三板精选层平移至北交所公司。
② 上市公司一季度经营数据未经审计。
③ 交大昂立尚未披露2023年一季度报告。

年同期增长 2.3%。①5 家公司首发上市,共募集资金 41.2 亿元;10 家(次)上市公司实施股权再融资,募集资金 352.1 元;25 家(次)上市公司通过债权融资 494.2 亿元。

第七节　上海股权托管交易市场运行情况

1. 市场运行概况

上海股权托管交易中心(以下简称上海股交中心)是经上海市人民政府批准设立,按照国务院要求在中国证监会首批备案的区域性股权市场之一,现已形成"一市五板、五大平台"的市场格局,即科技创新板(N 板)、股份转让系统(E 板)、展示板(Q 板)、科创 Q 板、绿色 Q 板;可转债平台、债转股转股资产交易平台、股份有限公司股权托管系统、银行业机构股权托管系统,以及私募股权和创业投资份额转让平台(以下简称基金份额转让平台),致力于为中小微企业提供全方位综合金融服务。

截至 2022 年 12 月 31 日,上海股交中心上海股交中心共计服务企业 10 910 家,其中科技创新企业股份转让系统(科技创新板)挂牌企业 411 家,股份转让系统(E 板)挂牌企业 398 家,展示板展示企业(含基础信披层、完整信披层、科创 Q 板、绿色 Q 板)9 820 家,纯托管企业 281 家。

2022 年度,上海股交中心新增交易金额 109.84 亿元,融资金额 56.50 亿元,其中,基金份额转让成交金额 40.89 亿元,份额质押登记业务 5 单,共计 10.22 亿份,融资金额 9.12 亿元。截至 2022 年 12 月 31 日,累计促进企业实现融资总额 2 838.63 亿元,其中股权融资 1 814.72 亿元,债权融资 1 023.91 亿元;交易额 593.14 亿元。

截至 2022 年 12 月 31 日,上海股交中心共有合格及特定投资者 15 310 户,其中机构投资者 1 384 户,自然人投资者 13 926 户。

表 7-2　2022 年上海股权托管交易市场运行情况

主要业务	指　标	2022 年
科技创新企业 股份转让系统 (N 板)	挂牌企业数量(家,累计)	411
股份转让系统 (E 板)	挂牌企业数量(家,累计)	398

---

①　根据中国太保 2023 年第一季度公告,对 2022 年第一季度数据进行追溯调整。

主要业务	指 标	2022 年
展示板（Q 板）	展示企业数量（家，累计）	9 820
中介机构	推荐机构（家，累计）	372
	专业服务机构（家，累计）	282
	交易服务机构（家，累计）	100
	私募基金份额转让服务机构（家，累计）	31
投资者	开户数量（户，累计）	15 310
股权托管登记	托管企业数量（家，累计）	281
基金份额	成交总金额（亿元，新增）	40.89
	质押融资金额（亿元，新增）	9.12

截至 2022 年 12 月 31 日，上海股交中心共计服务各类中介机构累计 785 家，其中推荐机构 372 家，专业服务机构 282 家、交易服务机构 100 家，私募基金份额转让服务机构 31 家。

此外，在市场孵化培育方面，2022 年度，上海股交中心新增入选浦江之光企业库、进入辅导备案以及在境内外有关资本市场上市或被境内外有关资本市场上市企业兼并收购的企业 37 家，其中入选"浦江之光"企业库 31 家，被境内外有关资本市场上市企业兼并收购（含上市辅导）企业 6 家，转入新三板挂牌企业 1 家。截至 2022 年 12 月 31 日，上海股交中心累计完成上市（含并购）家数 58 家，转新三板企业家数 97 家，累计推动 147 家企业进入"浦江之光"企业库。

2. 市场运行特点

（1）大力支持实体经济发展，提升市场服务能力。上海股交中心围绕中小微企业经营发展、业务拓展、融资交易、信息披露、申请贷款补贴等方面的需求特点，积极整合政府、园区、银行、投资机构、产业联盟等多方资源，出谋划策，为企业排忧解难。年内累计对接市场内挂牌、展示、托管企业近 6 000 余家，成功推动浦发银行上海分行首单针对生物医药早期研发类企业的纯信用贷款落地，协助企业对接知识产权证券化业务，为近百家企业提供上市公司收购、资本运作咨询等。持续推动市场内企业融资路演，累计举办融资路演 60 场次，路演企业近 200 家次，近 1 500 家次的投资机构及金融机构参与其中。同时，积极发挥金融服务科技创新发展的枢纽作用，着力探索重点服务科创企业的金融支持路径，因地制宜提供资本市场基础服务和综合金融服务，不断提升对实体经济支持的广度和深度。

(2)持续拓宽基金份额转让退出渠道,平台建设卓有成效。上海股交中心积极推动基金份额转让平台配套政策出台,加强基础建设,提升信息系统功能,平台发展取得显著成效,入选成为中国(上海)自由贸易试验区第十一批金融创新案例。平台配合上海市政府相关部门先后出台一揽子政策,市国资委发布《上海市国有私募股权和创业投资基金份额转让监督管理办法(试行)》(沪国资委产权〔2022〕58号)和《上海市国有企业私募股权和创业投资基金份额评估管理工作指引(试行)》(沪国资委评估〔2022〕116号),市人大常委出台包含明确上海股交中心作为基金份额质押登记合法机构的《上海市浦东新区绿色金融发展若干规定》,市金融局、上海证监局、市国资委、市市场监管局、市财政局、市税务局等六委局联合发布《关于支持上海股权托管交易中心开展私募股权和创业投资份额转让试点工作的若干意见》。同时,平台与上海科创基金签署关于联合发起设立上海S基金联盟的合作备忘录,吸引包括国家级母基金、海内外知名市场化母基金、地方引导基金、保险、券商、银行等金融机构、地方国企及产业集团等81家市场一线机构参与,与上海市创投协会、上海市国际股权投资基金协会、虹桥基金小镇等联合举办"S基金发展探讨沙龙""私募股权投资基金退出解决之道研讨会""全球资管视野下的S基金配置线上闭门研讨会"等公开课、圆桌论坛、培训活动,为私募基金份额转让集聚买家、活跃市场、创新产品奠定了扎实基础,初步构建了可持续发展的份额转让市场生态体系。

(3)探索对接高层次资本市场,孵化培育功能凸显。上海股交中心认真落实《中共中央国务院关于加快建设全国统一大市场的意见》文件要求,聚焦企业上市孵化培育服务,推动多层次资本市场联动,进一步强化上市培育机制。基于当前政策体系,着眼早期培育、发挥区位优势等因素,以企业培育孵化为切入点开展与上交所对接工作,与上证信息签署战略合作备忘录,完成了与上海证券交易所"星企航"系统的数据对接,围绕科创企业信息服务、评价服务、科创属性标记服务、信息查询服务、数据共享、活动培训等开展合作,并在上海股交中心官微推出"上市问诊"模块,为场内企业高质量上市提供支撑。此外,还启动了上交所长三角资本市场服务基地、上交所科创板服务基地共建工作,目前已推动场内企业真兰仪表通过创业板IPO发审委审核,推动合合信息进入上交所科创板上市审查阶段,推动场内企业千年设计完成并购重组。同时,积极调查排摸场内企业及合作机构企业挂牌新三板或在北交所上市的意向,推动基本信披层展示企业富尔达在全国股转系统挂牌,通过成功个案带动两个资本市场的合作衔接,实现优质企业在资本市场中有序流动。此外,持续落实"浦江之光"行动计划,与入库企业建立专人对口对接机制,做深做实服务。

(4)大力发展金融科技,数字化转型发展优势形成。上海股交中心高度重视金融科技发展运用,综合利用互联网、区块链、大数据、人工智能等技术,不断促进科技与金融市场深度融合发展,在第十六届上海金融服务实体经济洽谈会上,主办了"数字赋能,共创未来"区域股权市场专场论坛,积极倡导金融机构数字化转型。率先实现"区块链＋股权市场"创新应用,与证监会监管链2.0完成数据对接,实现全市场业务数据上链,完成区域性股权市场信用体系的重新构建。获批成为国家区块链创新应用试点中特色领域试点,推进"区块链＋登记托管""区块链＋企业画像""区块链＋企业服务""区块链＋私募服务"在行业内率先落地。搭建基于区块链技术的登记托管服务平台,市场中的企业、账户、产品、登记、交易、结算、信息披露七类主题数据与监管链实现对接,该"区块链业务平台系统"入选首批资本市场金融科技创新试点(上海)项目,并通过国家版权保护中心审查,获得中国国家版权局颁发的计算机软件著作权登记证书。"区块链技术在区域股权市场的创新型应用"获得上海金融科技中心建设三周年金融科技优秀技术成果奖。通过大数据技术整合采集到的企业全息数据进行多维度评测,在行业内第一个搭建大数据精准画像系统、大数据应用智能风控体系,实现公共数据与市场金融数据有机结合,降低投资者信息收集成本,及时排查风险隐患,提升普惠金融服务质效,增强市场潜在风险预警能力,项目荣获上海金融科技中心建设三周年金融科技优秀应用成果奖,上海金融业联合会金融机构数字化转型奖。自主开发设计基金份额估值系统,深入梳理估值关键要素数据,完善估值模型和估值系统业务流程,推出了私募基金份额估值系统并上线试运行,为份额转让平台基金份额的价格发现提供重要的基础保障。

3. 市场展望

(1)深度研究市场需求,扎实推进基础业务。上海股交中心将持续推进多层次资本市场服务的广度和深度,在当前市场板块细分基础之上,深入了解市场主体融资服务、财务顾问、展示挂牌、登记托管等业务需求,建立与不同发展阶段企业相适应的综合金融服务体系和资本市场普惠服务体系,有效发挥金融市场服务科技创新发展,赋能科技成果转化,在完善中小微企业公司治理、畅通"科技—产业—金融"良性循环等方面发挥关键作用。同时,加强"一市五板、五大平台"间的业务、资源联动,强化企业孵化培育,在市场中发掘优质企业资源,向沪深北主板市场及新三板市场输送。

(2)深化基金份额转让平台建设,构建完善份额流转生态体系。上海股交中心将在加快推动基金份额交易重点项目落地同时,加大市场拓展力度,持续开发创新产品,加强信息建设,构建基金份额转让生态体系。打造围绕私募基金的金融服务"百货超市",在多类别金融服务产品中寻求创新链接,研发基金份额与底层资产的多策略投资组合产品,满足投资者多元化投资需求。同时,综合借鉴国际经验,改进提升评估定价、技术支撑、交易流程等方,提高国有基金份额转让交易效率,固化审核流程,实现全流程信息化。此外,计划推进"基金份额"报价撮合平台和应用场景建设,实现基金份额转让平台与证监会区块链系统跨链对接,依托地方国资企业信息评价系统开发升级基金份额估值系统。

（3）推进"专精特新"专板建设，助力国际金融中心与科创中心联动发展。上海股交中心根据《关于高质量建设区域性股权市场"专精特新"专板的指导意见》要求，计划于年内搭建形成服务上海"3＋8＋X"核心重点企业向专精特新发展的"专精特新"专板。专板将可发挥以下功能：一是结合各级政府出台的企业支持政策精神，支持为政府政策落地提供跟踪、评估等信息反哺，提高财政资金使用效益；二是推动设立主要投资专板企业的基金，助力企业获得股权融资和战略资源；三是推动银行、证券、保险、信托、担保等金融机构参与专板业务，设计适配性高、效费比优的融资产品并为企业提供增信类等综合金融服务。

专栏 10

科创板第五套上市标准发布实施，适用企业范围拓宽至医疗器械企业

为进一步服务科技高水平自立自强，鼓励医疗器械企业开展关键核心技术产品研发创新，上海证券交易所（以下简称上交所）于 2022 年 6 月 10 日发布实施《上海证券交易所科创板发行上市审核规则适用指引第 7 号——医疗器械企业适用第五套上市标准》（以下简称《指引》）。科创板第五套上市标准增强了对"硬科技"企业的包容性，支持处于研发阶段尚未形成一定收入的企业上市。开板以来，已有一批创新药研发企业采用第五套上市标准在科创板成功上市，初步形成了药品研发企业的集聚效应和示范效应。在中国证监会的指导下，上交所本次制定《指引》进一步明确医疗器械企业适用第五套上市标准的情形和要求，是进一步完善科创板支持医疗器械"硬科技"企业上市机制，更好发挥科创板服务科技创新发展战略的重要举措。

《指引》在前期审核实践基础上，结合医疗器械领域科技创新发展情况、行业监管要求，对申请适用科创板第五套上市标准的医疗器械企业，从核心技术产品范围、阶段性成果、市场空间、技术优势、持续经营能力、信息披露等方面作出了细化规定。主要包括：一是细化核心技术产品范围。申请企业的核心技术产品应当属于国家医疗器械科技创新战略和相关产业政策鼓励支持的范畴，主要包括先进的检验检测、诊断、治疗、监护、生命支持、中医诊疗、植入介入、健康康复设备产品及其关键零部件、元器件、配套件和基础材料等。二是明确取得阶段性成果的具体要求。申请企业应当至少有一项核心技术产品已按照医疗器械相关法律法规要求完成产品检验和临床评价且结果满足要求，或已满足申报医疗器械注册的其他要求，不存在影响产品申报注册和注册上市的重

大不利事项。三是关注市场空间的论证情况。申请企业主要业务或产品需满足市场空间大的要求,并应当结合核心技术产品的创新性及研发进度、与竞品的优劣势比较、临床需求和市场格局等,审慎预测并披露满足标准的具体情况。四是要求具备明显的技术优势。申请企业需具备明显的技术优势,并应当结合核心技术与核心产品的对应关系、核心技术先进性衡量指标、团队背景和研发成果、技术储备和持续研发能力等方面,披露是否具备明显的技术优势。五是提出信息披露及核查要求。申请企业应当客观、准确披露核心技术产品及其先进性、研发进展及其阶段性成果、审批注册情况、预计市场空间、未来生产销售的商业化安排等信息,并充分揭示相关风险。同时,中介机构应对相应内容作好核查把关工作。

下一步,上交所将在中国证监会的领导下,积极引导符合条件的医疗器械企业采用第五套上市标准申报科创板,持续完善支持"硬科技"企业在科创板上市的机制安排,进一步推动科创板高质量发展。

专栏 11

上海机场重大资产重组

2022 年,上海机场(集团)有限公司(以下简称"机场集团")子公司上海国际机场股份有限公司(以下简称"上海机场""上市公司")重大资产重组项目完成资产交割及配套募集资金发行,实现上海两个机场航空主业的竞争性业务和资产上市。

一、项目概况

为深入贯彻落实上海市《关于进一步深化上海国资改革促进企业发展的意见》等精神,配合我国交通强国目标、长三角一体化发展及上海"五个中心"的建设需求,上海机场于 2021 年起启动本次重大资产重组工作。本次重大资产重组方案由上海机场发行股份购买资产及募集配套资金两个部分组成。

1. 发行股份购买资产

上市公司通过发行股份的方式购买机场集团持有的上海虹桥国际机场有限责任公司(以下简称"虹桥公司")100%股权、上海机场集团物流发展有限公司(以下简称"物流公司")100%股权和上海浦东国际机场第四跑道相关资产(以下简称"浦东第四跑道")。本次发行股份购买资产的定价基准日为上海机场第八届董事会第十八次会议决议公告日,发行价格为 44.09 元/股。

2. 募集配套资金

为提高重组后新注入资产的绩效，同时满足上市公司未来的资金需求，上海机场向机场集团非公开发行股票募集配套资金，本次募集配套资金定价基准日为上海机场第八届董事会第十八次会议决议公告日，发行价格为39.19元/股，发行数量为127 583 567股，本次募集配套资金金额为人民币4 999 999 990.73元，扣除发行费用后，实际募集资金净额为人民币4 938 367 590.27元。本次募集配套资金拟用于四型机场建设项目、智能货站项目、智慧物流园区综合提升项目及补充上市公司和标的公司流动资金。

二、项目成效及特色

上海机场主要经营航空性业务以及其延伸出的非航空性业务。本次交易中虹桥公司、物流公司和浦东第四跑道的注入，有利于上市公司进一步提升航空主业竞争力和航空资产完整性，促进非航业务与航空业务的协同发展，进一步巩固和强化上海国际航空枢纽的行业地位和核心竞争力。

1. 深入贯彻国企改革，加快企业整合步伐

机场集团是上海国资国企改革排头兵，上海机场作为机场集团核心业务资产，实施本次重大资产重组是响应上海国资国企改革最新要求的重要举措，本次重组有利于深入贯彻国企改革，加快企业整合步伐，充分落实《关于进一步深化上海国资改革促进企业发展的意见》精神。

2. 优化航空资源调配，提升航空枢纽竞争力

本次重组将有利于上海机场在浦东、虹桥两个机场优化航线航班的统一资源配置，提高上市公司运营效率及盈利能力，带动长三角机场群乃至城市群的建设发展，更好地辐射长三角等区域经济带，并增强上海国际航空枢纽的整体竞争力。

3. 提高货运枢纽品质，提升国际物流节点能级

贯彻落实上海"打造国内大循环中心节点和国内国际双循环战略链接"的要求，完善航空货运枢纽网络、拓展多式联运，升级上海两场货运设施，优化上海两场货运布局，积极发展细分业务，全力打造货运中转功能，开发航空货运信息平台，提高口岸通关效率，对标世界一流建立航空货运运行服务标准体系，提升上海作为国际物流节点的能级和国际竞争力。

4. 推动履行历史承诺，积极解决同业竞争

积极推动机场集团核心资产上市，解决同业竞争问题，是机场集团及上市公司兑现历史承诺、解决历史遗留问题的重要举措。上市公司及控股股东致力于解决上述同业竞争问题，整合两场核心资产，优化航空资源调配，实现上海两场可持续发展。

5. 扩大资产规模和盈利能力，推动公司高质量发展

虹桥机场具有良好的发展前景和较强盈利能力，物流公司围绕上海机场开展货运业务，具有较强的协同效益。收购完成后，本次交易标的资产将有效提升上市公司未来业务规模和盈利水平，提高上市公司的核心价值并增厚上市公司的股东回报，以实现全体股东包括中小股东利益的最大化。有利于进一步做强、做优、做大、做实上市公司业务，推动上市公司实现高质量发展。

第八章　期　货　市　场

2022 年，上海期货市场上市了白银期权、螺纹钢期权、中证 1000 股指期货、中证 1000 股指期权和上证 50 股指期权。截至 2022 年底，上海期货市场上市品种数量达 38 个，其中期货 27 个，期权 11 个①。商品期货市场成交量同比下降 20.54％，金融期货市场成交量同比增长为 24.44％。

第一节　商品期货市场概况

2022 年，上海期货交易所（以下简称上期所）期货品种（含上海国际能源交易中心，以下简称上期能源）总成交金额为 181.30 万亿元，同比下降 15.51％，占全国总成交金额的 33.89％；总成交量为 19.43 亿手，同比下降 20.54％，占全国总成交量的 28.72％。

2022 年，上海商品期货市场继续在全球期货市场中占重要地位。根据 Futures Industry Association（FIA）统计的全年成交量数据，上海期货交易所排名全球第 12 名。若仅统计 2022 年场内商品衍生品的成交手数，上期所排名全球第 3 名。螺纹钢期货在全球金属类场内衍生品中成交量位列第 1 名，2022 年成交量为 5.25 亿手。上期所的白银、热轧卷板、铝、锌、镍、铜、黄金、不锈钢和锡期货位列全球金属类场内衍生品成交量前 20 名；燃料油、石油沥青和原油期货位列全球能源类场内衍生品成交量的第 2 名、第 4 名和第 10 名；纸浆、天然橡胶期货位列全球农产品类场内衍生品成交量的第 9 名、第 10 名。

---

① 本章节中的"上海期货市场"是指上海地区期货及期权市场，其数据统计包括上期所（含上期能源）和中金所。

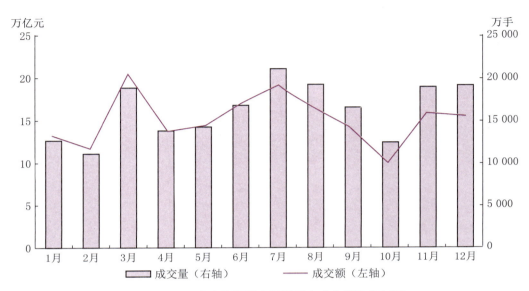

图 8-1　2022 年上海期货交易所月度成交量和成交额

数据来源：上海期货交易所。

第二节　金属类期货品种运行情况

1. 铜期货运行报告

2022 年，上期所铜期货成交量 4 649.66 万手，同比减少 27.47％；成交金额 15.26 万亿元，同比减少 30.57％；年末持仓 39.71 万手，同比增加 19.55％。其中，成交量最高为 7 月的 658.34 万手，最低为 4 月的 253.25 万手；月末持仓最大为 10 月的 46.14 万手，最小为 1 月的 32.10 万手。

表 8-1　2021—2022 年铜期货年度交易情况

年　　度	成交量（万手）	同比变化（％）	成交金额（万亿元）	同比变化（％）	年末持仓量（万手）	同比变化（％）
2021 年	6 410.72	12.15	21.97	55.46	33.22	5.51
2022 年	4 649.66	−27.47	15.26	−30.57	39.71	19.55

数据来源：上海期货交易所。

2022 年，上期所铜期货交割总量 53 770 手（折合 26.89 万吨），同比减少 19.66％；交割金额 184.70 亿元,同比减少 19.59%。其中,10 月交割量最大,为 9 550 手(折合 4.78 万吨);8 月交割量最低,为 795 手(折合 0.40 万吨)。

表 8-2　2021—2022 年铜期货年度交割情况

年　度	交割量(手)	同比变化(%)	交割金额(亿元)	同比变化(%)
2021 年	66 925	−29.74	229.69	4.51
2022 年	53 770	−19.66	184.70	−19.59

数据来源:上海期货交易所。

2022 年,上期所铜主力合约年初开盘价 70 510 元/吨,最高价(盘中价)78 270 元/吨,最低价(盘中价)53 400 元/吨,最大价差 24 870 元/吨,年末收盘价 66 260 元/吨,上年末收盘价 70 380 元/吨,全年下跌 4 120 元/吨,下跌 5.85%。

2. 铝期货运行报告

2022 年,上期所铝期货成交量 9 997.51 万手,同比减少 23.95%;成交金额 10.03 万亿元,同比减少 21.53%;年末持仓 34.45 万手,同比减少 30.84%。其中,成交量最高为 3 月的 1 179.47 万手,最低为 10 月的 553.56 万手;月末持仓最大为 2 月的 46.99 万手,最小为 12 月的 34.45 万手。

表 8-3　2021—2022 年铝期货年度交易情况

年　度	成交量(万手)	同比变化(%)	成交金额(万亿元)	同比变化(%)	年末持仓量(万手)	同比变化(%)
2021 年	13 145.79	148.67	12.79	243.62	49.81	54.79
2022 年	9 997.51	−23.95	10.03	−21.53	34.45	−30.84

数据来源:上海期货交易所。

2022 年,上期所铝期货交割总量 112 230 手(折合 56.16 万吨),同比增加 32.60%;交割金额 113.45 亿元,同比增加 41.18%。其中,2 月交割量最大,为 17 250 手(折合 8.63 万吨);11 月交割量最低,为 3 715 手(折合 1.86 万吨)。

表 8-4　2021—2022 年铝期货年度交割情况

年　度	交割量(手)	同比变化(%)	交割金额(亿元)	同比变化(%)
2021 年	84 640	−38.80	80.36	−15.59
2022 年	112 230	32.60	113.45	41.18

数据来源:上海期货交易所。

2022 年,上期所铝期货主力合约年初开盘价 20 500 元/吨,最高价(盘中价)24 255 元/吨,最低价(盘中价)17 025 元/吨,最大价差 3 875 元/吨,年末收盘价 18 700 元/吨,上年末收盘价 20 380 元/吨,全年下跌 1 680 元/吨,下跌 8.24%。

3. 锌期货运行报告

2022 年,上期所锌期货成交量 6 833.04 万手,同比减少-1.46%;成交金额 8.47 万亿元,同比增加 8.20%;年末持仓 16.57 万手,同比减少 21.19%。其中,成交量最高为 7 月的731.84 万手,最低为 2 月的 402.28 万手;月末持仓最大为 8 月的 25.32 万手,最小为 12 月的 16.57 万手。

表 8-5   2021—2022 年锌期货年度交易情况

年　度	成交量 (万手)	同比变化 (%)	成交金额 (万亿元)	同比变化 (%)	年末持仓量 (万手)	同比变化 (%)
2021 年	6 934.13	14.94	7.82	40.92	21.03	13.82
2022 年	6 833.04	-1.46	8.47	8.20	16.57	-21.19

数据来源:上海期货交易所。

2022 年,上期所锌期货交割总量 68 615 手(折合 34.31 万吨),同比增加 166.41%;交割金额 86.67 亿元,同比增加 204.09%。其中,3 月交割量最大,为 9 990 手(折合 5.00 万吨);11 月交割量最小,为 360 手(折合 0.18 万吨)。

表 8-6   2021—2022 年锌期货年度交割情况

年　度	交割量(手)	同比变化(%)	交割金额(亿元)	同比变化(%)
2021 年	25 755	-46.70	28.50	-32.49
2022 年	68 615	166.41	86.67	204.09

数据来源:上海期货交易所。

2022 年,上期所锌期货主力合约年初开盘价 24 200 元/吨,最高价(盘中价)29 000 元/吨,最低价(盘中价)21 625 元/吨,最大价差 7 375 元/吨,年末收盘价 23 765 元/吨,上年末收盘价 24 125 元/吨,全年下跌 360 元/吨,下跌 1.49%。

4. 铅期货运行报告

2022 年,上期所铅期货成交量 2 005.78 万手,同比减少 20.63%;成交金额 1.54 万亿元,同比减少 20.82%;年末持仓 14.63 万手,同比增加 90.30%。其中,成交量最高为 3 月的 217.80 万手,最低为 10 月的 116.07 万手;月末持仓最大为 12 月的 14.63 万手,最小为 9 月的 7.17 万手。

表 8-7　2021—2022 年铅期货年度交易情况

年　度	成交量 （万手）	同比变化 （％）	成交金额 （万亿元）	同比变化 （％）	年末持仓量 （万手）	同比变化 （％）
2021 年	2 526.98	125.36	1.94	134.60	7.69	17.46
2022 年	2 005.78	−20.63	1.54	−20.82	14.63	90.30

数据来源：上海期货交易所。

　　2022 年，铅期货交割总量 66 505 手（折合 33.25 万吨），同比减少 26.29％；交割金额 50.43 亿元，同比减少 26.30％。其中，3 月交割量最大，为 7 520 手（折合 3.76 万吨）；1 月交割量最小，为 3 460 手（折合 1.73 万吨）。

表 8-8　2021—2022 年铅期货年度交割情况

年　度	交割量（手）	同比变化（％）	交割金额（亿元）	同比变化（％）
2021 年	90 220	189.21	68.42	193.82
2022 年	66 505	−26.29	50.43	−26.30

数据来源：上海期货交易所。

　　2022 年，上期所铅期货主力合约年初开盘价 15 360 元/吨，最高价（盘中价）16 465 元/吨，最低价（盘中价）14 345 元/吨，最大价差 2 120 元/吨，年末收盘价 15 925 元/吨，上年末收盘价 15 300 元/吨，全年上涨 625 元/吨，涨幅 4.08％。

　　5. 镍期货运行报告

　　2022 年，上期所镍期货成交量 5 208.89 万手，同比减少 69.74％；成交金额 9.70 万亿元，同比减少 58.61％；年末持仓 14.02 万手，同比减少 52.69％。其中，成交量最高为 1 月的 983.99 万手，最低为 10 月的 237.28 万手；月末持仓最大为 2 月的 27.70 万手，最小为 4 月的 7.89 万手。

表 8-9　2021—2022 年镍期货年度交易情况

年　度	成交量 （万手）	同比变化 （％）	成交金额 （万亿元）	同比变化 （％）	年末持仓量 （万手）	同比变化 （％）
2021 年	17 216.56	−4.23	23.43	17.27	29.63	−5.00
2022 年	5 208.89	−69.74	9.70	−58.61	14.02	−52.69

数据来源：上海期货交易所。

　　2022 年，上期所镍期货交割总量 18 858 手（折合 18 858 吨），同比减少 40.90％；交割金额 37.56 亿元，同比减少 13.69％。其中，3 月交割量最大，为 3 174 手（折合 3 174 吨）；7

月交割量最小,为 618 手(折合 618 吨)。

表 8-10 2021—2022 年镍期货年度交割情况

年　度	交割量(手)	同比变化(%)	交割金额(亿元)	同比变化(%)
2021 年	31 908	−69.17	43.52	−61.81
2022 年	18 858	−40.90	37.56	−13.69

数据来源:上海期货交易所。

2022 年,上期所镍期货主力合约年初开盘价 152 690 元/吨,最高价(盘中价)276 910 元/吨,最低价(盘中价)142 500 元/吨,最大价差 134 410 元/吨,年末收盘价 232 000 元/吨,上年末收盘价 152 080 元/吨,全年上涨 79 920 元/吨,涨幅 52.55%。

6. 锡期货运行情况

2022 年,上期所锡期货成交量 2 970.83 万手,同比增加 9.98%;成交金额 6.69 万亿元,同比增加 13.06%;年末持仓 9.23 万手,同比增加 19.59%。其中,成交量最高为 11 月的 398.11 万手,最低为 4 月的 81.16 万手;月末持仓最大为 7 月的 11.75 万手,最小为 4 月的 4.18 万手。

表 8-11 2021—2022 年锡期货年度交易情况

年　度	成交量(万手)	同比变化(%)	成交金额(万亿元)	同比变化(%)	年末持仓量(万手)	同比变化(%)
2021 年	2 701.24	102.88	5.92	220.04	7.72	47.05
2022 年	2 970.83	9.98	6.69	13.06	9.23	19.59

数据来源:上海期货交易所。

2022 年,上期所锡期货交割总量 18 078 手(折合 18 078 吨),同比减少 11.83%;交割金额 45.69 亿元,同比增加 5.9%。其中,12 月交割量最大,为 2 510 手(折合 2 510 吨);10 月交割量最低,为 854 手(折合 854 吨)。

表 8-12 2021—2022 年锡期货年度交割情况

年　度	交割量(手)	同比变化(%)	交割金额(亿元)	同比变化(%)
2021 年	20 504	58.63	43.15	139.72
2022 年	18 078	−11.83	45.69	5.9

数据来源:上海期货交易所。

2022年,上期所锡期货主力合约年初开盘价 294 600 元/吨,最高价(盘中价)395 000 元/吨,最低价(盘中价)154 160 元/吨,最大价差 240 840 元/吨,年末收盘价 211 890 元/吨,上年末收盘价 296 110 元/吨,全年下跌 84 220 元/吨,下跌 28.44%。

7. 黄金期货运行情况

2022年,上期所黄金期货成交量 3 901.68 万手,同比减少 14.08%;成交金额 15.35 万亿元,同比减少 10.16%;年末持仓 26.31 万手,同比增加 48.23%。其中,成交量最高为 3 月的 506.66 万手,最低为 10 月的 208.58 万手;月末持仓最大为 11 月末的 30.98 万手,最小为 1 月末的 17.74 万手。

表 8-13　2021—2022 年黄金期货年度交易情况

年　度	成交量（万手）	同比变化（%）	成交金额（万亿元）	同比变化（%）	年末持仓量（万手）	同比变化（%）
2021 年	4 541.22	−13.34	17.08	−17.54	17.75	−5.54
2022 年	3 901.68	−14.08	15.35	−10.16	26.31	48.23

数据来源:上海期货交易所。

2022年,上期所黄金期货交割总量 5 133 手(折合 5.13 吨),同比减少 0.7%;交割金额 20.37 亿元,同比增加 5.93%。存在实物交割的月份中,6 月交割量最大,为 1 053 手(折合 1.05 吨);5 月交割量最小,为 3 手(折合 3 千克)。

表 8-14　2021—2022 年黄金期货年度交割情况

年　度	交割量(手)	同比变化(%)	交割金额(亿元)	同比变化(%)
2021 年	5 169	88.10	19.22	81.85
2022 年	5 133	−0.70	20.37	5.93

数据来源:上海期货交易所。

2022年,上期所黄金期货主力合约年初开盘价 374.02 元/克,最高价(盘中价)406.94 元/克,最低价(盘中价)354.58 元/克,最大价差 52.36 元/克,年末收盘价 376.42 元/克,上年末收盘价 397.6 元/克,全年下跌 21.18 元/克,下跌 5.33%。

8. 白银期货运行情况

2022年,上期所白银期货成交量 18 877.15 万手,同比减少 18.44%;成交金额 13.52 万亿元,同比减少 26.87%;年末持仓 96.26 万手,同比增加 44.45%。其中,成交量最高为 12 月的 2 879.38 万手,最低为 2 月的 974.94 万手;月末持仓最大为 12 月的 96.26 万手,最小为 1 月的 63.34 万手。

表 8-15 2021—2022 年白银期货年度交易情况

年 度	成交量（万手）	同比变化（％）	成交金额（万亿元）	同比变化（％）	年末持仓量（万手）	同比变化（％）
2021 年	23 145.76	−35.21	18.48	−33.49	66.64	−7.79
2022 年	18 877.15	−18.44	13.52	−26.87	96.26	44.45

数据来源：上海期货交易所。

2022 年，上期所白银期货交割总量 133 208 手（折合 1 998.12 吨），同比下降 10.24％；交割金额 97.89 亿元，同比下降 17.23％。其中，12 月交割量最大，为 43 476 手（折合 652.14 吨）；5 月交割量最低，为 3 042 手（折合 45.63 吨）。

表 8-16 2021—2022 年白银期货年度交割情况

年 度	交割量（手）	同比变化（％）	交割金额（亿元）	同比变化（％）
2021 年	150 704	−10.24	118.27	−3.57
2022 年	133 208	−11.61	97.89	−17.23

数据来源：上海期货交易所。

2022 年，上期所白银期货主力合约年初开盘价 4 836 元/千克，最高价（盘中价）5 443 元/千克，最低价（盘中价）4 018 元/千克，最大价差 1425 元/千克，年末收盘价 5 363 元/千克，上年末收盘价 4 880 元/千克，全年上涨 483 元/千克，涨幅 9.90％。

9. 螺纹钢期货运行报告

2022 年，上期所螺纹钢期货成交量 52 517.82 万手，同比减少 19.94％；成交金额 22.08 万亿元，同比减少 31.53％；年末持仓 275.92 万手，同比增加 8.07％。其中，成交量最高为 8 月的 5 778.20 万手，最低为 1 月的 2 764.08 万手；月末持仓最大为 8 月的 304.04 万手，最小为 1 月的 209.31 万手。

表 8-17 2021—2022 年螺纹钢期货年度交易情况

年 度	成交量（万手）	同比变化（％）	成交金额（万亿元）	同比变化（％）	年末持仓量（万手）	同比变化（％）
2021 年	65 598.67	79.21	32.25	141.49	255.33	62.07
2022 年	52 517.82	−19.94	22.08	−31.53	275.92	8.07

数据来源：上海期货交易所。

2022 年，上期所螺纹钢期货交割总量 21 630 手（折合 21.63 万吨），同比减少 43.80％；交割金额 8.99 亿元，同比减少 53.26％。其中，10 月交割量最大，为 9 780 手（折合 9.78 万吨）；6月交割量最低，为 120 手（折合 1 200 吨）。

表 8-18　2021—2022 年螺纹钢期货年度交割情况

年　度	交割量（手）	同比变化（%）	交割金额（亿元）	同比变化（%）
2021 年	38 490	111.37	19.23	320.23
2022 年	21 630	−43.80	8.99	−53.26

数据来源：上海期货交易所。

2022 年，上期所螺纹钢期货主力合约年初开盘价 4 302 元/吨，最高价（盘中价）5 190 元/吨，最低价（盘中价）3 389 元/吨，最大价差 1 801 元/吨，年末收盘价 4 105 元/吨，上年末收盘价 4 388 元/吨，全年下跌 283 元/吨，下跌 6.45%。

10. 热轧卷板期货运行报告

2022 年，上期所热轧卷板期货成交量 14 206.11 万手，同比减少 35.64%；成交金额 6.18 万亿元，同比减少 46.31%；年末持仓 106.45 万手，同比增加 4.79%。其中，成交量最高为 3 月的 1 608.52 万手，最低为 2 月的 838.86 万手；月末持仓最大为 10 月的 124.36 万手，最小为 4 月的 87.24 万手。

表 8-19　2021—2022 年热轧卷板期货年度交易情况

年　度	成交量（万手）	同比变化（%）	成交金额（万亿元）	同比变化（%）	年末持仓量（万手）	同比变化（%）
2021 年	22 071.59	168.03	11.51	269.44	101.58	52.61
2022 年	14 206.11	−35.64	6.18	−46.31	106.45	4.79

数据来源：上海期货交易所。

2022 年，上期所热轧卷板期货交割总量 64 230 手（折合 64.23 万吨），同比减少 4.93%；交割金额 28.83 亿元，同比减少 18.38%。其中，10 月交割量最大，为 16 170 手（折合 16.17 万吨）；12 月交割量最低，为 210 手（折合 0.21 万吨）。

表 8-20　2021—2022 年热轧卷板期货年度交割情况

年　度	交割量（手）	同比变化（%）	交割金额（亿元）	同比变化（%）
2021 年	67 560	90.85	35.32	178.16
2022 年	64 230	−4.93	28.83	−18.38

数据来源：上海期货交易所。

2022年,上期所热轧卷板期货主力合约年初开盘价4 400元/吨,最高价(盘中价)5 405元/吨,最低价(盘中价)3 450元/吨,最大价差1 955元/吨,年末收盘价4 143元/吨,上年末收盘价4 411元/吨,全年下跌268元/吨,下跌6.08%。

11. 线材期货运行情况

2022年,上期所线材期货成交量16 162手,同比减少17.27%;成交金额7.88亿元,同比减少24.59%;年末持仓12手,同比减少85.88%。其中,成交量最高为1月的3 628手,最低为2月的476手;月末持仓最大为11月的48手,最小为1月的9手。

表 8-21 2021—2022 年线材期货年度交易情况

年　度	成交量(手)	同比变化(%)	成交金额(亿元)	同比变化(%)	年末持仓量(手)	同比变化(%)
2021年	19 537	384.67	10.45	551.31	85	117.95
2022年	16 162	−17.27	7.88	−24.59	12	−85.88

数据来源:上海期货交易所。

2022年,全年未发生交割。

2022年,上期所线材期货主力合约年初开盘价4 405元/吨,最高价(盘中价)5 888元/吨,最低价(盘中价)4086元/吨,最大价差1 802元/吨,年末收盘价4 810元/吨,上年末收盘价4 393元/吨,全年上涨417元/吨,涨幅9.49%。

12. 不锈钢期货运行报告

2022年,上期所不锈钢期货成交量3 609.98万手,同比减少10.79%;成交金额3.18万亿元,同比减少6.31%;年末持仓11.37万手,同比增加0.27%。其中,成交量最高为3月的503.73万手,最低为5月的185.50万手;月末持仓最大为10月的11.83万手,最小为5月的8.40万手。

表 8-22 2021—2022 年不锈钢期货年度交易情况

年　度	成交量(万手)	同比变化(%)	成交金额(万亿元)	同比变化(%)	年末持仓量(万手)	同比变化(%)
2021年	4 046.81	273.63	3.40	360.44	11.34	−33.89
2022年	3 609.98	−10.79	3.18	−6.31	11.37	0.27

数据来源:上海期货交易所。

2022年,上期所不锈钢期货交割总量44 388手(折合21.19万吨),同比减少25.48%;交割金额41.24亿元,同比减少10.52%。其中,2月交割量最大,为9 912手(折合4.96万吨);8月交割量最低,为504手(折合0.25万吨)。

表 8-23　2021—2022 年不锈钢期货年度交割情况

年　度	交割量(手)	同比变化(%)	交割金额(亿元)	同比变化(%)
2021 年	59 568	865.76	46.09	965.59
2022 年	44 388	−25.48	41.24	−10.52

数据来源:上海期货交易所(上海国际能源交易中心)。

2022 年,上期所不锈钢期货主力合约年初开盘价 17 170 元/吨,最高价(盘中价)24 785元/吨,最低价(盘中价)14 825 元/吨,最大价差 9 960 元/吨,年末收盘价 16 820 元/吨,上年末收盘价 17 125 元/吨,全年下跌 305 元/吨,下跌 1.78%。

13. 国际铜期货运行报告

2022 年,上期能源国际铜期货成交量 555.13 万手,同比增加 14.86%;成交金额 1.64万亿元,同比增加 13.92%;年末持仓 2.31 万手,同比增加 105.92%。其中,成交量最高为 7月的 74.52 万手,最低为 1 月的 30.13 万手;月末持仓最大为 7 月的 2.63 万手,最小为 1 月的 1.50 万手。

表 8-24　2021—2022 年国际铜期货年度交易情况

年　度	成交量(万手)	同比变化(%)	成交金额(万亿元)	同比变化(%)	年末持仓量(万手)	同比变化(%)
2021 年	483.33	769.29	1.48	936.62	1.12	−46.14
2022 年	555.13	14.86	1.64	13.92	2.31	105.92

数据来源:上海期货交易所(上海国际能源交易中心)。

2022 年,上期能源国际铜期货交割总量 20 915 手(折合 10.46 万吨),同比减少 7.82%;交割金额 63.43 亿元,同比减少 9.64%。其中,4 月交割量最大,为 4 245 手(折合 2.12 万吨);1 月交割量最低,为 380 手(折合 0.19 万吨)。

表 8-25　2021—2022 年国际铜期货年度交割情况

年　度	交割量(手)	同比变化(%)	交割金额(亿元)	同比变化(%)
2021 年	22 690	—	70.20	—
2022 年	20 915	−7.82	63.43	−9.64

数据来源:上海国际能源交易中心。

2022 年,上期能源国际铜期货主力合约年初开盘价 63 110 元/吨,最高价(盘中价)71 000 元/吨,最低价(盘中价)47 290 元/吨,最大价差 23 710 元/吨,年末收盘价 59 210元/吨,上年末收盘价 62 880 元/吨,全年下跌 3 670 元/吨,下跌 5.84%。

第三节　能源化工类期货品种运行情况

1. 原油期货运行报告

2022 年，上期能源原油期货成交量 5 358.08 万手，同比增加 25.64％；成交金额 34.91 万亿元，同比增加 88.74％；年末持仓 5.65 万手，同比减少 16.31％。其中，成交量最高为 7 月的 664.03 万手，最低为 10 月的 228.99 万手；月末持仓最大为 7 月的 8.20 万手，最小为 4 月的 5.12 万手。

表 8-26　2021—2022 年原油期货年度交易情况

年　　度	成交量（万手）	同比变化（％）	成交金额（万亿元）	同比变化（％）	年末持仓量（万手）	同比变化（％）
2021 年	4 264.52	2.55	18.50	54.68	6.75	−20.31
2022 年	5 358.08	25.64	34.91	88.74	5.65	−16.31

数据来源：上海国际能源交易中心。

2022 年，上期能源原油期货交割总量 24 071 手（折合 2 407.10 万桶），同比减少 7.71％；交割金额 157.91 亿元，同比增加 55.70％。其中，存在实物交割的月份中，12 月交割量最大，为 4 566 手（折合 456.60 万桶）；9 月交割量最低，为 39 手（折合 3.90 万桶）。

表 8-27　2021—2022 年原油期货年度交割情况

年　　度	交割量（手）	同比变化（％）	交割金额（亿元）	同比变化（％）
2021 年	26 081	−71.18	101.42	−59.33
2022 年	24 071	−7.71	157.91	55.70

数据来源：上海国际能源交易中心。

2022 年，上期能源原油期货主力合约年初开盘价 494.80 元/桶，最高价（盘中价）823.60 元/桶，最低价（盘中价）491.00 元/桶，最大价差 332.60 元/桶，年末收盘价 562.80 元/桶，上年末收盘价 499.00 元/桶，全年上涨 63.80 元/桶，涨幅 12.79％。

2. 低硫燃料油期货运行报告

2022 年，上期能源低硫燃料油期货成交量 4 084.16 万手，同比增加 119.64％；成交金额 2.00 万亿元，同比增加 218.55％；年末持仓量 9.68 万手，同比增加 27.82％。其中，月度成交量最高为 7 月的 630.19 万手，最低为 1 月的 143.77 万手；月末持仓最大为 7 月的

12.60 万手,最小为 3 月的 5.99 万手。

表 8-28　2021—2022 年低硫燃料油期货年度交易情况

年　度	成交量(万手)	同比变化(%)	成交金额(亿元)	同比变化(%)	年末持仓量(万手)	同比变化(%)
2021 年	1 859.48	90.47	6 270.03	163.74	7.57	−46.14
2022 年	4 084.16	119.64	19 973.45	218.55	9.68	27.82

数据来源:上海国际能源交易中心。

2022 年,上期能源低硫燃料油期货交割总量 27 765 手(折合 27.77 万吨),交割金额 13.00 亿元。其中,9 月交割量最大,为 7 333 手(折合 7.33 万吨);7 月交割量最低,为 37 手(折合 370 吨)。

表 8-29　2021—2022 年低硫燃料油期货年度交割情况

年　度	交割量(手)	同比变化(%)	交割金额(万元)	同比变化(%)
2021 年	41 089	—	134 005.35	—
2022 年	27 765	−32.43	129 990.19	−3.00

数据来源:上海国际能源交易中心。

2022 年,上期能源低硫燃料油期货主力合约年初开盘价 3 670 元/吨,最高价(盘中价)6 528 元/吨,最低价(盘中价)3 588 元/吨,最大价差 2 940 元/吨,年末收盘价 4 134 元/吨,上年末收盘价 3 691 元/吨,全年上涨 443 元/吨,涨幅 12.00%。

3. 燃料油期货运行报告

2022 年,上期所燃料油期货成交量 21 045.51 万手,同比减少 24.02%;成交金额 6.86 万亿元,同比减少 2.59%;年末持仓量 43.95 万手,同比减少 10.94%。其中,月度成交量最高为 12 月的 2 572.05 万手,最低为 2 月的 770.86 万手;月末持仓最大为 10 月的 73.56 万手,最小为 3 月的 38.31 万手。

表 8-30　2021—2022 年燃料油期货年度交易情况

年　度	成交量(万手)	同比变化(%)	成交金额(万亿元)	同比变化(%)	年末持仓量(万手)	同比变化(%)
2021 年	27 699.38	−70.98	7.05	−16.92	49.35	11.84
2022 年	21 045.51	−24.02	6.86	−2.59	43.95	−10.94

数据来源:上海期货交易所。

2022 年,上期所燃料油期货交割总量 8 290 手(折合 82 900 吨),交割金额 2.49 亿元。

其中,1月交割量最大,为4 495手(折合44 950吨);6月及7月交割量最低,均为1手(折合10吨)。

表8-31　2021—2022年燃料油期货年度交割情况

年　度	交割量(手)	同比变化(%)	交割金额(亿元)	同比变化(%)
2021年	40 935	−41.90	9.45	−22.93
2022年	8 290	−79.75	2.49	−73.70

数据来源:上海期货交易所。

2022年,上期所燃料油期货主力合约年初开盘价2 892元/吨,最高价(盘中价)4 556元/吨,最低价(盘中价)2 417元/吨,最大价差2 139元/吨,年末收盘价2 749元/吨,上年末收盘价2 892元/吨,全年下跌143元/吨,下跌4.94%。

4. 石油沥青期货运行报告

2022年,上期所石油沥青期货成交量1.63亿手,同比增加15.74%;成交金额6.38万亿元,同比增加47.06%;年末持仓73.28万手,同比增加7.96%。其中,成交量最高为3月的1 879.64万手,最低为2月的868.33万手;月末持仓最大为5月的102.95万手,最小为3月的58.62万手。

表8-32　2021—2022年石油沥青期货年度交易情况

年　度	成交量(万手)	同比变化(%)	成交金额(万亿元)	同比变化(%)	年末持仓量(万手)	同比变化(%)
2021年	14 046.32	−31.40	4.34	−12.94	67.88	2.58
2022年	16 257.83	15.74	6.38	47.06	73.28	7.96

数据来源:上海期货交易所。

2022年,上期所石油沥青期货共交割42 034手(折合42.03万吨),同比减少51.56%;交割金额共计17.64亿元,同比减少30.28%。其中,6月交割量最大,为12 992手(折合12.99万吨);12月交割量最低,为439手(折合4 390吨)。

表8-33　2021—2022年石油沥青期货年度交割情况

年　度	交割量(手)	同比变化(%)	交割金额(亿元)	同比变化(%)
2021年	86 773	73.41	25.30	107.53
2022年	42 034	−51.56	17.64	−30.28

数据来源:上海期货交易所。

2022年,上期所石油沥青期货主力合约年初开盘价 3 340 元/吨,最高价(盘中价)4 912元/吨,最低价(盘中价)3 278 元/吨,最大价差 1 634 元/吨,年末收盘价 3 865 元/吨,上年末收盘价 3 344 元/吨,全年上涨 521 元/吨,涨幅 15.58%。

5. 天然橡胶期货运行报告

2022年,上期所天然橡胶期货成交量 7 963.94 万手,同比减少 34.51%;成交金额为10.44 万亿元,同比减少 40.08%;年末持仓量 30.80 万手,同比减少 1.55%。其中,成交量最高为 7 月的 892.16 万手,最低为 2 月的 430.92 万手;月末持仓最大为 2 月的 37.47 万手,最小为 9 月的 22.56 万手。

表 8-34　2021—2022 年天然橡胶期货年度交易情况

年　度	成交量(万手)	同比变化(%)	成交金额(万亿元)	同比变化(%)	年末持仓量(万手)	同比变化(%)
2021 年	12 160.09	20.47	17.42	33.01	31.28	11.67
2022 年	7 963.94	−34.51	10.44	−40.08	30.80	−1.55

数据来源:上海期货交易所。

2022年,上期所天然橡胶期货共交割 14 614 手(折合 14.61 万吨),同比增加 28.59%;交割金额 18.23 亿元,同比增加 21.92%。其中,9 月交割量最大,为 4 027 手(折合 4.03 万吨);4 月交割量最低,为 227 手(折合 0.23 万吨)。

表 8-35　2021—2022 年天然橡胶期货年度交割情况

年　度	交割量(手)	同比变化(%)	交割金额(亿元)	同比变化(%)
2021 年	11 365	−26.40	14.95	−17.01
2022 年	14 614	28.59	18.23	21.92

数据来源:上海期货交易所。

2022年,上期所天然橡胶期货主力合约年初开盘价 14 910 元/吨,最高价(盘中价)15 240 元/吨,最低价(盘中价)11 490 元/吨,最大价差 3 750 元/吨,年末收盘价 12 695 元/吨,上年末收盘价 14 855 元/吨,全年下跌 2 160 元/吨,下跌 14.54%。

6. 20 号胶期货运行情况

2022年,上期能源 20 号胶期货成交量 1 359.17 万手,同比增长 78.90%;成交金额1.44 万亿元,同比增长 67.27%;年末持仓 8.71 万手,同比增长 56.33%。其中,成交量最高为 7 月的 156.76 万手,最低为 1 月的 77.86 万手;月末持仓最大为 10 月的 10.02 万手,最小为 1 月的 5.88 万手。

表 8-36 2021—2022 年 20 号胶期货年度交易情况

年 度	成交量（万手）	同比变化（%）	成交金额（亿元）	同比变化（%）	年末持仓量（万手）	同比变化（%）
2021 年	759.74	71.58	8 588.35	93.52	5.57	26.51
2022 年	1 359.17	78.90	14 365.44	67.27	8.71	56.33

数据来源：上海国际能源交易中心。

2022 年，上期能源 20 号胶期货交割总量 15 759 手（折合 15.76 万吨），同比增加 65.50%；交割金额 16.85 亿元，同比增加 60.57%。其中，11 月交割量最大，为 2 066 手（折合 2.07 万吨）；4 月交割量最低，为 590 手（折合 5 900 吨）。

表 8-37 2021—2022 年 20 号胶期货年度交割情况

年 度	交割量（手）	同比变化（%）	交割金额（亿元）	同比变化（%）
2021 年	9 522	−17.70	10.49	1.98
2022 年	15 759	65.50	16.85	60.57

数据来源：上海国际能源交易中心。

2022 年，上期能源 20 号胶期货主力合约年初开盘价 11 755 元/吨，最高价（盘中价）12 380 元/吨，最低价（盘中价）8 695 元/吨，最大价差 3 685 元/吨，年末收盘价 9 575 元/吨，上年末收盘价 11 715 元/吨，全年下跌 2 140 元/吨，下跌 18.27%。

7. 纸浆期货运行报告

2022 年，上期所纸浆期货成交量 8 115.84 万手，同比减少 31.93%；成交金额 5.51 万亿元，同比减少 27.78%；年末持仓 22.92 万手，同比减少 40.25%。其中，成交量最高为 7 月的 973.86 万手，最低为 2 月的 456.25 万手；月末持仓最大为 7 月的 40.39 万手，最小为 12 月的 22.92 万手。

表 8-38 2021—2022 年纸浆期货年度交易情况

年 度	成交量（万手）	同比变化（%）	成交金额（亿元）	同比变化（%）	年末持仓量（万手）	同比变化（%）
2021 年	11 922.26	246.95	76 297.55	365.57	38.35	32.74
2022 年	8 115.84	−31.93	55 101.04	−27.78	22.92	−40.25

数据来源：上海期货交易所。

2022 年，上期所纸浆期货交割总量 62 078 手（折合 62.08 吨），同比减少 14.09%，交割金额 44.01 亿元，同比减少 5.12％。其中，9 月交割量最大，为 7 616 手（折合 7.62 万吨）；2 月交割量最低，为 2 758 手（折合 2.76 万吨）。

表 8-39　2021—2022 年纸浆期货年度交割情况

年　度	交割量（手）	同比变化（％）	交割金额（亿元）	同比变化（％）
2021 年	72 262	218.50	46.39	349.21
2022 年	62 078	−14.09	44.01	−5.12

数据来源：上海期货交易所。

2022 年，上期所纸浆期货主力合约年初开盘价 6 032 元/吨，最高价（盘中价）7 490 元/吨，最低价（盘中价）5 906 元/吨，最大价差 1 584 元/吨，年末收盘价 6 726 元/吨，上年末收盘价 6 056 元/吨，全年上涨 670 元/吨，涨幅 11.06％。

第四节　期权市场上市品种运行情况

2022 年，上期所铜、铝、锌、天然橡胶、黄金、原油、螺纹钢以及白银期权八个期权品种总成交金额为 1 428.67 亿元，总成交量为 4 824.73 万手。

1. 铜期权运行情况

2022 年，铜期权共运行 242 个交易日，累计成交量为 1 211.45 万手，同比上涨 35.57％；累计成交金额为 327.38 亿元，同比上涨 10.73％；年末持仓量为 3.93 万手，同比上涨 25.21％。其中，月度成交量最高为 9 月的 144.38 万手，最低为 4 月的 62.79 万手；月末持仓量最大为 9 月的 6.80 万手，最小为 2 月的 3.36 万手。

表 8-40　2021—2022 年铜期权年度交易情况

年　度	成交量（万手）	同比变化（％）	成交金额（亿元）	同比变化（％）	年末持仓量（万手）	同比变化（％）
2021 年	893.62	94.15	295.67	139.67	3.14	20.39
2022 年	1 211.45	35.57	327.38	10.73	3.93	25.21

数据来源：上海期货交易所。

2022 年铜期权共经历了 12 个到期日，12 个月份系列 648 个合约完成行权（履约）、顺利摘牌，累计行权量为 69 119 手，基本为实值期权行权。其中，到期日行权量为 66 027 手占比 95.53%，非到期日行权 3 092 手，占比 4.47%。

表 8-41　2021—2022 年铜期权年度行权情况

年　度	行权量（手）	同比变化（%）
2021 年	50 085	37.87
2022 年	69 119	38.00

数据来源：上海期货交易所。

2. 铝期权运行情况

2022 年，铝期权共运行 242 个交易日，累计成交量为 1 139.65 万手，同比上涨 49.77%；累计成交金额为 108.04 亿元，同比上涨 13.69%；年末持仓量为 3.90 万手，同比上涨 28.55%。其中，月度成交量最高为 11 月的 125.31 万手，最低为 2 月的 70.08 万手；月末持仓量最大为 11 月的 5.30 万手，最小为 8 月的 3.49 万手。

表 8-42　2021—2022 年铝期权年度交易情况

年　度	成交量（万手）	同比变化（%）	成交金额（亿元）	同比变化（%）	年末持仓量（万手）	同比变化（%）
2021 年	760.93	799.07	95.03	1 353.01	3.04	111.62
2022 年	1 139.65	49.77	108.04	13.69	3.90	28.55

数据来源：上海期货交易所。

2022 年铝期权共经历了 12 个到期日，12 个月份系列 1 746 个合约完成行权（履约）、顺利摘牌，累计行权量为 118 222 手，基本为实值期权行权。其中，到期日行权量为 103 033 手占比 87.15%，非到期日行权 15 189 手，占比 12.85%。

表 8-43　2021—2022 年铝期权年度行权情况

年　度	行权量（手）	同比变化（%）
2021 年	113 631	894.15
2022 年	118 222	4.04

数据来源：上海期货交易所。

3. 锌期权运行情况

2022 年，锌期权共运行 242 个交易日，累计成交量为 831.44 万手，同比上涨 89.17%；累计成交金额为 99.86 亿元，同比上涨 72.74%；年末持仓量为 1.81 万手，同比下降 11.26%。其中，月度成交量最高为 11 月的 106.47 万手，最低为 2 月的 34.17 万手；月末持仓量最大为

10 月的 2.58 万手,最小为 3 月的 1.73 万手。

表 8-44　2021—2022 年锌期权年度交易情况

年　度	成交量 (万手)	同比变化 (%)	成交金额 (亿元)	同比变化 (%)	年末持仓量 (万手)	同比变化 (%)
2021 年	439.52	271.25	57.81	340.07	2.05	86.32
2022 年	831.44	89.17	99.86	72.74	1.81	−11.26

数据来源:上海期货交易所。

2022 年锌期权共经历了 12 个到期日,12 个月份系列 1 036 个合约完成行权(履约)、顺利摘牌,累计行权量为 49 514 手,基本为实值期权行权。其中,到期日行权量为 43 154 手,占比 87.16%,非到期日行权 6 360 手,占比 12.84%。

表 8-45　2021—2022 年锌期权年度行权情况

年　度	行权量(手)	同比变化(%)
2021 年	39 980	384.37
2022 年	49 514	23.85

数据来源:上海期货交易所。

4. 天然橡胶期权运行情况

2022 年,天然橡胶期权共运行 242 个交易日,累计成交量为 535.04 万手,同比上涨 12.16%;累计成交金额为 111.31 亿元,同比下降 40.99%;年末持仓量为 3.56 万手,同比上升 0.16%。其中,月度成交量最高为 7 月的 69.33 万手,最低为 1 月的 27.37 万手;月末持仓量最大为 7 月的 8.85 万手,最小为 12 月的 3.56 万手。

表 8-46　2021—2022 年天然橡胶期权年度交易情况

年　度	成交量 (万手)	同比变化 (%)	成交金额 (亿元)	同比变化 (%)	年末持仓量 (万手)	同比变化 (%)
2021 年	477.02	88.28	188.63	111.37	3.56	−9.17
2022 年	535.04	12.16	111.31	−40.99	3.56	0.16

数据来源:上海期货交易所。

2022 年天然橡胶期权共经历了 10 个到期日,10 个月份系列 528 个合约完成行权(履约)、顺利摘牌,累计行权量为 26 932 手,基本为实值期权行权。其中,到期日行权量为 19 882 手占比 73.82%,非到期日行权 7 050 手,占比 26.18%。

表 8-47 2021—2022 年天然橡胶期权年度行权情况

年　度	行权量(手)	同比变化(%)
2021 年	22 877	56.60
2022 年	26 932	17.73

数据来源:上海期货交易所。

5. 黄金期权运行情况

2022 年,黄金期权共运行 242 个交易日,累计成交量为 414.71 万手,同比上涨 32.23%;累计成交金额为 142.86 亿元,同比上涨 11.21%;年末持仓量为 4.01 万手,同比上涨 48.72%。其中,月度成交量最高为 7 月的 49.02 万手,最低为 10 月的 21.42 万手;月末持仓量最大为 10 月的 4.58 万手,最小为 1 月的 2.15 万手。

表 8-48 2021—2022 年黄金期权年度交易情况

年　度	成交量(万手)	同比变化(%)	成交金额(亿元)	同比变化(%)	年末持仓量(万手)	同比变化(%)
2021 年	313.62	33.60	128.46	−17.79	2.69	−32.75
2022 年	414.71	32.23	142.86	11.21	4.01	48.72

数据来源:上海期货交易所。

2022 年黄金期权共经历了 12 个到期日,12 个月份系列 622 个合约完成行权(履约)、顺利摘牌,累计行权量为 15 260 手,基本为实值期权行权。其中,到期日行权量为 12 841 手占比 84.15%,非到期日行权 2 419 手,占比 15.85%。

表 8-49 2021—2022 年黄金期权年度行权情况

年　度	行权量(手)	同比变化(%)
2021 年	15 460	20.84
2022 年	15 260	−1.29

数据来源:上海期货交易所。

6. 原油期权运行情况

2022 年,上海原油期权共运行 242 个交易日,累计成交量为 660.08 万手,同比上涨 322.45%;累计成交金额为 635.91 亿元,同比上涨 504.40%;年末持仓量为 1.08 万手,同比下降 46.68%。其中,月度成交量最高为 12 月的 99.35 万手,最低为 1 月的 25.22 万手;月末持仓量最大为 11 月的 3.75 万手,最小为 12 月的 1.08 万手。

表 8-50　　2021—2022 年原油期权年度交易情况

年　度	成交量 (万手)	同比变化 (%)	成交金额 (亿元)	同比变化 (%)	年末持仓量 (万手)	同比变化 (%)
2021 年	156.25	—	105.21	—	2.02	—
2022 年	660.08	322.45	635.91	504.40	1.08	−46.68

数据来源:上海期货交易所。

2022 年原油期权共经历了 13 个到期日,13 个月份系列 1 154 个合约完成行权(履约)、顺利摘牌,累计行权量为 32 401 手,基本为实值期权行权。其中,到期日行权量为 27 946 手占比 86.25%,非到期日行权 4 455 手,占比 13.75%。

表 8-51　　2021—2022 年原油期权年度行权情况

年　度	行权量(手)	同比变化(%)
2021 年	10 108	—
2022 年	32 401	220.55

数据来源:上海期货交易所。

7. 螺纹钢期权运行情况

2022 年 12 月 26 日,以螺纹钢期货为标的的螺纹钢期权在上期所上市。2022 年全年累计运行 5 个交易日,累计成交量 24.57 万手,累计成交金额 2.07 亿元。

8. 白银期权运行情况

2022 年 12 月 26 日,以白银期货为标的的白银期权在上期所上市。2022 年全年累计运行 5 个交易日,累计成交量 7.79 万手,累计成交金额 1.24 亿元。

第五节　金融期货市场运行情况

1. 2022 年金融期货市场运行情况

2022 年全年金融期货市场累计成交量为 1.52 亿手,占全国期货市场成交量的 2.24%,成交量同比增长 24.44%;全年累计成交额为 133.04 万亿元,占全国期货市场成交额的 24.87%,成交金额同比增长 12.58%。

(1)股指期货市场

2022 年,沪深 300、上证 50、中证 500、中证 1000 四个股指期货产品总成交量 7 449.37

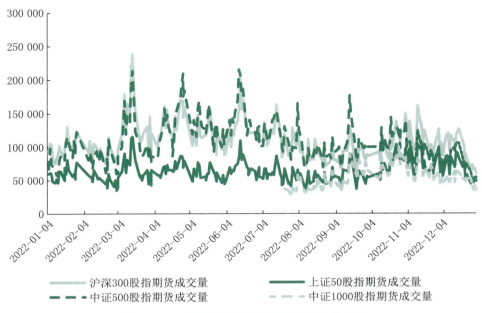

图 8-2　2022 年股指期货每日成交量(单位:手)

数据来源:中金所。

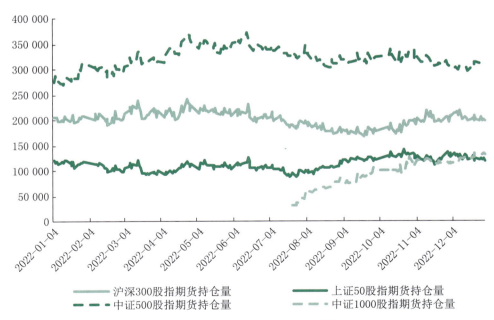

图 8-3　2022 年股指期货每日持仓量(单位:手)

数据来源:中金所。

万手,同比增加 11.62%;总成交金额 86.36 万亿元,同比减少 4.48%;日均成交量 30.78 万手,同比增加 12.08%;日均持仓量 67.92 万手,同比增长 23.72%;日均成交持仓比 0.45。股指期货四个产品期现货价格相关性高,沪深 300、上证 50、中证 500、中证 1000 股指期货主力合约收盘价和对应标的指数收盘价的价格相关系数分别为 99.84%、99.87%、99.30%和 99.49%。

(2)国债期货市场

2022 年,2 年期、5 年期和 10 年期三个国债期货产品总成交量 3 881.65 万手,总成交金额 46.42 万亿元,同比分别增长 54.94%、68.71%;日均成交量、日均持仓量分别为 16.04 万手、35.52 万手,同比分别增长 55.58%、44.39%;日均成交持仓比 0.45。国债期现货价格联动紧密,2 年期、5 年期、10 年期国债期货主力合约与现货价格相关性分别达到 98%、99%、95%以上。2022 年国债期货顺利完成 12 个合约的交割,共计交割 21 689 手,平均交割率为 3.51%,交割平稳顺畅。

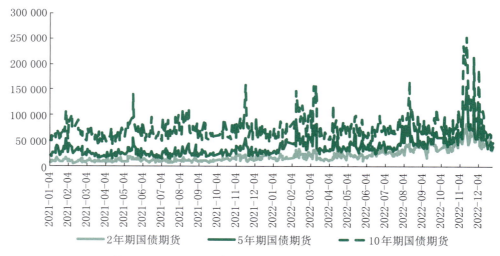

图 8-4　2021—2022 年国债期货每日成交量(单位:手)

数据来源:中金所。

(3)股指期权市场

2022 年,沪深 300、上证 50、中证 1000 三个股指期权产品总成交量为 3 855.16 万手,累计成交面值 17.69 万亿元,日均成交面值 731.10 亿元,权利金总成交金额为 2 643.31 亿元;日均成交量、日均持仓量分别为 15.93 万手、21.09 万手;日均成交持仓比为 0.76。股指期权产品期现货价格相关性高,沪深 300、上证 50、中证 1000 股指期权当月平值合约合成期货价格与对应标的指数收盘价的价格相关系数分别为 99.91%、

98.93%、99.66%，与对应股指期货当月合约收盘价的价格相关系数分别为 99.99%、99.32%、99.99%。

图 8-5　2021—2022 年国债期货每日持仓量（单位：手）

数据来源：中金所。

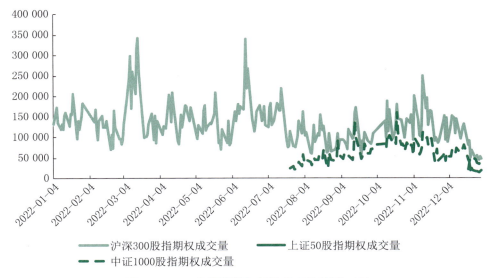

图 8-6　2022 年股指期权每日成交量（单位：手）

数据来源：中金所。

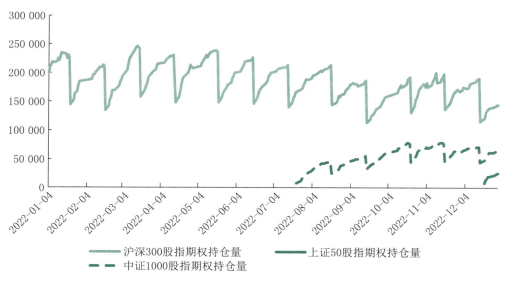

图 8-7　2022 年股指期权每日持仓量（单位：手）

数据来源：中金所。

2. 金融期货市场建设和产品创新情况

一是中证 1000 股指期货与期权、上证 50 股指期权平稳上市。2022 年，中证 1000 股指期货和期权、上证 50 股指期权先后于 7 月 22 日、12 月 19 日在中金所成功挂牌上市。新产品上市以来，市场运行平稳有序，期现价格紧密联动，投资者参与理性，产品功能初步发挥。截至 2022 年底，中证 1000 股指期货、中证 1000 股指期权以及上证 50 股指期权的日均成交量分别为 5.56 万手、6.18 万手、2.01 万手，日均持仓量分别为 9.62 万手、5.40 万手、1.96 万手。股指期货和期权新产品的上市有利于进一步丰富资本市场风险管理工具，更好满足投资者日益多元化的风险管理和财富管理需求，助力资本市场平稳健康运行和高质量发展。

二是 QFII、RQFII 参与股指期权业务落地。2022 年 9 月 2 日，中金所发布《关于合格境外机构投资者和人民币合格境外机构投资者参与股指期权交易有关事项的通知》，正式受理合格境外机构投资者和人民币合格境外机构投资者（QFII、RQFII）股指期权套期保值额度申请，QFII、RQFII 参与股指期权业务正式落地。推进 QFII、RQFII 参与金融期货市场，是中金所落实推动资本市场制度型开放的切实举措之一，进一步丰富了境外交易者的风险管理工具，有利于促进提升其持股稳定性，有利于促进境外资金持续稳定配置境内股票资产，对于优化股指期货和期权市场生态、吸引更多中长期机构投资者参与资本市场具有积极意义，有助于推动资本市场长期稳定发展。

三是推动第二批保险机构和试点商业银行获批参与国债期货交易。商业银行和保险资金是重要的中长期资金,在资本市场中具有"稳定器"和"压舱石"的作用,其高质量参与国债期货市场,对于提升金融机构风险管理能力、促进国债期现货市场高质量发展、健全国债收益率曲线具有重要意义。2022年,中金所在"高标准、稳起步、控风险"的原则指导下,积极推动实现第二批3家保险机构以及渣打银行作为第二批试点商业银行获准入市。入市以来,商业银行和保险机构整体参与有序,交易审慎稳健,国债期货投资者结构进一步完善。

四是落地实施做市商分级机制,丰富做市机构数量及类型。为进一步完善做市商梯队建设,助力金融期货市场高质量发展,中金所于2022年1月、7月分别在国债期货、股指期权市场引入做市商分级机制,实现境内期货交易所期货做市商分级机制首次落地。中金所做市商分为主做市商和一般做市商,对不同级别做市商设置差异化报价义务要求和权利安排。同时,根据市场需要及发展情况,新增一批一般做市商,并对做市商实施动态资格轮换调整。伴随做市商分级机制落地实施,金融期货市场做市商队伍结构逐步完善,形成主做市商与一般做市商相辅相成、相互促进、良性互动的新局面,做市品种流动性合理充裕,市场活力韧性进一步增强。

第六节　市场发展展望

上海商品期货市场将以服务实体经济高质量发展为使命,践行稳健、进取、诚信、专业的核心价值观。坚持把着力点放在服务实体经济上,推动建设开放、稳定、可持续的大宗商品市场。通过构建高质量产品体系、打造高能级服务平台、加快高效率机制创新、推动高水平对外开放、建设高赋能信息技术系统、践行高标准绿色理念、强化高效能自律监管等"七高"的实施举措,以及加强党的领导,提升政治力;加强内部治理,提升组织力;加强队伍建设,提高战斗力;加强实施保障,深化执行力等"四强"的保障措施,让"上海价格"更好地走向世界。

专栏12

全国性大宗商品仓单注册登记中心启动

《中共中央国务院关于支持浦东新区高水平改革开放打造社会主义现代化建设引

领区的意见》明确提出,支持上海期货交易所探索建立场内全国性大宗商品仓单注册登记中心。为贯彻落实中央文件精神,加快推动重点改革事项,提升我国在大宗商品交易领域的影响力,上海市全力推动项目落地,由浦东新区政府牵头,会同上海期货交易所,并由中国物流集团有限公司、中国外运股份有限公司、中远海运物流供应链有限公司、上海国际港务(集团)股份有限公司、山东省港口集团有限公司、浙江省海港投资运营集团有限公司、厦门国贸集团股份有限公司、上海临港经济发展(集团)有限公司和上海外高桥集团股份有限公司等9家合作单位共同发起设立上海大宗商品仓单登记有限责任公司。

11月23日上午,全国性大宗商品仓单注册登记中心(以下简称"全仓登")启动仪式在浦东新区办公中心举行。浦东新区金融工作局和上海期货交易所以"统一登记、数字监管、期现结合、产融互通"为宗旨,与"全仓登"九大合作单位签署合作框架协议。多方将借助"全仓登"平台,充分发挥合作单位头部仓储企业、大型港口、优质贸易商与国家级自贸区等联动协同优势,强化功能叠加与政策赋能,建设标准统一、规范安全、高效便捷、覆盖全国的登记系统。围绕大宗商品数据管理、区块链仓单服务、市场信息发布三大领域,"全仓登"也将为全国范围内大宗商品仓单提供集中登记、查询服务,旨在打造全国现代化仓单登记及流通体系。

"全仓登"平台通过推进区域间仓单信息互联、互通、互认、共享,可以实现信息流与货物流的交互,将有利于帮助化解"虚假仓单""重复质押""一货多卖"等市场风险,助推大宗商品仓单资源高效管理,降低企业交易融资成本,改善市场生态和诚信体系,提升金融促进资源配置能力保障大宗商品的安全流通和运转效率具有重要意义。

"全仓登"平台的启动标志着又一重量级金融基础设施平台落地浦东,也将在更深层次释放浦东新区在畅通经济循环关键节点的功能,进一步服务建设全国统一大市场的要求。

第九章　保险市场

第一节　市场总体情况

上海保险交易所作为国家级金融基础设施,紧扣"辅助监管、规范市场"的职责定位,从"监管所需、行业必要"中诠释保险交易所的价值和内涵,积极为保险、再保险、保险资产管理及相关产品的交易提供场所、设施和服务,持续升级打造保险要素交易的数字化枢纽。截至2022年末,各平台累计接入保险公司等机构3 300余家次,全年交易风险保额86.6万亿元,注册、登记航运保险及保险资管相关产品2 092只。市场主要情况如下。

一是保险交易服务领域。安责险运营平台提供保险金额1.124亿元。新能源车险交易系统已对接覆盖97%市场份额的保险机构。巨灾保险产品全年惠及城乡居民超347万户次,提供保险金额1 117亿元。数字化健康保险交易平台覆盖地区人群达1.8亿,提供风险保额超76万亿元;零感知理赔区块链调用达4 221万次。数字化保险中介交易平台集中对接589家保险中介机构和34家保险公司,累计上线产品98款,全年交易保险金额1 820亿元。

二是国际再保险等领域。中国再保险登记系统登记境内外再保险接受人704人,再保险经纪人240家。国际航运保险平台新增注册航运保险产品1 324个,新增登记保单约17.6万件,新增保险金额3.43万亿元。

三是保险资产领域。累计开立持有人账户8 407个,登记监测约15.93万亿元保险资金的运用信息,登记保险资管产品约6.58万亿元;完成701只组合类资管产品、66只资产支持计划产品及1只专项产品发行前登记;完成1 125只债权投资计划、股权投资计划、资产支持计划估值,规模0.55万亿元。

第二节　行业基础设施建设情况

1. 特定产品交易功能实现多向开拓、多点覆盖

一是服务普惠保险高质量发展。整合政府、监管、行业等资源和力量，运用数字化方式将普惠保险以更加公开、规范的方式触达群众，有效提升普惠保险触达率、覆盖面、满意度。形成"政府引导＋市场运作＋基础设施支持"的惠民保服务模式，提供共保体组建、销售渠道覆盖、资金支付结算等功能，已服务全国 11 个省市惠民保运营推广，其中福建、黑龙江两省参保率先后刷新全国省级项目纪录，在大连等地试点商业健康保险一站式结算平台。打造普惠保险一站式服务的"上海样本"，联合行业依托上海"随申办"上线"上海保险码"，目标是为上海地区消费者提供普惠保险甄选、保单查询、投保、保全、理赔等一站式、便捷化服务。支持定制性普惠产品创新，在宁波上线"灵活保""甬学保""甬家保""甬安行"等保险，助力满足差异化保险保障需求。二是支持规范强制保险发展，落实新《安全生产法》，建设上线安责险运营支持平台，集中链接安责险投保人和保险公司，联动行业协会、风险管理机构的数据和服务资源，为参与各方提供线上投保、产品管理、风险减量管理、动态费率调节、信息披露等服务，已在水利行业试点。建设上海地区工程质量潜在缺陷保险（IDI）业务管理平台。三是推进跨境、绿色、科技等保险创新实践，参与筹建粤港澳大湾区保险服务中心，为未来建立"保险通"机制夯实基础。与地方政府合作试点打造"双碳战略"落地的样板间，上线长三角绿色金融数字化交易平台，挂牌 12 款绿色保险。还将针对保险产品创新普遍缺乏定价数据等痛点，推动网络安全保险、科技保险等新型保险的产品和机制创新。

2. 特定风险交易功能实现跨域突破、跨界延伸

一是服务国际再保险中心建设。落实《中国银保监会　上海市人民政府关于推进上海国际再保险中心建设的指导意见》（以下简称《指导意见》），发挥数字化新基建作用，推进再保险"国际板"建设，支持国际再保险中心建设集成创新。协同监管部门、地方政府等成立上海国际再保险中心建设工作推进机制，推动形成以《指导意见》实施细则为载体的政策赋能合力。以国际再保险业务平台为核心打造国际再保险分入交易的增量市场，发布再保险"国际板"建设方案，依托金融基础设施，在政策赋能下逐步形成跨境再保险交易枢纽通道和中央清算体系；启动在临港建设"国际再保险功能区"，打造高效、完整、低成本的再保险交易供应链。连续四年举办陆家嘴国际再保险会议，2022 年全球 350 余家机构共 1 400 余人注册参会，规模位列全球四大再保险交易商年会之一。二是完善巨灾共保为

代表的特种风险分散机制。在巨灾保险投保理赔、查询报案、共保运营、数据积累分析等功能基础上,2022年新增巨灾再保清结算功能,支持地震巨灾保险共同体官方微信公众号上线在线投保功能,进一步调动共保体成员积极性,提升承保能力。研究新型风险转移工具的境内发行路径和交易机制,为特殊风险、大型风险等提供充沛承保能力、多层次分散机制。

3. 保险资产交易运营功能积极服务监管、服务市场

一是服务保险资管产品全生命周期运营管理。作为保险资管全生命周期集中运营平台,可支持保险资管产品发行前登记、场内发行、场内结算、份额登记、信息披露等,实现信息流、资金流、价值流高效循环。受监管部门委托承接资产支持计划、组合类保险资产管理产品、专项产品等产品发行前登记功能。推出的新金融工具会计准则整体解决方案,服务50余家保险资管机构、托管银行,助力保险资管产品净值化转型。二是打造投融资对接综合服务体系。发挥金融基础设施运营模式创新和金融科技创新的优势,引导保险资金精准"滴灌"实体经济,规范金融产品跨市场交易。通过举办投融资对接会、与北京、重庆、宁波、贵州等地方政府建立长效合作机制等方式,推动保险资金与实体经济直连直通,比如重庆重大建设项目入库规模超6 000亿元。在保险资管机构和保险资管产品代理销售机构间搭建起规范高效的枢纽;为保险机构直接投资开放式公募基金提供全流程、一站式、数字化服务,大幅提升联通效率。

4. 数据要素交易交互功能逐步形成行业影响力

一是推进跨行业数据联通和交互,发挥交易所中立优势和枢纽作用,与政府、行业、产业链相关主体共同探索出行业间"总对总"互联互通新模式,有效解决市场机构零散式对接成本高、治理难、数据安全、垄断等问题,支持构建以数据流为核心的开放共享生态。健康险领域,在优化宁波、上海、重庆等地医疗数据的基础上,新增接入四川、山东等地数据,累计覆盖16 101家医院;完善快速理赔、案件调查、电子处方流转、风控模型构建、大数据实验室等数据服务,支持保险机构大幅提升服务效率、开发差异化普惠保险产品,合作保险机构已达55家。新能源车险领域,实现标准规范的数字化交易流程,同步推进投保理赔数据治理及与新能源车全国监管平台运营机构北理新源、上海新能源车公共数据中心等对接合作,探索"风险评分""销售评分"等服务,支持保险公司精准核保定价、完善承保风控。还将对接主机厂、大电池、充电相关服务商等产业链机构,整合上下游要素资源,促进全产业链降本增效。二是推进业内数据治理和应用。基于辅助监管、推进行业交互沉淀的数据,开展数据治理、模型构建、关联分析,助力提升监管多维度风险监测能力和行业精细化管理水平。保险资金运用领域,持续运营保险资金运用监测系统,完善系统功能、数据治理长效机制、健全风险监测分析报告机制、服务非现场监测及现场检查,支持实现"事前事中事后"全过程监管。公司治理领域,运营银行业保险业关联交易监管系统,助力

监管精准识别全量关联方名单、多维生成关联交易风险画像、优化关联交易监测比例等。保险中介领域，打造保险公司与中介机构间系统对接和数据交互标准，提供车险交易、人身险交易、SaaS 系统等服务。

5. 交易所配套功能进一步优化

年内新增场内保险交易账户 89 万户，累计达 960 万户；全年提供数据核验查询 476 万笔，累计提供 1 329 万笔。同时，探索建立统一登记结算机制。借鉴其他金融行业成熟实践，发挥交易所公示公信作用，探索行业关键信息集中登记，提高市场透明度。在监管部门的指导下研究在上海试点保单质押贷款集中登记，研究保险机构股权全量托管登记。

第三节　市场发展展望

2023 年是全面贯彻党的二十大精神的开局之年。上海保险交易所将在国家金融监督管理总局的正确领导下，坚持以习近平新时代中国特色社会主义思想为指导，认真贯彻党中央、国务院关于金融监管改革的决策部署，紧扣"辅助监管、规范市场"的职责定位，全力打造保险要素交易的数字化枢纽，构建"行为可见、风险可控"的交易环境，为监管部门强化机构监管、行为监管、功能监管、穿透式监管、持续监管等提供有力支撑，支持保险业向更高层次突破发展。一是加快国际再保险中心建设。落实《指导意见》及其实施细则，依托再保险"国际板"，进一步做好再保险公共产品供给、差异化政策措施落地、新型风险转移产品境内发行机制研究等工作，助力行业高水平对外开放，提升我国在全球保险市场的话语权和影响力。二是助推普惠保险高质量发展。发挥公信、中立作用，通过提供统一运营平台，集中对接政府资源、规范产品方案、拓宽投放渠道、集成便民服务，提升运作效率、形成规模效应，支持行业提升服务共同富裕的能力。三是加强数据要素枢纽式交互共享。以建立"可用、可信、可流通、可追溯"的数据流通体系为目标，提高行业数据治理水平，推动健康医疗、新能源汽车等更多领域跨行业数据互联互通，支持保险业产品和服务创新。四是强化保险资金运用及保险资管监管支持。进一步健全保险资管产品全生命周期运营管理服务，继续做好保险资金运用集中登记监测，通过"保实通""保基通""银保通"等互联互通平台，引导保险资金精准、规范、高效对接实体经济。

专栏 **13**

构建面向全球的再保险"国际板"助力上海打造国际一流再保险中心

为落实《党中央 国务院关于支持浦东新区高水平改革开放打造社会主义现代化建设引领区的意见》《中国银保监会 上海市人民政府关于推进上海国际再保险中心建设的指导意见》(以下简称《指导意见》),在国家金融监督管理总局和上海市委市政府的领导下,上海银保监局、上海市金融局和上海保险交易所牵头,中外市场主体积极参与,以建设面向全球的国际再保险交易市场(以下简称再保险"国际板")为突破口,加快打造面向未来的数字化国际再保险中心。

一是形成以《指导意见》实施细则为载体的政策合力。在国家金融监督管理总局和上海市政府的指导下,上海银保监局和上海市金融局牵头成立上海国际再保险中心建设工作推进机制,与中国人民银行上海总部、上海保险交易所以及上海市财政局、临港新片区管委会等上海市政府相关部门,共同开展地方配套营商环境政策及适配监管政策研究,形成《关于加快推进上海国际再保险中心建设的实施细则》,打造与国际接轨的再保险"国际板"规则体系。

二是发布再保险"国际板"建设规划方案。2022 年 8 月,在原银保监会财险部(再保部)指导下,上海银保监局、上海市金融局、上海保险交易所、临港新片区管委会以及主要市场机构共同组成再保险"国际板"建设项目组,确定再保险"国际板"建设方案,成立多个工作组,稳步推进平台系统、登记制度、交易规则、交易辅助工具、资源整合机制、资金跨境便利、地方政策支持等工作。同年 11 月,再保险"国际板"建设规划方案在第四届陆家嘴国际再保险会议上发布。

三是建设技术领先的再保险"国际板"核心系统。再保险"国际板"交易系统——国际再保险业务平台由上海保险交易所负责建设运营,以自研区块链技术及配套再保险数据交互标准为支撑,通过标准化数据加密传输和实时交互,推动再保险集中登记清结算和数据集中存证,为全流程监管、穿透式监管和精细化监管提供更加有效的实施工具。底层技术平台数字化再保险登记清结算平台入选国家区块链创新应用试点。

未来,上海国际再保险中心建设将发挥临港新片区制度优势,通过实施国内领先、对标国际的监管制度、税制安排和外汇管理政策等,吸引境内、境外再保险机构落地,带动再保险业务、资金和人才集聚,加快形成再保险登记、交易、清算、投资、创新、交流、信用等功能于一体的"国际再保险功能区"。

第十章 信托市场

《资管新规》过渡期后，信托业进入了资管新规正式实施元年。2022年上海信托业坚持"稳字当头、稳中求进"的工作总基调，在稳固转型成果的基础上加快改革步伐，资产规模保持平稳，业务结构持续优化，风险化解继续深化，经营业绩有所回调。站在新的历史方位，上海信托业将在监管引导下，围绕新业务分类方向，积极推进业务转型，走好中国特色金融高质量发展之路，为中国式现代化贡献信托力量。

第一节　市场运行情况

1. 信托资产规模企稳回升，行业资本实力总体稳定

根据中国信托业协会数据①，在全行业"稳字当头、稳中求进"的总基调下，2022年4季度信托资产规模延续了本年度以来企稳回升的发展趋势。截至2022年4季度末，信托资产规模为21.14万亿元，同比增长5 893.44亿元，增幅为2.87%；环比增长649.67亿元，增幅为0.31%；相较于2017年4季度的历史峰值，2022年4季度信托资产规模下降19.46%。

2. 行业发展结构调整放缓，结构持续优化

（1）在信托资产来源结构上，持续呈现"两升一降"趋势

截至2022年4季度末，集合资金信托规模为11.01万亿元，同比增长4 205.94亿元，增幅为3.97%；环比增长720.87亿元，增幅为0.66%；占比达到52.08%，同比增长0.55个百分点。单一资金信托规模为4.02万亿元，同比下降3 940.51亿元，降幅为8.92%；环比下降546.31亿元，降幅为1.34%；占比为19.03%，同比下降2.46个百分点。管理财产信托规模在4季度末为6.11万亿元，同比增长5 628.06亿元，增幅为10.15%；环比增长475.11

---

① 数据来源：中国信托业协会《2022年度中国信托业发展评析》。

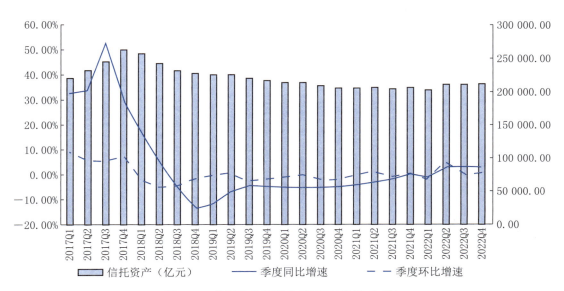

图 10-1　信托资产规模变动情况(单位:亿元)

数据来源:中国信托业协会。

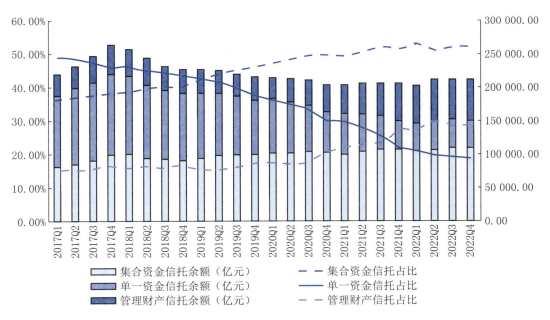

图 10-2　信托资产按来源分类的规模及占比情况(单位:亿元)

数据来源:中国信托业协会。

亿元,增幅为0.78%;占比为28.89%,同比上升1.91个百分点。行业资产来源结构进一步优化,但优化幅度较上一年度有所放缓。自资管新规以来,信托资产结构持续整体呈现"两升一降"趋势,集合资金信托持续上升,管理财产信托长期来看实现规模增长,而以通道类业务为主的单一资金信托则持续压降。

(2)在信托资产功能分布上,行业资产功能结构处于转型调整阶段

截至2022年4季度末,作为信托业重点转型领域的投资类信托,规模达到9.28万亿元,同比增长7 821.23亿元,增幅为9.20%;环比增长646.34亿元,增幅为0.70%;占比达到43.92%,同比增长了2.55个百分点,延续了上一季度的首位占比。监管部门要求压降的融资类信托规模为3.08万亿元,同比下降5 047.29亿元,降幅为14.10%;环比略有上升,增长规模为5.79亿元,增幅为0.02%;占比为14.55%,同比下降了2.87个百分点。事务管理类信托规模为8.78万亿元,同比增长3 119.55亿元,增幅为3.68%;环比下降了2.47亿元,降幅为0.003%;占比为41.53%,同比上升了0.33个百分点。相较于2017年4季度峰值,事务管理类信托降幅达到43.90%,通道类业务压降成果较为显著。

图10-3　信托资产按功能分类的规模及占比情况(单位:亿元)

数据来源:中国信托业协会。

3. 资金投向结构持续调整,非标转标趋势显著

(1)投向工商企业、基础产业、房地产领域的传统信托业务规模和占比进一步下滑

截至2022年4季度末,投向工商企业的资金信托余额为3.91万亿元,同比下降6.09%,

环比下降 1.14%；工商企业信托资金占比为 26.00%，同比下降 1.73 个百分点，环比下降 0.33 个百分点。基础产业占比有序下降。截至 2022 年 4 季度末，投向基础产业的资金信托余额为 1.59 万亿元，同比下降 5.54%，环比下降 2.07%；基础产业信托占比为 10.6%，同比下降 0.64 个百分点，环比下降 0.24 个百分点。房地产信托资金同比降幅超 30%。截至 2022 年四季度末，投向房地产的资金信托余额为 1.22 万亿元，同比下降 30.52%，环比下降 4.44%；房地产信托占比为 8.14%，同比下降 3.60 个百分点，环比下降 0.39 个百分点。

（2）信托行业非标转标趋势显著

投向证券市场、金融机构的规模和占比持续提升。一是投向证券市场的信托资金快速增长。截至 2022 年 4 季度末，投向证券市场的资金信托余额为 4.36 万亿元，同比增长 1 万亿元，同比增幅 29.84%，环比增幅 4.21%；证券市场信托资金的占比在 2022 年 4 季度末升至峰值，为 28.99%，同比上升 6.62 个百分点，环比上升 1.14 个百分点。现阶段，做大做强做优证券市场类信托业务已基本成为行业转型共识，资金配置由非标类资产向标准化资产转移的趋势进一步凸显。二是投向金融机构的信托资金稳步增长。截至 2022 年四季度末，投向金融机构的资金信托余额为 2.01 万亿元，同比增长 7.79%，环比增长 0.61%；金融机构信托资金的占比为 13.39%，同比增加 0.95 个百分点，环比增加 0.07 个百分点。

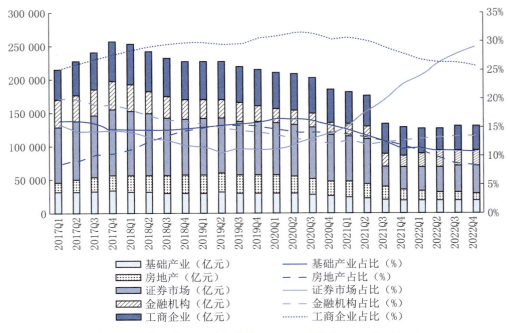

图 10-4　资金信托按投向分类的规模及占比情况（单位：亿元）

数据来源：中国信托业协会。

未来,我国信托业服务实体经济将呈现出差异化、专业化和精品化的趋势,信托公司将通过加快标品信托、财富管理等业务创新,进一步聚焦于实体经济发展的需求和痛点,以多元化资金给予实体企业全方位支持,全面满足实体经济投融资需求,助力实体经济的高质量发展。

第二节　行业基础设施建设情况

1. 紧扣信托登记主责主业,助力行业风险防范化解

通过以配发编码赋予信托产品唯一身份标识的方式,中国信登成为监管部门强化信托产品入市管理的重要关口。2022全年,各银保监局通过中国信登信托登记系统平台采取查阅、叫停、退回等相关措施逾2.74万笔,占比32.75%;其中通过系统叫停产品发行1862笔。强化登记自律措施与登记培训,按月向信托公司通报信托产品登记报送质量,发挥信托登记评价等自律机制作用,以常规培训、定制化培训为抓手,做好监管要求落实与行业意见沟通的桥梁与纽带。三是全面摸清数据底数,完成2021年9月份批次信托项目全要素月报表数据与信托登记数据比对工作,行业整体整改率达90%以上。四是配合落实好业务分类改革配套要求,积极参与信托业务分类研讨,代信托部汇总三分类试填报数据,掌握、明确相关业务口径;围绕信托业务三分类推进情况,同步推进信托产品登记优化,设计区分业务类型的要素表。五是对标新版全要素报表及银行EAST 5.0监管报表,完成EAST规范迭代升级方案并上报银保监会;受银保监会非银检查局委托,协助对中海信托开展实施监管数据质量比对分析,并对上海辖内7家信托公司等开展数据提取和分析工作。

2. 培育行业数据中心新引擎,服务信托业非现场监管

基于产品登记数据分析研究,中国信登定期向信托部和各属地监管局通报信托公司登记数据研究报告,不定期开展房地产信托、政信信托、消金信托等重点风险领域和家族信托等特色业务领域的分析研究报告,及时反馈行业发展风险动向和趋势特征。加大数据科技应用,与上海银保监局合作,试点孵化了监管智库等数字化监管工具,已于2022年7月陆续部署上线。

3. 聚力财产登记制度难题,首入地方立法支持

中国信登提出的"支持开展不动产信托登记"的立法建议被《上海市浦东新区绿色金融发展若干规定》采纳,2022年7月1日起正式施行的《上海市浦东新区绿色金融发展若干规定》第十九条第二款规定:"以不动产设立信托的,可以向不动产登记机构申请记载为

信托财产。中国信登可以在浦东新区试点信托财产登记,办理绿色信托产品登记、统计、流转等事项。"

4. 构建创新发展动能,助力信托业回归本源

积极推动在沪建立全国信托公司股权托管中心,中国信登上线的股权信息管理系统被评为年度金融市场创新案例。根据银保监会已批行的《信托公司股权管理暂行办法》,已建成投产股权信息管理系统,制定并对外发布股权托管业务细则、操作指南等配套制度,组织开展信托公司股权托管服务协议签订及相关培训推广,截至目前已有近60%未上市信托公司与中国信登完成签署股权托管服务协议。

积极构建信托行业市场生态,提升会员服务内涵,在提供产品展示、统计分析、数字风控、信息技术、行业培训、业务咨询和行业活动服务等7大板块、16项细项会员服务基础上,中国信登今年对全行业新增免费服务5项,优化迭代4项现有服务。

积极赋能信托业数字化转型,中国信登积极助力中国信托业协会金融科技专委会组织,发挥金融科技创新联合实验室机制作用,推进合规科技、数据应用、网络安全、行业云、数字化运营、数字化风控、数字化资管等7个课题研究。

积极助力在沪构建信托资产估值中心,中国信登联合中债估值中心共同向行业提供信托估值服务,在实现信托资产估值突破,填补我国信托行业第三方估值的空白的基础上,截至2022年末,已有40余家信托公司开通了估值服务,估值资产逾4 000亿,每日滚动发布估值结果千余条,为信托行业非标资产估值提供了全方位、可落地、可执行的解决方案。

第三节　市场发展展望

作为全国信托业唯一在沪国家级要素市场和信托业唯一金融科技基础服务平台,2023年,中国信登将继续创新完善平台服务功能,在监管引导下,与行业一同围绕新业务分类方向,坚守服务实体经济、专业受托人的发展定位,积极探索业务转型,走好中国特色金融高质量发展之路。

1. 丰富转型发展内涵,聚焦构建"新分类"本源业务体系

在资管新规正式实施元年的新发展格局背景下,《关于规范信托公司信托业务分类有关事项的通知(征求意见稿)》于2022年12月正式发布,进一步指引信托公司回归本源,推动信托行业向资产管理、财富管理、其他服务类信托和慈善信托转型,打造具有信托特色的财富管理产品体系,着力提升预付类资金受托、资管产品受托和年金受托等特定服务信

托竞争力,在社会财富传承与管理、社会治理服务、公益慈善等更广阔空间发挥出独特的创新价值。

2. 增强行业发展韧性,提升创新服务支撑实体经济能力

信托行业将以"坚持把发展经济的着力点放在实体经济上"为核心,加快标品信托等业务形式创新,以股权、债券、ABS、PPP、产业基金等多种方式积极参与多层次资本市场,引导社会资金更多投向普惠金融、绿色金融、科技金融等重点领域,以多元化资金给予实体企业全方位支持。

3. 坚持信托本源航向,助推引导行业平稳健康发展

目前,全球滞胀风险上升、国际金融市场动荡、地缘冲突持续,对金融系统健康稳健发展提出了更高的要求。一方面信托行业将在国家金融监督管理总局的指导下,持续高度重视存量业务风险防范,稳妥有序地进行风险资产处置,在探索构建信托公司现代化合规内控、风险管理和文化建设体系的基础上,切实提升受托尽责履职能力;另一方面信托行业金融基础设施将探索构建以信托业务数据为核心、监管数据中心为上层指导、外部数据中心为支撑的行业信息集中"采、编、用"良性闭环,搭建监管门户和行业门户载体,着力打造行业数据中心和数智化管理中心,实现数据资源的统一采集整合应用,助力提升监管部门风险监测质效,保障行业平稳健康转型发展。

专栏 14

全国股权信息管理系统上线

为贯彻落实《信托公司股权管理暂行办法》(银保监会令 2020 年第 4 号)第四十七条"信托公司应当建立股权托管制度,原则上将股权在信托登记机构(即中国信托登记有限责任公司,以下简称"中国信登")进行集中托管"的规定,在原中国银保监会的监督指导下,在各银保监局及信托公司的大力支持与配合下,中国信登于 2020 年正式启动全国信托公司股权托管中心建设,2022 年 4 月 23 日上线股权信息管理系统,正式开展信托公司股权集中托管业务,这一成果同时被评选为中国(上海)自贸试验区金融创新案例。

信托公司可通过股权信息管理系统实现全程线上办理用户注册、权限申请、股东名册初始登记等股权托管相关事宜,并向信托公司及其股东提供在线查询服务,夯实股权托管服务功能,提升托管服务的便捷性、时效性、针对性。中国信登在监管部门的指导下多次向行业征求意见,同步制定发布《中国信托登记有限责任公司信托公司股权托管

业务细则》《信托公司股权托管业务指南》、股权托管服务协议等配套文件。截至2022年末,已有44家信托公司开通股权信息管理系统权限,其中,已有42家信托公司完成股权托管服务协议签署。

上海市金融局在案例介绍中指出,建设全国信托公司股权托管中心,上线股权管理系统并构建股东名册统一管理标准,具有现实意义。有利于信托公司做好股权确权,有效推动信托公司对股东的全面梳理,在中国信登的协助下,清理不合格股东,解决历史遗留问题,提升抵抗风险的能力。有利于监管部门进行股权穿透监管,依托股东名册、关联方、关联交易信息的交叉核验,将各类监管要求转化为数字化监管规则,有效预警不符合"两参一控"等的违规现象。有利于构建银行业金融机构股权集中托管体系,作为唯一具备金融机构股权托管资质的会管机构,中国信登已建成首例全国统一的股权集中托管系统,有效解决了分散托管所形成的"信息孤岛"、标准不一、形式托管等问题,为构建银行业金融机构集中托管架构提供了实践经验。

下一步,中国信登将以信托公司股权集中托管为起点,逐步搭建统一的股权托管架构,为更多金融机构提供高效、便捷的股权信息登记、托管、查询等服务。同时,加强对信托公司关联关系梳理、股权穿透分析、股东风险舆情预警、股权登记信息数据统计与报送等服务进行深化拓展,高质量推进在沪建立全国信托公司股权托管中心。

第十一章　产权市场

第一节　市场运行概况

2022 年是上海联合产权交易所(以下简称"上海联交所")全面实施"十四五"发展规划和"一体两翼多平台"发展战略的攻坚之年。一年来,上海联交所立足服务国家战略和上海经济社会发展大局,统筹抓好疫情防控和业务发展,全面实施"一体两翼多平台"业务发展战略,在强化主业发展基础上,稳步推进全要素、多元化平台发展,平台功能不断丰富,发展质量持续提升。2022 年,上海产权市场主要经济指标都实现了较大幅度的增长,合并公共资源交易业务的全口径交易规模 13 441.33 亿元,同比增长 15.34%;上海联交所本部及所属交易机构实现交易规模 3 665.75 亿元,同比增长 84.15%。

1. 以服务国有产权和资源交易为主体,主营业务做强做大

央企交易业务板块坚持客户导向大力推进市场化改革取得积极成效,实现交易规模 1 334.04 亿元,同比增长 66.47%,创历史新高。重大项目成交业绩喜人,落地规模百亿元以上级项目 4 宗。服务央企深化混改、助力央企"两资""两非"市场化退出成效显著,华大半导体增资、中邮人寿混改、中石化赛科股权转让、南航 26 架飞机资产处置等多宗典型项目受到市场广泛关注。投行业务发展迅速,中移物联网两级改革项目入选国资委科改示范案例。成功举办央企混改推介会等一系列大型推介活动。成立了央企业务上海(长三角)总部,对接联系各级央企机构 500 余家,在沪二级央企联络覆盖率达 90%,成功落地中国宝武、中远海运、中国医药、东风汽车等集团旗下多个代表性增资项目。在国务院国资委组织的 6 家中央企业产权交易机构综合评比中,上海联交所总体服务满意度名列第一。

上海交易总部持续深化实施"双中心"战略(服务国资国企改革和城市更新),在做好传统国有政策性业务的同时,大力发展创新业务,不断取得新成效。不动产租赁业务公开进场招租近 25 万平方米,与 46 家市、区国有企业签署全面合作协议。完成 4 宗城市更新

旧改招商项目,交易规模144.48亿元。创新模式服务老字号品牌振兴,完成"东海"商标专有权公开转让。夯实集招业务基础,集招公司在多家重点国企成功实现"名单入库"。市场协同展业取得积极成效,不断拓展非公、上市公司资产处置及并购、特殊资产处置等业务。上半年疫情期间,上海交易总部积极采取应对措施,服务多家企业按时完成重点项目交易,助力全市复工复产大局。

公共资源交易总部持续深化"一网交易"改革,成绩显著。数据归集卓有成效,在全国公共资源交易平台考核中连续多月获得评分满分和排名第一的优秀成绩,得到市委主要领导和分管市领导批示肯定。服务能级持续提升,上线电子签章、移动CA、远程线上投标和开标等多项新功能,"一网三平台"系统功能扩展至29个;专家数量突破4 000人。总平台业务拓展取得重大突破,成功引入国家铁路建设项目,为服务国家重大基础设施项目建设作出积极贡献。

2. 加快发展"两翼"业务,服务国际金融中心和科创中心建设

(1)金融资产交易服务总部

金融资产交易服务总部主要集聚内外部金融服务资源,承接中央管理金融企业国有产权交易功能,开展金融创新与业务合作,为各类金融机构提供"专业、优质、高效"的金融资产交易服务。2022年,在深耕传统业务基础上,进一步拓宽业务渠道,与四大国有资产管理公司分别完成战略合作签约,开设不良资产处置专区;拓展竞争性非强制进场业务,挂牌天安财险资产包转让、国盛金控股权转让等重大破产重整项目;拓展业务品种,引入银行对公批量不良资产包场内挂牌,落地首单信托不良资产挂牌交易;推进创新业务,跨境金融资产转让平台建设、融资租赁资产转让业务拓展取得不同程度进展。

(2)知识产权国际运营平台

知识产权交易运营平台包括上海国际知识产权运营管理有限公司、上海知识产权交易中心和南南全球技术产权交易所,是国家知识产权运营公共服务体系的重要组成部分,是上海科创中心建设的重要基础设施。2022年,平台深化实施"交易＋运营"双轮驱动战略取得新成效。在推动专利开放许可试点工作中取得积极进展,先后实现本市一对一、一对多首单业务落地,全年进场交易超过200宗;知识产权质押融资和知识产权证券化业务取得重要进展;知识产权跨境交易完成首单成交金额超10亿元大项目;成功举办第十九届上海国际知识产权论坛分论坛,年度G60科技成果拍卖会成交额再创新高。

3. 多平台业务板块协同发展,创新突破成效显著

上海环交所全力保障全国碳市场平稳运行,开市以来累计成交金额突破100亿元。围绕打造"碳交易中心、碳定价中心、碳金融中心"的目标持续推进全国碳市场建设;加快绿色金融创新,发布"中证上海环交所碳中和指数";支持浦东新区成功申报首批国家气候投融资试点。努力推动区域碳市场建设发展,助力构建上海碳普惠体系,推动长三角碳普

惠生态圈建设;积极开展碳管理体系推广与合作。

上海股交中心积极推进私募股权和创业投资份额转让平台建设和业务发展,政策环境、系统功能、业务流程、市场生态持续完善,入选中国(上海)自由贸易试验区第十一批金融创新案例,份额转让累计成交金额40.89亿元。积极对接证券市场提供企业上市孵化培育服务,推动场内企业通过创业板发审和进入科创板审核各1家;深入发展金融科技,获批成为国家区块链创新应用试点,率先实现"区块链＋股权市场"创新应用,获得金融科技优秀技术成果奖。

非公产权交易总部进一步优化业务布局,明确业务发展重心。深耕园区服务,与多个园区签订战略合作协议,上线园区服务专版,积极打造园区服务生态。设立优质中小企业梯度培育基地,与市中小企业服务中心深化合作,服务中小企业投融资需求。企业重整与破产资产处置平台首单业务成功落地,业务生态圈建设成效初显。

上海农交所聚焦服务"乡村振兴"加快创新转型,以与市农业农村委签署战略合作协议为契机,确立"招商""招标""招租"及为农村集体组织闲置资金"造血"四类创新业务方向并制订实施方案。创新模式服务涉农科技成果转化,在全国率先实施附加优先受让权的农业科技成果转让交易。课题《探索农业科技成果转化"上海方案"》入选"2021年上海知识产权改革创新工作十大典型案例"。

体育和旅游资源交易中心持续巩固深化与国家体育总局合作。服务北京冬奥国家队品牌赞助工作,圆满完成全部14支冬季项目国家队合作伙伴招募。推进长三角体育优质资源有序流动,促成CBA夏季联赛首次落户江苏省县级城市。对接上海市体育局并推动政策落地,为上海体育系统公共资源纳入平台交易创造条件。成功举办国际品牌创新发展论坛、"联协杯"王者电竞挑战赛等大型活动。

市联合征信公司通过人行上海总部企业征信机构备案后,逐步打开发展新局面。加快推进数据归集,初步建成市中小企业信用数据库和新型农业主体信用数据库;以市场需求为导向,确立四大类产品发展方向;自主建设"沪信融"企业投融资智慧服务平台,已促成700余户企业获得融资共计11.8亿元。主动对接金融机构等各类市场主体,积极构建金融惠企合作生态。

4.合作生态进一步优化,市场影响力持续提升

(1)长三角市场一体化迈出新步伐

长三角产权市场和公共资源交易一体化建设迈出新步伐。12月2日,2022年长三角地区国资国企联席会议上,沪苏浙皖四地产权交易机构共同签署长三角产权交易机构战略合作协议。12月22日,四地产权交易机构联合编制的《长三角产权交易共同市场建设方案》由四地国资委联合发布。8月,长三角一体化发展高层论坛上,沪苏浙皖公共资源交易主管部门签署《共同推动长江三角洲区域公共资源交易一体化发展合作协议》,开启长

三角公共资源交易一体化发展新篇章。长三角公共资源交易统一门户一体化服务平台上线试运行,完成与国家公共资源交易平台对接,建设示范区专板,实现长三角区域数据汇集、治理、分析和统计和信息披露"一网尽览"。

（2）多渠道联动宣传提升影响力

成功举办 2022 年世界并购大会、混合所有制改革暨国企民企协同发展项目推介会、首届中国国际碳交易大会、第十九届上海国际知识产权论坛分论坛暨 2022 中知路国际知识产权运营论坛、第四届长三角 G60 科技成果拍卖会等一系列重大活动,受到社会各界的广泛好评。围绕上述活动进行多元化新闻报道,多渠道发布,不断提升上海产权市场品牌影响力。

5. 积极推动数字化转型,强化信息化建设

持续升级优化新一代产权交易系统。上线不动产租赁、非公园区、破产资产处置、非优势资产处置、上海国资国企混改、融资租赁服务平台等多个交易专区,上海联交所新一代交易服务平台荣获市级"企业信息化建设示范工程"荣誉,为市国资委监管单位中唯一获得该项荣誉的功能保障类企业。赋能全市要素市场,提升服务能级。向全市要素市场各专业平台提供电子保函、国库支付、电子营业执照认证、移动 CA、云签章、专家电子签名、数据服务等统一服务功能。深化"一网交易"数据中台建设,强化数据全生命周期管理,为数据看板和国家考核提供数据支撑保障。通过 VI 智能专家行为分析和实时远程监管提升智慧监管能级,上海市公共资源交易中心综合监管平台荣获"2021—2022 年度公共资源交易科技创新成果奖"。夯实数字底座根基。持续提升集团云计算、云存储、云安全能力,打造集团专属内网,对接政务云保障工建、政采、土地等分平台网络互联互通,完成"一网交易"三级等保测评,提升"一网交易"灾备整体能级。

6. 健全完善制度体系,保障产权市场规范运作

形成较为完备的制度体系。截至 2022 年末,全所业务发展和内部管理共有制度 137 项,全年制定、修订制度 41 项,其中交易业务制度 7 项、内部管理制度 34 项;编制完成《制度汇编（2022 版）》,为全所业务发展和内部管理提供有力指引和保障。探索创新服务模式,持续提升服务效能。深入推进无纸化交易模式,无纸化受理审核交易环节占比达72%;优化审核流程,制定统一审核口径与审核工作手册,加强标准化建设;对接业务创新,做好规则制定;推进交易线上结算,实现全业务交易保证金自动结算;上线大客户小程序,为央企客户提供多项便捷高效的服务功能。

7. 持续优化公司治理,治理效能进一步提升

加强企业经营风险控制。健全集团化风控和内审工作体系,完善制度体系和工作机制;严格执行重大风险事项定期排查机制,及时上报和处置风险隐患;做好合同审核与全生命周期管理,及时进行风险提示;开展交易业务季度检查工作,督促问题及时整改到位;

完成各类审计项目12项,及时落实整改要求。夯实基础管理,完善运行管理机制,出台规范重大业务创新工作指引和业务协同工作方案。深化财务预算决算管理,加强预算执行动态监控,规范预算执行;搭建标准化核算体系,从财务会计向管理会计转型升级。推进档案系统建设,获评"上海市示范数字档案室"。

第二节　市场发展展望

2023年是全面贯彻落实党的二十大精神的开局之年,也是上海联交所实施"十四五"规划承上启下的关键一年。上海联交所将紧紧围绕"服务国资国企深化改革、服务实体经济投融资需求、服务上海国际金融中心建设、服务上海全球科创中心建设",深化实施"一体两翼多平台"业务发展战略,提升专业服务能力,持续强化基础管理。

1. 持续推动国有产权交易业务做大做强

全力巩固央企业务领先优势。提升核心竞争力,完善业务布局,加快雄安业务中心建设;建立常态化、制度化的走访机制,明确分层分级标准,加大走访机制落实效果督导。在不动产租赁、集采招投标、私募基金份额转让等领域促进业务协同,拓宽业务发展渠道。聚焦国企改革新趋势、新重点,策划举办大型混改主题推介会,提升央企业务品牌影响力。

推动长三角央企业务取得更大成效。央企业务上海(长三角)总部要建立以区域为中心的央企业务服务模式,加快建设东北、武汉等央企业务中心;深化实施"一企一策";与驻沪办、相关政府部门、各类企业建立战略合作关系,拓宽项目引介渠道;加强长三角央企交易服务品牌建设与宣传。

深入实施上海业务发展战略。深化服务国资国企改革,服务城市功能提升的战略定位目标,在巩固好传统产股权业务的同时进一步发展创新业务。加大不动产租赁业务试点力度,细化集采和招标代理业务目标,围绕区域旧改、轨道上盖、城中村改造等探索新服务模式,响应国资存量资产转让、资产证券化、非优势资产处置等资产盘活需求,形成自身特色案例。在服务"五个新城"建设基础上形成有效业务模式,拓展业务增量;围绕新城核心区域的基础设施建设、产业导入等制定服务内容,形成"一城一策"服务方案并逐步对接。加大业务集成力度,发挥业务拓展的放大效应。

2. 深化公共资源"一网交易"功能建设

推进总平台基础功能建设,全面抓好数据归集、系统优化升级、规则完善、流程优化、收费标准确定等工作,完成全流程电子化;在专家资源、远程异地评标、信用信息等方面加强与分平台的资源共享;增强综合服务能力,进一步梳理、拓展、优化综合服务功能,为分平台提供更多种类、更大力度、更具实效的服务;持续拓展业务功能,与央企服务板块协同开发具有重要基建、重大工程等类型业务的央企资源。持续推进公共资源交易长三角一体化发展示范区实体平台建设,与示范区执委会加强对接协作,逐步推动公共资源交易实体平台建设。

3. 加快推动金融及科创"两翼"业务提升发展能级

大力发展金融资产交易业务。深耕传统业务,聚焦金融央企等重点客户,切实提升业务能力、业务素养,精准施策、靶向发力,更加有效地拓展业务。融资租赁资产交易业务形成成熟的业务流程和商业模式。持续探索创新业务,聚焦有市场需求、有规模空间、有增长潜力的创新业务,组建专门团队,明确工作目标,打造能够切实解决市场需求痛点的业务模式,尽快形成规模化发展。供应链金融等创新业务品种实现更多项目落地,形成可复制模式;围绕实体经济融资难融资贵等问题,探索金融服务产品创新,打造更接地气、更具实效的业务产品。

推动知识产权板块发展再上新台阶。做大知识产权质押融资规模,推动知识产权证券化业务落地,探索知识产权质押登记电子化以及知识产权保险等服务,切实推动知识产权金融服务科技创新。进一步开发专利开放许可市场,围绕区域内金融科技、生物医药、人工智能等优势产业共建合作平台,加快推动知识产权流通运用,促进专利技术等成果更多惠及中小企业,推动中小企业、高校、科研院所及国企等主体进场交易,打造科创中心建设的重要服务区和特色功能区。

4. 持续推动其他"多平台"创新发展打开新局面

持续推动全国碳交易市场建设。做好全国碳交易机构组建工作;大力推进全国碳市场建设,加快推动政策突破,积极争取扩大纳管行业、投资机构等全国碳市场主体和优化交易细则、市场监管规则等市场政策。深化区域碳市场发展,保障上海试点碳市场平稳运行。有序推进上海碳普惠政策体系与平台体系的建设完善,实现上海碳普惠系统上线,落地碳普惠体系试点;加快绿色金融产品与服务创新,推动碳中和 ETF 指数进入内地和香港市场;支撑浦东新区开展气候投融资试点工作;发展碳管理体系应用业务,实现在长三角一体化示范区内的落地应用;加快推进氢能平台筹建,力争实现平台落地。

有效提升区域股权市场发展能级。推动上海股交中心做大私募基金份额转让业务规模,打造核心能力,在评估定价、技术支撑、交易流程方面持续改进提升;推动政府国有基金率先示范,提高国有基金份额转让效率,成立更多国有资本参与 S 基金以支持私募基金有效退出;持续开发创新产品,在权益类和固收类产品中寻求创新链接,研发基金份额与底层资产的多策略投资组合产品,引入更多金融资本入市;构建基金份额转让生态体系,不断提升服务能力。积极对接高层次资本市场,以科创 Q 板为载体,通过"大数据画像系统+政府背书+传统 IPO"的模式推进转板对接工作。

全面开展企业征信业务。持续推进上海市中小企业信用数据库和新型农业主体信用数据库建设,建立覆盖数据全生命周期的质量评估、优化及监测体系。围绕"报告类、平台类、数据类、定制类"四大产品体系打造可复制、可推广的业务产品。加大与各类金融机构业务合作力度,力争全年助力中小企业实现融资规模超500亿元。制定"增资引战"工作计划,为开辟市场空间、拓展业务领域、延伸服务链提供有力支撑。

多渠道拓展非公产权交易业务。积极对接重点产业园区,形成成熟有效的业务模式并逐步扩大覆盖范围。注重与行业协会、地方商会建立常态化联系机制。做优做大破产重组平台,加大投资人库、项目库建设,推动平台业务尽快形成规模效应。

全面深化农村产权交易平台建设。以全面落实与市农业农村委的战略合作协议为重要契机,高举"乡村振兴"大旗,聚焦"招商、招租、招标"及农村集体闲置资金造血项目"3+1"重点工作任务,形成新兴业务增长点。

打开文体旅平台发展新局面。进一步巩固和拓展国家体育总局业务,推动上海体育系统无形资产进场公开规范交易。与市体育局共同召开规范本市体育资源交易配置大会,加强与国内文旅头部企业合作,形成良好的合作生态,打开文旅业务发展新局面。

5. 推进长三角区域统一大市场建设

加快落实《关于加快建设全国统一大市场的意见》《长江三角洲区域一体化发展规划纲要》要求,有序推进产权交易信息发布、项目推介、联网交易等一体化合作。全面落实三省一市主管部门共同签署的《长三角产权交易共同市场建设方案》,加快推进地方国企和中央企业产权转让、企业增资、资产转让等全要素业务合作落地。聚焦长三角一体化示范区开发建设,探索建立示范区要素资源市场化配置实体平台。

6. 切实加快数字化产权市场建设

优化升级新一代产权交易系统,加强智能审核、基于大数据智能画像应用、市场服务推进能力及创新技术应用等,进一步完善数字联交所建设,提升掌上交易能力、业务智能化能力和大数据应用能力。深化打造"两地三中心"数字底座,优化建设异地灾备数据中心,内外交叉检查织密网络安全防护网,进一步提升网络安全水平;持续推进网络安全集团化管控,将下属机构纳入集团云防护、云检测范围,强化集团专网建设,实现集团云防护、云检测全覆盖,切实提升整体信息安全保障水平。

7. 提升服务能力全面支撑业务发展

持续提升受理审核专业水平,优化交易审核流程,加快建立与创新业务特性相匹配的审核标准与机制,逐步推进产权交易全程无纸化。深化风控体系建设,提升风控管理能级,健全统筹指导、分级负责的集团化风控工作机制,落实重点风险领域的排查和监测工作。深化细化经纪机构合作机制,全面推动《上海联交所关于加强与产权交易市场经纪机构合作发展的若干意见(暂行)》落实,系统性修订《上海联合产权交易所有限公司经纪机构管理办法》,为优化经纪机构管理、深化经纪机构合作提供坚实制度保障。对投资人库和项目库进行分类分析,提升项目推介撮合的针对性,发挥成功案例的示范引领作用。持续推进企业品牌建设,以举办新一届世界并购大会、中国国际碳交易大会、与相关区及委办联合举办重大项目推介活动等为抓手,加强各个要素平台的有机融入,形成传播合力,营造良好舆论环境。

第十二章　金融市场基础设施

第一节　上海清算所业务情况

2022年,上海清算所清算业务总规模552.6万亿元,同比增长27.6%。其中,中央对手清算150.7万亿元,同比增长0.5%;其他集中清算401.9万亿元,同比增长42.0%[①]。2022年,上海清算所登记债券31.3万亿元,代理兑付债券29.3万亿元,期末托管余额31.3万亿元,同比增长7.8%;截至2022年底,服务发行人账户7 449个、投资者账户34 535个,分别同比增长4.6%和9.5%。

1. 集中清算服务

2022年,上海清算所不断丰富清算品种、优化系统功能、提高服务质量,全力保障债券、外汇、利率、信用、大宗商品等各项清算业务安全稳定运行。

债券清算业务方面,研究优化通用回购系统功能;外汇清算业务方面,延长外汇清算时间,拓展外汇双边集中清算服务的结算功能;利率衍生品清算业务方面,稳步推动"互换通"业务研发、有序做好系统上线准备,完成标准债券远期首次实物交割;信用衍生品清算业务方面,将信用衍生品逐笔清算标的品种拓展至中资美元债和点心债,试点为逐笔清算的信用衍生品交易提供双边履约保障品管理服务;大宗商品清算业务方面,延伸拓展大宗商品清算通服务范畴。

清算规模方面,2022年,上海清算所债券集中清算402.8万亿元;外汇集中清算128.2万亿元;利率衍生品集中清算21.0万亿元,其中利率互换集中清算20.8万亿元,标准债券远期集中清算2 600.0亿元;信用衍生品集中清算177.8亿元;大宗商品集中清算5 561.3亿元。

---

① 中央对手清算包括:债券净额清算、人民币利率互换集中清算、标准债券远期集中清算、外汇中央对手清算、大宗商品衍生品中央对手清算与信用违约互换中央对手清算等;其他集中清算包括:债券全额清算、外币回购清算、外汇交易双边清算、大宗商品清算通与信用衍生品逐笔清算等。

中央对手清算业务参与者数量方面,截至 2022 年末,上海清算所债券净额清算业务共有综合清算会员 7 家,普通清算会员 58 家,代理客户 16 家;人民币外汇中央对手清算业务共有综合清算会员 9 家,普通清算会员 37 家,代理客户 31 家;人民币利率互换集中清算业务共有综合清算会员 9 家,普通清算会员 40 家,代理客户 337 家;标准债券远期集中清算业务共有综合清算会员 6 家,普通清算会员 43 家,代理客户 44 家;信用违约互换集中清算业务共有综合清算会员 5 家,普通清算会员 20 家,代理客户 2 家;大宗商品衍生品中央对手清算业务共有综合清算会员 7 家,普通清算会员 8 家,代理客户 636 家。

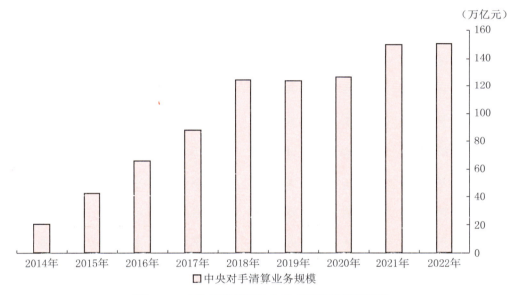

图 12-1　上海清算所历年中央对手清算业务规模

2. 发行登记托管结算服务

2022 年,上海清算所持续向市场提供高效稳健的发行登记托管结算服务,全力支持银行间债券市场高质量发展,为金融债券、非金融企业债券、货币市场工具、凭证类信用衍生品等提供发行招标、登记托管、清算结算的一站式服务。

发行登记服务方面,稳妥有序推进债券市场互联互通。精准高效服务实体企业融资,推出首批保障性租赁住房债务融资工具、科创票据、资产担保债务融资工具及类 REITs。服务政策性金融债券常态化发行。创新拓展商业银行金融债券业务。助力绿色金融发展,全年发行绿色债券 3 917.6 亿元,同比增长 9.4%。

托管结算服务方面,助力凭证类信用衍生品市场高质量发展,全年共支持创设信用风险缓释凭证 267.4 亿元,为 140 余家企业约 670 亿元债券发行提供信用保护。加快推动柜台债券业务发展,支持落地首单试点面向中小金融机构和资管机构等合格投资者的存量债券柜台交易业务和柜台债券一级市场发行业务。持续推动债券托管服务创新,有效支持理财子公司产品托管业务升级,持续完善债券违约及风险处置业务规则体系,常态化支持主动债务管理工具业务开展。

担保品管理服务方面,支持央行再贷款、常备借贷便利、中期借贷便利等货币政策操作业务。拓展创新担保品管理业务场景,落地首单保险资金协议存款相关担保品管理服务、首单证券公司收益凭证发行增信担保品管理服务,首次为绿色债券挂钩的信用衍生品交易提供担保品管理服务。优化质押式回购质押券管理功能。

债券市场对外开放方面,成功支持全球首单欧元"玉兰债"发行,持续推动"玉兰债"机制优化,实现"玉兰债"计价币种拓展至全币种的政策落地。保障"南向通"互联互通模式平稳运行,持续优化配套服务机制。完善熊猫债配套服务,全年共支持国际开发机构、金融机构、非金融企业等境外机构发行熊猫债 805 亿元,年末托管余额 1 580.8 亿元。

2022 年,上海清算所登记债券 3.6 万只、31.3 万亿元,代理兑付 3.9 万只、29.3 万亿元,期末托管余额(含"南向通")3.1 万只、31.3 万亿元;登记信用风险缓释工具 189 只、292.8 亿元,期末托管余额 468.6 亿元。

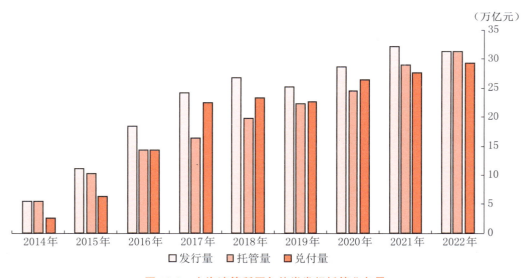

图 12-2　上海清算所历年债券发行托管业务量

3. 金融基础设施建设

2022 年,上海清算所认真贯彻落实党中央、国务院以及人民银行党委关于经济金融工作的重大决策部署,全面加强金融基础设施建设,服务央行履职与金融市场发展再取新硕果,支持上海国际金融中心建设获得新突破。

生产运营方面,面对突发疫情,第一时间启动疫情防控应急预案,实施办公场地互备、关键岗位 24 小时驻场值守等应急安排,实现同城双中心系统同步提供服务、双中心人员 7×24 小时值守,全力以赴保障生产运营不间断、业务创新不停摆、市场服务不中断。

法律基础方面,与上海金融法院密切合作,率先推动全国首例金融市场测试案例落地银行间市场,探索建立司法拍卖协助机制,助力丰富银行间市场法治供给。积极向全国人大法工委反映市场需求,成功推动场外衍生品终止净额纳入《期货和衍生品法》,服务衍生品市场高质量发展。

风险管理方面,扎实细致做好业务风险监测与管理,有序做好逐日盯市及风控测试,稳妥完成风控参数测算调整和风险资源计收,强化风险预警前瞻性和精准性,为监管提供决策参考。精准拓展风控增值服务,推出标准债券远期风险试算工具,提升市场机构风险计量的时效性、准确性和透明度。大力发展估值与指数服务,发布粤港澳大湾区、乡村振兴等 16 只债券指数,成功推出首只以上海清算所债券指数为标的的总收益互换产品,逐日完成 30 类 7 万余只固定收益产品估值定价,编制 24 条收益率曲线、6 类 65 只债券指数等。

清算会员服务方面,以多层次、系统性市场调研提升服务质效,与业务参与者深化合作互信,挖掘机构业务发展潜力。有序拓展清算参与者范围,2022 年新增普通清算会员 7 家次、非清算会员(代理客户)43 家。截至 2022 年底,共有清算会员 93 家,其中上海清算所综合清算会员 6 家,产品类综合清算会员 6 家,A 类普通清算会员 33 家,B 类普通清算会员 24 家,C 类普通清算会员 24 家。

国际合作方面,成功获得欧盟"第三国中央对手方"认证,获得美国商品期货交易委员会(CFTC)不行动函延期和英国临时中央对手方资质。向监管机构建言献策,积极参与政府间金融合作及对话机制,深化同国际行业协会及国际同业机构的业务交流合作。

4. 发展展望

2023 年,上海清算所将继续全面贯彻落实中央经济工作会议精神,紧扣新部署新要求,全力服务上海国际金融中心建设和金融双向开放大局。

一是持续稳妥有序做好债券市场互联互通和"互换通"上线准备,推动内地与香港利率互换市场互联互通顺利通车。二是加速拓展优化"债券通""玉兰债",支持柜台债券业务推广和多层次市场体系建设,助力丰富柜台债券品种和交易方式,推动债券市场高质量发展。三是推出碳配额跨境人民币清算业务、清算通数字人民币、跨境人民币清结算业务等,推动供应链金融服务发展,推进大宗商品衍生品综合服务平台建设。四是上线外币对中央对手清算和外汇双边集中清算双通道业务,支持外汇市场发展。五是拓展场外衍生品双边清算增值服务,助力衍生品市场平稳高效运行。六是积极做好金融测试案例后续落地与推广。

第二节　中央国债登记结算公司上海总部业务情况

中央国债登记结算有限责任公司(以下简称"中央结算公司"及"公司")成立于1996年12月,是26家中央金融企业中唯一一家专门从事金融基础设施服务的机构。公司于2015年7月设立上海分公司,承载着公司战略实施、业务拓展和人才培养的重要任务。根据公司战略规划,2017年12月,公司在上海分公司的基础上挂牌设立了上海总部。

公司是中国金融市场重要基础设施,从国债集中托管起步,逐步发展成为各类金融资产的中央登记托管结算机构。近年来,公司积极承接银保监会、国家发展改革委等主管部门赋予的监管支持职能,基于金融基础设施企业架构和专业优势,稳步搭建透明、便捷的金融资产中央登记平台。截至2022年末,公司登记管理各类金融资产133.3万亿元;债券登记托管总量达到96.47万亿元,占银行间债券市场总量的84.93%①。公司全资设立银行业理财登记托管中心、中债金融估值中心有限公司、中债金科信息技术公司、中债金石资产管理公司,控股银行业信贷资产登记流转中心、中国信托登记公司、中债银登不良资产交易中心,参股上海清算所和建信金融科技有限责任公司。

在各主管部门和上海市的指导支持下,上海总部坚持开放、创新、协作的发展导向,着力推进跨境发行、跨境结算、担保品管理、金融估值、金融科技等核心功能平台能级提升,探索创建离岸债券业务中心,健全区域客户体系,全力打造与国际一流金融基础设施和上海国际金融中心地位相适应、具有国际影响力的上海总部。

2022年,公司上海总部主要业务情况如下:

1.业务概况

(1)债券发行服务

2022年,中央结算公司上海总部共支持各发行主体在沪发行各类债券278期,共计7495.87亿元。其中,为上海、浙江、江苏、宁波、湖北、湖南、大连、安徽、贵州等11个省市提供了地方政府债券发行服务,年内支持发行62期,共计2357.39亿元;年内支持金融债发行57期,共计3940.50亿元;落实债券发行注册制改革,全年在沪受理企业债317支,申报规模逾4986.69亿元,支持各类企业债券发行146期,共计1106.60亿元;全年支持资产

---

① 注:不含同业存单数据,下同。

支持证券发行 13 期,共计 91.38 亿。

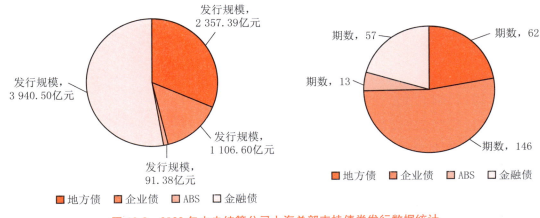

图 12-3　2022 年中央结算公司上海总部支持债券发行数据统计

数据来源:中央结算公司上海总部。

（2）"明珠债"业务

为贯彻落实上海国际金融中心、自贸试验区和浦东引领区建设等战略部署,公司与市场机构共同创新发展上海自贸区离岸债券——"明珠债"业务。"明珠债"是在国家发改委企业外债管理框架下,依托上海沃土服务境内外主体离岸直接融资需求的积极探索。在各市场主体的积极参与下,2022 年全年,公司共支持上海自贸区离岸债券发行 62 期、约 385 亿元(等值),实现首次双币种发行、首次双交易所挂牌等多项"首单"创新,并成功落地 4 单二级市场现券交易结算,实现一、二级业务有效联动,业务取得跨越式发展。

（3）跨境互联合作与国际客户服务

公司作为中国债券市场开放的主门户,全面服务银行间债券市场直接投资("全球通")模式、香港"债券通"模式及作为全球簿记管理人服务澳门 MOX 模式,为境内外机构提供安全、高效、领先的解决方案,助力中国债券市场开放不断深化。

2022 年,公司对接市场需求,持续推进全球通服务升级,进一步巩固主渠道地位。公司推进英文客户端、互联网开户、非交易过户线上化、跨境 ETF 实物认申赎等多项服务优化。成功推出新版客户服务协议(结算代理人版),实现首批 7 家结算代理人新版通用服务协议签署落地,市场覆盖范围近 80%。成功落地"一级市场直通车"服务,实现债券认购分销业务的线上化、直通式处理,便利境外投资者参与一级债券市场。落地与新交所"明珠债"挂牌合作,完成协议签署并已实现应用。升级打造"中债视界"国际客户交流平台,多维度提升中债客服品牌国际影响力。编制英文版企业标准,便利境外投资者了解熟悉业务制度。

截至2022年末,公司共支持526家境外机构投资者通过"全球通"主渠道开立债券账户1 406户,托管人民币债券余额2.53万亿元,占公司托管境外机构持债总额的81.13%。

（4）担保品业务

中债担保品业务中心2017年落户上海,紧密承接上海国际金融中心建设战略,服务长三角地区金融要素市场与各类金融机构,持续发挥债券市场"风险管理阀门"与"流动性管理中枢"的重要作用,从支持宏观调控到保障微观金融交易,逐步形成全方位的担保品管理体系。截至2022年末,公司管理的担保品规模20.94万亿元,服务机构类客户3 700余家,连续六年居全球中央托管机构首位。

一是在支持宏观政策调控方面,公司积极响应人民银行货币政策创新,为中期借贷便利（MLF）、常备借贷便利（SLF）、支小/支农/扶贫再贷款、碳减排支持工具、支持煤炭清洁高效利用再贷款等货币政策工具提供担保品管理服务。2022年全年公司支持人民银行完成11项货币政策工具共计34期操作,业务操作量3.32万亿元,实现各类专项再贷款业务DVP结算和信贷资产担保品管理在货币政策业务中全面应用。公司有力支持财政政策实施,为全国36个省、市及自治区地方国库现金管理业务提供担保品管理服务,帮助地方财政部门有效管控风险,充分保障国库资金安全。2022年全年公司支持地方财政部门国库业务操作6 400余笔。为财政部定制化设计并开发地方国库现金管理风险预警和监测系统功能,助力主管部门筑牢风险防控底线。

二是深化在沪要素市场互联互通方面,公司继续推进与中金所、上期所等期货交易所的互联合作,牵头与期货市场系统直联项目;与广期所签署合作备忘录,推动广期所建立债券作为保证金制度;配合期货市场合格境外投资者入市工作,完善境外机构参与境内期货市场交易的制度衔接。截至2022年末,债券充抵期货保证金业务管理中担保品余额1 821亿元,助力金融要素实现跨市场联通。公司与外汇交易中心合作,升级外币回购业务模式,新增外币回购质押、买断业务模式,并落地首笔以境内美元债作为担保品的外币回购业务。截至2022年末,已有62家机构开通外币回购业务资格,全年共支持各币种融资规模近2 000亿美元,助力上海多层次资本市场建设。

三是在服务金融市场方面。公司不断探索担保品管理创新发展,服务领域和客群持续拓展;首次在绿色金融领域引入担保品管理机制,首创"标准化绿色债券担保品池"和"合格担保品范围扩容"模式;首次在境内场外衍生品市场引入担保品管理服务,成功支持4家机构在场外交易中使用债券作为担保品,建立更加安全、高效的履约保障机制;首次在国家融资担保基金存款业务引入资金定价系统和担保品管理服务,起到良好示范效应;通用式服务理念持续渗透,成功拓展至地方社保基金管理等9类业务场景,业务规模稳步攀升。截至2022年末,上述产品创新服务累计操作量达5 125亿元,进一步满足金融机构创新业务发展需求。

（5）中债价格产品服务

中债金融估值中心有限公司（简称"中债估值中心"）是中央结算公司基于中央托管机构的中立地位和专业优势，历经20多年精心打造的中国金融市场定价基准服务平台，2017年落户上海。近年来，在主管部门和市场成员的大力支持下，中债价格指标已发展成为国内债券市场权威定价基准，以及全面反映人民币债券市场价格及风险状况的指标体系，在配合主管部门监管措施落地、助力防范金融风险等方面发挥着重要作用，有力支持国内金融市场的发展。

中债估值被银行间债券市场参与机构广泛采用作交易监测的基准，防范利益输送和异常交易；银行业金融机构以中债国债等收益率曲线作为公允价值计量基准和市场风险管理基准，推动商业银行实现巴塞尔协议风险控制的要求；基金公司广泛采用中债估值作为基金持有债券资产净值计算的基准，有效降低公允价值计量的成本，提高风险管理的效率；保险机构广泛采用中债国债收益率曲线作为保险准备金计量基准，支持了保险机构利率市场化条件下的稳健发展；审计和司法判决领域也越来越多使用中债估值作为债券资产相关的公允价值度量依据。截至2022年末，中债估值中心每日编制发布覆盖全市场所有债券品种和各信用级别的收益率曲线约3 500条、各类资产估值约13万余条、指数约1 500余支、中债市场隐含评级5.4万余条，中债市场隐含违约率9.7万余条，中债VaR50.8万余条，中债ECL25万余条，中债SPPI约9.4万余条，有效履行了定价基准服务平台功能。

一是进一步完善价格指标产品服务体系。2022年，公司推出利率债实时收益率产品，发布时间间隔5分钟，产品质量、发布频率均领先于同业，进一步提高债券市场流动性和定价有效性，助力防范化解金融风险。丰富债券收益率曲线族系，扩展基准定价的深度和广度，发布首批股票与多资产"固收＋"指数，发布以LPR为基准的浮动利率曲线、证券公司次级债曲线，并增加商业银行同业存单曲线标准期限，为市场提供更为丰富的定价参考依据。支持金融机构满足资管新规和新会计准则监管要求，拓展理财直融工具、保险资管、信托等资管产品估值服务。发布中债指数业绩归因，助力市场参与者分析投资组合业绩来源、衡量投资组合业绩表现。推动中债DQ金融终端建设取得重要突破，完成PC客户端改版，上线多个新产品模块，进一步提升公司产品服务便捷性与可触达性。

二是积极践行绿色发展理念。2022年，公司实现中债ESG指数在理财产品的首次落地。推出聚焦绿色主题资产配置的股债混合型指数，丰富资本市场多元资产配置选择。与中碳登联合发布中国碳排放配额系列价格指数以及电力行业优质转型企业信用债指数，助力碳市场建设以及跨市场协同。为中金公司、国寿投资公司定制ESG方案，建立咨询解决方案新服务模式，推出碳主题数据库，夯实可持续金融服务产品体系，ESG评价覆盖范围拓展至北交所及科创板，成为市场唯一一家覆盖债券发行人及上市公司近9 000家主体的第三方评价机构。与国际资本市场协会合作撰写《中国 ESG 实践白皮书》并举办年度策略论坛,积极发声提高国际影响力。

三是全力支持区域协同发展战略。公司丰富长三角系列债券指数并取得良好应用。截至 2022 年末,长三角系列债券指数已包含 11 只(其中 4 只指数为与市场机构联合研发的定制指数),涵盖地方政府债、绿色债券、高等级信用债等热点分类,并成功支持首只长三角地区信用债指数基金的发行,为推动长三角地区企业融资与实体经济发展贡献力量。

四是深入推进中债价格指标应用。公司构建美元中国主权债曲线,提升境外债估值准确度,完善境外曲线估值产品对风险的刻画。与贝莱德公司首次达成指数定制业务合作,实现中债 ESG 指数在理财产品首次落地。完成在国际知名金融信息平台彭博终端上中债指数展示升级,触达全球金融市场投资者,持续提升上海价格的国际影响力。

(6)上海 IT 板块

在国家"稳妥发展金融科技,加快金融机构数字化转型"、上海"着力形成具有全球影响力的科技创新中心的核心功能,在服务国家参与全球经济科技合作与竞争中发挥枢纽作用"等战略要求下,公司已在上海建成符合国家 A 级机房标准规范、对标国际最高 Uptime T4 等级的上海数据中心,设立中债数字金融科技有限公司,打造支撑全球人民币债券市场运行的一体化信息系统开发测试运行基地。中债数字金融科技有限公司包括上海数据中心、上海研发中心及测试团队两大核心板块,并已获得高新技术企业资格认定。

上海数据中心于 2018 年落户张江银行卡产业园,2020 年顺利竣工,2021 年正式投产启用。2021 年,上海浦江同城数据中心全面完成基础环境部署并投产启用,公司两个"两地三中心"规划架构全面实现。2022 年,公司持续推进基于两个"两地三中心"的多中心容灾环境建设,推动业务连续性提升工程建设,持续完善多中心统一运维体系,对标国际先进管理标准和业界最佳实践,获得 ISO 20000 和 DCMG 双体系认证,有效支撑债券市场平稳运行。强化核心技术自主可控,加速信创体系建设与架构转型,规划基础设施云底座,完善基础软件版本管控和滚动升级机制,优化对外托管服务机制,提升服务水平。积极推动绿色低碳数据中心建设,光伏发电如期并网投产,"制冷装置"获得实用新型专利授权。

上海研发中心及测试团队着力打造在沪金融科技研发及测试力量,助力业务运营提质增效和创新场景应用,积极开展大数据、人工智能、移动应用等新技术研究和场景落地,以金融科技服务支持公司估值、担保、跨机构发行结算等创新业务发展。2022 年,公司持续推进敏稳结合的研发能力建设,完善研发测试流程工艺,不断提升软件研发效率和交付质量。在估值领域推进生产编制全链路系统化、数字化,构建大数据平台,实现海量金融数据入湖,提供一站式数据综合服务,并全新推出移动版金融信息终端;持续优化升级担保品业务系统,以信贷资产管理、中金所直联、参数模版管理、多层级敞口覆盖等场景为试点进行探索;积极拓展移动服务模式,打造移动渠道技术底座,支持中债路演平台 APP 开发上线,保障发行路演和业务培训工作顺利推进;新一代不良贷款转让系统及计费系统顺利推向市场。

2. 总结与展望

立足新发展格局,2023年公司上海总部将紧密对接上海国际金融中心能级提升与浦东建设社会主义现代化引领区等战略要求,全面推进人民币债券市场开放创新,工作要点如下:

(1) 做好债券发行服务,支持服务实体经济

公司将继续抓住金融支持实体经济的主线不动摇,多维提升支持发行融资能力,稳妥做好华东、华中等11省市地方债及各类金融机构债券的发行支持工作;规范做好企业债券受理、存续期工作,提升窗口服务水平、扩大服务辐射范围;聚焦长三角一体化战略,探索创新品种孵化;关注市场需求,推动企业债券服务创新和机制优化。

(2) 贯彻落实中央部署,积极开展离岸债券业务创新

公司将继续贯彻落实党中央部署,持续推动离岸债券业务创新,提升对境内实体经济运用境内境外两个市场、两种资源的支持能力,由点及面,做大规模,夯实离岸债券业务全生命周期服务;加强整体设计,加快完善离岸债券业务规则体系,推动建立健全离岸债券二级市场机制,完善优化系统功能平台,以安全高效的基础设施服务,助力离岸债券市场的稳健发展。

(3) 进一步拓展国际化业务,助力债市开放

公司将继续发挥债券市场开放主门户作用,优化升级"全球通"机制,与市场机构合作共赢,加强国际客户营销与服务,不断丰富境外投资者入市投资产品谱系和便利服务;加强与各国CSD/ICSD、全球托管行、境外交易所、电子交易平台等对接合作,打造跨境合作新生态,探索既尊重中国债券市场情况,又能平稳对接境外实践的升级版互联方案,助力上海建设全球人民币资产管理中心与人民币跨境使用枢纽。

(4) 升级优化产品服务体系,推动担保品管理服务价值链延展

公司将不断创新面向国际的金融服务产品,持续拓展通用式担保品管理服务、外币回购、债券借贷等创新应用,完善在沪金融服务体系;统筹在岸和离岸市场应用,持续推动人民币债券纳入国际合格押品池,丰富担保品机制在自贸区项下金融业务中的应用,打造人民币金融体系的"流动性中枢"和"风险管理阀门"。

(5) 完善金融市场基准价格体系,提升"上海价格"影响力

公司将进一步丰富和细化中债收益率曲线,不断扩大覆盖范围;持续推进多资产估值体系建设;丰富中债指数族系,拓展指数在资管行业的应用范围;加大新金融工具会计准则产品创新探索力度;持续推进绿色债券价格指标产品构建,丰富绿债主题、碳主题等系列指数体系,完善中债ESG产品体系及应用,助力上海建设国际绿色金融枢纽;加强中债

Dr.Quant 金融终端功能迭代升级和市场推广；持续推进市场机构的培训、服务与交流。

（6）聚焦金融科技主线，打造数字化科技赋能体系

公司将继续强化金融科技赋能业务，集中力量推进重大项目建设。运用金融科技赋能业务创新发展，积极推进云平台、区块链、隐私计算、人工智能、实时计算等新技术前瞻性研究和业务场景落地。坚持核心技术自主掌控，不断深化业务 IT 融合协同和稳敏结合的研发模式，持续提升科技研发能力。加固风险防御能力，实现最高等级容灾能级。推进数据中心绿色低碳发展，持续提升运维自动化、智能化水平，打造自主可控、稳定安全、高效智能的数字化基础设施。

第三节　中国证券登记结算公司上海分公司业务情况

1. 业务运行概况

截至 2022 年底，中国结算上海分公司存管各类证券 30 552 只（股票 2 248、债券 27 127 只、基金 631 只）。2022 年代扣代缴 A 股交易印花税 966.23 亿元，较 2021 年减少 15.46％。

表 12-1　沪市证券登记结算业务概况

业务类型	2022 年	2021 年	同比
新增投资者数（万）	1 378.32	1 781.11	−22.61％
期末投资者数（万）	21 107.29	19 635.4	7.50％
登记存管证券只数（只）	30 552	22 532	35.59％
登记存管证券总市值（万亿元）	65.43	70.25	−6.86％
非限售市值（万亿元）	58.88	60.00	−1.87％
结算总额（万亿元）	1 726.92	1 516.80	13.85％
结算净额（万亿元）	52.94	50.81	4.19％

2. 业务运行特点

一是全力支持实体经济高质量发展。2022 年办理新股发行上市 154 只，融资额 3 654 亿元；办理各类债券登记 8 619 笔，托管总量 4.81 万亿元。完成 9 只公募 REITs 发行上市登记结算工作，进一步创新投融资机制。科创板运行平稳，科创板 CDR 存托人个性化收取存托费优化落地，当年完成科创板发行登记 123 家，融资额 2 013 亿元。推出受信用保

护债券质押式回购,持续优化受信用保护债券质押式回购,保障 71 只信用保护凭证登记上市,受理 47 只债券受信用保护债券回购资格申请,助力解决民营企业"发债难"问题。助力优化 B 股市场,新建沪市 B 转 H 系统,首单华新水泥已在港上市。

表 12-2 证券登记结算业务明细

业务类型	2022 年	2021 年	同比
上市公司发行登记(家)	577	601	-3.99%
股票权益(笔)	1 838	1 661	10.66%
债券初始登记(笔)	8 619	8 957	-3.77%
债券兑付兑息(笔)	39 125	32 293	21.16%
日均划拨资金金额(亿元)	5 890	4 612	27.7%
日均划拨资金笔数(笔)	12 186	25 056	-51.4%

二是持续强化风险管理。抓好债券回购风险监测,每日跟踪融资主体回购预欠库情况,共完成 489 次预欠库提示,全年仅 17 个账户发生欠库扣款 1 735.75 万元,同比减少 59.54%,且无账户发生连续欠库;持续完善质押券风险兑付排查机制,合计排查质押券 1 284 只;持续完善质押券风险排查机制,完成 10 个敞口、907 家发行人年度内评工作。完成核心主机更新换代项目建设,完成机房搬迁,制定应急预案并实施"火种计划",实现同城两地办公"双保险",组织完成数十场应急演练,确保紧急情况应急处理能力及业务连续性保障能力。

表 12-3 债券质押式回购业务

业务类型	2022 年	2021 年	同比
债券质押式回购日均交易量(亿元)	14 390	12 680	13.49%
日均回购未到期规模(亿元)	26 162	22 823	14.63%

三是夯实基础设施制度建设。优化常态化退市机制,保障沪市 17 家退市公司退得下退得稳,并在 45 个交易日内完成三板挂牌工作,切实提升退市挂牌效率。转板证券跨市场转登记业务落地,实现跨市场直通式登记信息切换。落地证券出借及转融通业务实施市场化约定申报机制,实现实时申报及成交,扩大券源供应,增加战略投资者配售股份参与出借。电子联行系统项目顺利上线,全面提升资金划拨服务水平。有序推进 A 股 DVP 结算制度改革。

推出跨沪港深 ETF 新品种与 ETF 集合申购试点。推出中证 500ETF 期权。全年累计权利金结算金额 6 475.22 亿元,同比下降 21.35%。

表 12-4　股票期权业务

业务类型	2022 年	2021 年	同比
期末衍生品合约账户数(万户)	59.14	54.26	8.99%
股票期权合约日均持仓数量(万张)	486.35	492.49	−1.25%
股票期权日均权利金结算金额(亿元)	26.76	33.88	−21.02%
日均维持保证金(亿元)	144.87	170.43	−15.00%
行权累计清算金额(亿元)	100.36	95.41	5.19%
累计行权清算证券(亿份)	31.41	26.47	18.66%

表 12-5　债券跨市场转托管业务

业务类型	2022 年	2021 年	同比
跨市场转托管(笔)	22 823	22 900	−0.34%
跨市场转托管金额(亿元)	18 952	18 807	0.77%

四是全力支持资本市场更高水平开放。ETF 纳入互联互通标的,持续推进交易日历优化及人民币柜台港股通方案。推出境外机构投资者直接投资交易所债券市场。

表 12-6　跨境业务

业务类型	2022 年	2021 年	同比
港股通公司行为(笔)	1 715	1 645	4.26%
港股通结算总额(亿元人民币)	31 348.86	37 432.50	−16.25%
港股通换汇折合人民币(亿元)	2 752.02	3 987.83	−30.99%

五是不断健全投资者保护机制。2022 年在线协助司法执行 1 029 件,同比增长近23%;在总结 2021 年新《证券法》实施后全国首例证券纠纷代表人诉讼案件基础上,持续落实证券纠纷代表人诉讼执行常态化工作部署,协助建设以信息披露为核心的全面注册制改革的司法保障机制,配合制定并发布实施《证券纠纷代表人诉讼协助工作指引(试行)》。结合市场投资者咨询热点,不定期制作发布投教长图文。组织开展中国结算3·15、5·15 投资者保护活动及金融知识普及月宣传活动,为 300 余家券商分支机构共计 800 余名员工就投资者业务进行在线培训交流。

六是全方位提升服务质效和水平。响应市场关切,推进各项日常业务数字化转型。港股通 H 股红利派发业务启动线上申报,部分 ETF 申购优化结算模式。推出债券本息自助分派,12 个环节改为系统自动处理,单笔耗时由 30 分钟降至 4 分钟。送股由 R+2 缩短至 R+1 上市流通。强化客服热线管理,解答客户来电和在线咨询 4.96 万单,占京沪深三地总量 38%。

七是夯实信息技术基础,加强网络安全管理。提升核心系统效能,开展分布式计算框架建设,并完成部分核心业务系统下移试点验证。开展国产分布式数据库试点应用。开展混沌工程、容器化数据库平台建设,探索云原生技术应用。稳步推进系统信创迁移改造,持续夯实技术系统基础,开展技术维护优化,完成核心主机平台升级后的跟踪保障及性能调优工作。从网络安全、数据安全、系统安全、应用安全等维度加强信息安全管理。响应市场需求,启动京沪深统一综合通信平台建设。开展指标日志异常检测系统建设,建设债券业务监控平台,推进日终总股本对账智能化改革等优化项目,不断提升运维智能化精细化水平。

3. 发展展望

2023 年,内外部环境依然复杂多变,国内经济恢复的基础尚不牢固,但中国经济长期向好的基本面没有改变,今年经济运行有望总体回升。当前最重要的任务是把党的二十大精神落实到建设中国特色现代资本市场各项工作中。登记结算工作将紧密围绕资本市场支持服务实体经济、促进高质量发展的中心任务持续开展和进行,以人民为中心,坚实服务创新发展,助力上海国际金融中心建设,配合上交所等市场主体做好全面注册制改革各项工作,推进沪市股票退市常态化流程优化,保障和优化转板上市证券跨市场转登记,持续做好科创板深化优化、股票债券融资支持工作。做好登记结算基础制度优化完善,有序推进资本市场双向开放各类项目落地。助力营商环境改善,推进用户友好的电子化智能化建设,持续简化业务审批环节和办理手续,拓展业务在线办理应用范围,用数字化转型带动服务高质量发展。

同时坚持强化风险管理,全力防范化解系统性风险,优化改进结算风险管理手段,深化技术系统架构转型升级,强化网络安全管理建设。推进新一代登记结算系统建设、网络基础建设等方面工作,进一步扩大安全可控技术应用范围,加强核心技术联合攻关,提升自主掌控能力。

第四节　跨境银行间支付清算公司业务情况

1. 2022 年 CIPS 系统运行概况

(1) 系统保持安全稳定运行,业务量稳步增长

2022 年,CIPS 系统稳定运行 249 个工作日,共处理跨境支付业务 440.0 万笔,金额

96.7 万亿元,分别同比增长 31.7% 和 21.5%。截至 2022 年底,CIPS 系统已连续平稳运行 1 811 个工作日,累计处理各类支付业务 1 525 余万笔,金额逾 301 万亿元;日均处理笔数从 2016 年的 2 500 多笔增加到 17 000 多笔(2022 年前 12 个月日均,下同);日均处理金额从 2016 年的 170 多亿元增至 3 800 多亿元。

(2) 参与者数量持续增加

截至 2022 年底,CIPS 系统共有直接参与者(直参)77 家,其中境外 36 家,境内 41 家;间接参与者(间参)1 283 家,分布在全球 109 个国家和地区(其中亚洲 978 家,欧洲 188 家,非洲 47 家,北美洲 30 家,大洋洲 23 家,南美洲 17 家)。其中,302 家间参来自"一带一路"沿线的 49 个国家和地区(不含中国大陆及港澳台地区)。CIPS 系统实际业务覆盖全球 181 个国家和地区的 4 000 多家法人银行机构。

(3) 系统功能持续完善

为更好满足跨境人民币业务需要,提升金融基础设施服务效能,公司不断完善 CIPS 系统功能。2022 年 1 月,CIPS 港币汇款功能上线,提供港元客户汇款和金融机构汇款业务,更好支持债券通"南向通",为两地债券交易提供跨境人民币和港元清算服务,助力提升上海直接融资规模水平,有效服务实体经济发展。目前,CIPS 系统支持跨境贸易和直接投融资结算、跨境汇款、金融市场业务(DVP、PVP、CCP)等业务种类。

(4) 聚焦产品服务创新,提升 CIPS 服务可获得性

2020 年,跨境清算公司根据市场需求,研发推出 CIPS 标准收发器。2022 年,为进一步提升产品性能、强化功能、优化体验,简化操作,公司对 CIPS 标准收发器进行全面升级,以数字技术创新融合为主线,联合市场主体共同推出跨境创新服务终端机(CISD)。CISD 采用国际金融业通用报文标准 ISO 20022 和全球法人机构识别码(LEI),集成支付透镜、汇路优选等创新服务,支持信用证、保函、托收等各类常用国际结算工具。

CISD 将 ISO 20022 和 LEI 融入跨境支付业务场景,符合二十国集团(G20)"促进跨境支付路线图"规划的典型基础构件,便利了境内外金融基础设施和用户以更低的成本、更开放的方式、更高效的接入实现互联互通,从而促进中国金融市场对外开放。2022 年 6 月,金融稳定理事会(FSB)发布报告,以专栏形式介绍了 CIPS 将 LEI 应用到跨境支付领域,并创新推出 CISD 纳入 LEI 和 ISO 20022 等金融数据交换标准的做法。

截至 2022 年末,CISD 终端产品的申请机构超过 2 350 家,所在地域除西藏外,实现境内各省级行政区全覆盖,同时覆盖中国港澳台地区,以及韩国、新加坡等 7 个国家。

另外,公司于 2021 年推出 CIPS 数据服务 APP,2022 年以来不断完善和新增功能,推出跨境支付汇路指南、参考数据、跨境支付数据洞察等多项功能。其中,跨境支付汇路指

南是基于真实的人民币跨境支付业务数据挖掘、联合 CIPS 参与者共同维护的全路径人民币跨境支付汇路信息数据库,覆盖了全球 170＋个国家和地区,3 800＋家银行机构,形成了百万条汇路关系,包含汇路优选、汇路共建、报文填写助手、CIPS 参与者信息等功能的一站式服务。

（5）持续开展金融基础设施互联互通探索

2022 年,中国外汇交易中心以直参身份接入 CIPS 系统,进一步丰富 CIPS 参与者类型,金融基础设施互联互通的探索彰显成效。跨境清算公司与中国外汇交易中心、上海清算所加强合作,从便利境外投资者配置人民币金融资产、更为便捷地进入上海金融市场角度进行业务设计,通过中国外汇交易中心与彭博等境外电子交易平台建立连接,上海清算所与香港债务工具中央结算系统（CMU）建立连接,CIPS 作为指定资金结算通道,实现了交易、托管、结算过程紧密衔接,为境内外投资者通过 3 家金融基础设施买卖香港与内地债券市场交易流通债券建立了可靠机制。

2. 2023 年一季度业务情况

一季度,CIPS 系统共处理支付业务 137.2 万笔,同比增长 62.5％,环比增长 4.4％;金额 25.2 万亿元,同比增长 12.6％,环比下降 3.4％。季度业务笔数创历史新高,人民币国际支付"主渠道"作用进一步加强。

一季度,CIPS 系统新增 2 家直参,分别是中银泰国,中银卢森堡,新增 65 家间参。截至一季度末,CIPS 共有 79 家直参,1 348 家间参,间参分布在全球 109 个国家和地区（其中亚洲 1 005 家,欧洲 225 家,非洲 48 家,北美洲 30 家,大洋洲 23 家,南美洲 17 家）。CIPS 间参中有 345 家来自"一带一路"沿线,涉及沿线 49 个国家和地区（不含中国大陆及港澳台地区）。

3. 2023 年展望

2023 年,我公司将围绕加快推进自主可控跨境支付清算体系建设,努力在强系统、接机构、促互联、优服务等各项重点任务中取得积极进展。持续优化 CIPS 系统功能,完善系统流动性安排,提升市场主体支付效能;加快市场拓展和服务,继续与金融基础设施探索互联互通合作,拓展更多机构成为参与者,努力建设更便利、更高效的跨境人民币清算网络;坚持共商共建合作理念,积极与市场机构开展产品和技术创新合作,持续丰富产品功能、加大产品推广力度,推动金融创新产品落地应用;提升跨境支付领域规则标准建设水平,加强风险管理,保障上海国际金融中心人民币资金跨境流通的"大动脉"畅通,发挥金融基础设施服务上海国际金融中心建设的作用。

专栏 15

上海清算所支持加快推动柜台债券业务发展改革措施落地

2022 年 10 月，上海清算所支持浦发银行、中国银行作为柜台债券业务开办机构，先后推出全市场首单和国有大行首单试点面向中小金融机构和资管机构等合格投资者的存量债券柜台交易业务，兴业银行也同期推出相关业务。这标志着继 2002 年《商业银行柜台记账式国债交易管理办法》（中国人民银行令〔2002〕第 2 号）支持个人和企业购买国债，2014 年中国人民银行公告〔2014〕第 3 号增加政策性金融债、铁道债等券种，2016 年《全国银行间债券市场柜台业务管理办法》（中国人民银行公告〔2016〕第 2 号）放开投资券种、丰富交易方式、扩大参与者范围、明确投资者适当性管理等制度之后，符合《全国银行间债券市场柜台业务管理办法》要求的机构投资者，通过柜台渠道投资和交易银行间市场债券业务正式落地。

近年来，上海清算所坚决落实提高直接融资比重、加大服务实体经济力度有关精神，踔厉深耕柜台债券业务，积极拓宽投资理财渠道，携手发行人、开办机构面向广大个人与企业投资者推出了自贸区债券、政策性金融债等多项柜台债券创新产品，合作开办机构数量和业务办理规模持续增加。此次落实中国人民银行有关加快推动柜台债券业务发展决策部署，在《全国银行间债券市场柜台业务管理办法》的框架下，为金融机构投资者提供便利灵活的基础设施服务，支持商业银行为客户提供投资与做市交易一体化、托管结算灵活便利的债券业务服务，是上海清算所聚焦现代金融基础设施机构建设，服务央行履职，提升金融服务实体经济水平的又一项重要举措，有利于激活开办机构，满足市场多样化、个性化投资配置需求的同时，活跃市场交易，提升银行间债券市场的包容性和运行效率。

下一步，上海清算所将继续在中国人民银行指导下，力争在新时代新征程上为全面推进中国式现代化、走中国特色金融发展之路、助力新时代上海国际金融中心建设，贡献更大力量。

专栏 16

上海清算所创新推出清算通供应链金融服务

2022 年 6 月，上海清算所主动响应党中央、国务院关于稳增长稳市场主体的号召，策应长三角一体化发展、上海国际金融中心建设等重要战略任务，发挥金融基础设施作用,基于大宗商品现货清算业务(简称清算通)打造的良好生态环境,协同华夏银行、上海银行以及相关现货平台创新推出了清算通供应链金融服务。

该服务以大宗商品产业链中小微实体企业为主要服务对象,具备基于真实贸易背景、主要依据物权和货值、全流程线上化的独特优势,能够有效克服传统线下融资业务面临的中小微企业主体信用不足、贸易背景及资金用途真实性难以把控等痛点难点,助力缓解中小微企业融资难融资贵问题,金融服务进一步向实体经济末梢延伸。

清算通供应链金融服务的创新推出,是贯彻党的二十大关于支持中小微企业发展精神的重要举措,有助于提升服务实体经济和长三角高质量一体化发展的能级,持续加大对以中小微企业为主的实体经济直接融资支持力度,引导资金为落实国家重大战略部署和产业的发展赋能增效,为上海国际金融中心建设添砖加瓦。

专栏 17

中央结算公司推出债券一级市场认购分销业务直通式服务

随着中国债券市场快速发展,境内外投资者对全方位参与债券市场投资的需求逐步提升。中央国债登记结算有限责任公司(以下简称"中央结算公司")立足国家重要金融基础设施职能,持续推动和扩大人民币债券的全球吸引力,着力推进产品服务创新。

针对目前认购分销线下方式的债券信息分散、人工处理繁杂、数据不够通畅等问题,中央结算公司立足调研实践、响应市场诉求,推出债券一级市场认购分销业务直通式服务(即"一级市场直通车"服务)。该服务在不改变现有债券认购分销业务内容和流程的基础上,与债券市场专业服务平台合作,提供线上化、直通式处理的服务方式,实现标准化新债信息推送、认购订单线上汇总、分销协议线上达成、数据全程留痕等功能,进一步扩大中国债券发行信息展示与宣传,助力穿透监管、维护债券市场安全高效运行。

自推出以来,"一级市场直通车"服务已成功支持 10 余家市场机构完成政策性金融债、企业债券等多品种债券的认购分销业务,累计近 30 家承销商和投资者完成业务权限开通,覆盖商业银行、证券公司、资产管理公司、基金管理公司等各类金融机构。

下一步,中央结算公司将贯彻落实主管部门决策部署,积极支持债券市场创新发展,继续提供安全、高效、专业的服务,忠实履行国家金融基础设施职责,为我国金融市场高质量健康发展持续贡献力量。

专栏 18

绿色债券担保品管理应用

近年来,上海充分发挥金融要素市场集聚优势,大力推动绿色金融发展,深入探索绿色金融改革创新,促进经济社会全面绿色低碳转型,为落实"双碳"目标提供高质量金融保障。在此背景下,中央国债登记结算有限责任公司(以下简称"中央结算公司")积极拓展服务领域,率先提出绿色担保品管理理念,首创"标准化绿色债券担保品池"和"合格担保品范围扩容"模式,将绿色可持续发展理念带入金融市场业务各个环节,促进绿色金融市场发展建设。

在提出绿色担保品管理理念方面,中央结算公司在充分调研国际经验并结合国内绿色债券市场实际的基础上,率先在国内提出绿色债券担保品管理服务理念,填补了国内绿色担保品管理产品的"空白"。一方面,该理念提出了担保品管理框架的绿色效应,即:在绿色金融市场引入担保品管理框架,将绿色债券以担保品的形式运用起来,既有利于盘活债券资产、促进流动性,又借助担保品管理天然的工具属性,可将绿色基因融入金融市场各环节中;另一方面则是提出绿色债券担保品管理工具的关键性研发要点:考虑到绿色债券以信用债为主的特点,担保品管理机构需首先解决资产分布零散、管理效率低、信用等级不足、参与渠道缺乏等关键性问题,筛选高质量绿色资产作为信用扩张边界,实施开放业务场景、设置标准化参数、聚合池化管理以及实时风险监测等专业管理手段,才能将绿色债券担保品应用真正落到实处。

在标准化绿色债券担保品池方面,2022 年 6 月,基于绿债担保品管理服务理念,中央结算公司创建了全国首个标准化绿色债券担保品池,以第三方担保品管理为核心,将零散的高品质绿色债券整合形成统一的资产池,实现风险敞口安全性、资产管理高效性以及绿色效应显著性等多个方面的平衡。其中,绿色债券担保品池中全部为经人民银行、发改委、证监会等官方机构认定的绿色债券,合格担保品范围包括利率债和 AA＋以上信用类债券,该类资产规模已达近 5 000 亿元。

在合格担保品范围扩容方面,标准化绿色债券担保品池成功推出后,中央结算公司持续推动绿色债券担保品管理再升级,联合市场主要的质权方机构,定向推进其合格担保品范围扩容,纳入优质绿色债券担保品。升级后模式与绿色债券担保品池的标准化管理模式互为补充:一是该模式从优化机构内部担保品管理机制的角度出发,以发挥一对多的辐射带动作用为主要目标,通过国有行、股份制行,带动其城商行、农商行等对手方团体形成绿色集群。二是该模式采用单一质权方和多个出质方的一对多结构,满足质权方个性化需求,此外,参数标准可以由质权方根据自身业务需求,进行灵活设置和管理。截至2022年末,中央结算公司绿色债券担保品管理总额超450亿元,产品签约数量93家,标准化新产品应用规模同比增长约7倍。

　　未来,中央结算公司将持续提高绿色金融服务能力,推动绿色金融产品创新,拓宽绿色金融服务领域,助力上海建设绿色金融生态服务体系,打造上海国际绿色金融枢纽。

专栏 19

加强金融科技应用、推动标准体系建设

一、加强在沪机构合作、开展产品和技术创新

　　跨境清算公司积极与在沪机构开展产品和技术创新合作,持续完善跨境支付产品体系,便利人民币跨境支付业务开展,吸引更多金融机构加入CIPS,提升上海国际金融中心营商环境和吸引力。

　　2022年,跨境清算公司积极开展产品研发创新和推广应用,在此前推出的CIPS标准收发器产品基础上,以数字技术创新融合为主线,联合在沪机构推出跨境创新服务终端机(CISD),积极落实2022年工作要点中"推动在沪金融要素市场、金融机构、金融科技企业加强金融科技应用""深化重大金融产品创新"的要求。CISD集成支付透镜、汇路优选等创新服务,可支持信用证、保函、托收等各类常用国际结算工具。

　　截至2023年3月末,已有超过2 400家金融机构和企业申请使用CISD(含标准收发器),用户分布覆盖境内所有省级行政区(除西藏)以及10个境外国家和地区,业务触达22个国家和地区。其中在上海地区,包括交通银行、浦发银行、国泰君安、上汽财务等259家金融机构和企业已使用CISD。

二、构建CIPS标准体系、参与国际标准治理

　　近几年,全球主要央行和支付相关国际组织强调了全球金融标准建设的重要性,国际社会已形成向ISO 20022标准迁移的共识。根据前期工作基础以及当前全球跨境支付趋势,跨境清算公司从市场需求出发,加快完善CIPS规则标准体系建设,优化现行业务规则,配套创新产品服务规则,力争形成层次分明、体例清晰、易懂好用,遵循国际通用做法并具有中国特色的标准体系,以更有力支撑跨境人民币业务的发展,便利和规范机构业务开展。CIPS标准体系分为5个大类和8个子类标准,目前,公司已发布其中关于基础通用标准、信息技术标准和产品服务标准3个大类和5个子类的标准,其余标准将继续补充完善(表12-7)。

表 12-7　已发布标准列表

基础通用标准	标准化工作指南	跨境清算公司规则标准工作制定指南
		CIPS ID 申请及维护指南
	术语编码及分类	跨境支付清算识别符(CIPS ID)
		跨境银行间支付与清算基础数据元
信息技术标准	信息交换标准	人民币跨境支付清算信息交换规范
		人民币跨境支付系统业务实施指南(1—4 部分)
		CIPS 信息交换规范(1—5 部分)
	技术接入标准	人民币跨境支付系统技术接入指南(1—6 部分)
产品服务标准	终端产品标准	跨境创新服务终端安全技术规范(1—4 部分)

　　跨境清算公司积极履行全球法人识别编码基金会(GLEIF)董事会董事义务,推动 LEI 的赋码和应用,深入参与了金融标准国际治理活动,为国际标准的制定和完善积极贡献中国智慧和力量。一是在 ISO 20022 标准制修订工作组中担任召集人和秘书,于 2022 年 8 月起牵头各国专家开展标准审核工作。二是积极申请将 CIPS 报文加入 ISO 20022 报文库,弥补相关跨境人民币报文的空白,提升人民币在全球支付领域的话语权,积极参与打造上海国际金融中心标准领域"软实力"。三是 CIPS 的标准实践得到国际认可。2022 年 6 月,金融稳定理事会(FSB)发布专栏,介绍了 CIPS 将国际金融业通用报文标准 ISO 20022 和全球法人机构识别码(LEI)等金融数据交换标准应用到跨境支付领域,并通过 CISD 推广的创新实践。2023 年,我公司在新加坡国际商会未来贸易论坛发表"推动 LEI 在跨境支付领域的应用"演讲,该演讲视频在 GLEIF 董事会上被播放。

业务篇

第十三章　银 行 业 务

第一节　总体运行情况

1. 业务和机构情况

截至2022年末，上海辖内银行业金融机构资产总额23.39万亿元，同比增长9.74%；各项贷款余额10.34万亿元，同比增长8.54%；各项存款余额15.67万亿元，同比增长11.98%；不良贷款余额819.64亿元，比年初增加47.37亿元，同比增长6.13%；不良贷款率0.79%，比年初下降0.02个百分点。截至2022年末，上海辖内共有银行业法人机构102家，一级分行及分行级专营机构175家，各级营业性机构总数4 112家，银行业从业人数13.94万。

表 13-1　2022 年上海银行业运行数据

指　标	2022 年	2021 年	同比增长
总资产	23.39 万亿元	21.31 万亿元	9.74%
总负债	22.38 万亿元	20.38 万亿元	9.85%
各项贷款	10.34 万亿元	9.53 万亿元	8.54%
各项存款	15.67 万亿元	13.99 万亿元	11.98%
不良贷款	819.64 亿元	772.28 亿元	6.13%
不良率	0.79%	0.81%	—

2. 发展特点

（1）聚焦稳企业保就业，助力经济持续恢复和高质量发展

加大信贷资源优化配置，实现普惠贷款增量扩面降本。截至2022年末，辖内普惠

型小微企业贷款余额 9 153.5 亿元,同比增长 26%。普惠贷款信贷结构持续优化,中资银行小微企业首贷户 2.4 万户,同比增长 12%,信用贷款余额 3 783.6 亿元,同比增长 26.7%。创新推出无缝续贷"十百千亿"工程,确保金融服务直达消费者。率先建立续贷机制,采用无还本续贷、T+0、年审制中期流贷、随借随还等方式做好中小微企业融资无缝衔接。

（2）聚焦科技强国绿色生态,助力动能转换能级提升

提升金融服务科技自立自强有效性,贯彻落实创新驱动发展战略决策部署,形成"1+2"科技金融服务方案,开展科技金融能力提升"十大行动"。2022 年末辖内科技型企业贷款余额 6 892.5 亿元,同比增长 51.9%;存量户数 2 万户,同比增加 47.8%。着力打造科技金融专业专营,部分机构在总分行层面成立科技专营部门或科技事业部,科技特色支行 81家。推动"知产"变资产,探索知识产权质押融资新模式,2022 年末知识产权质押融资贷款余额 79.2 亿元,同比增长 131.5%。

（3）聚焦打击违法违规金融活动,构建金融安全长效机制

抓秩序维护,部署打击"代理退保"黑产行动方案,联合公检法发出打击公告,成功破获黑产团伙,总结形成上海案例经验,较好地整治了市场秩序。抓持牌管理,严厉打击"无照驾驶"行为,开展清理规范金融中介活动专项行动,指导行业制定与中介合作自律规范,查核犯罪线索并移交公安机关,防范相关风险向正规金融体系传导。抓信用环境建设,坚持市场化原则,打击逃废债行为,维护区域信用环境和金融秩序。

第二节　2023 年第一季度情况

2023 年以来,上海银行业资产增速呈逐月上升态势。截至 3 月末,上海银行业资产总额 23.61 万亿元,比年初增加 2 180.07 亿元,同比增长 8.54%。

辖内各项贷款余额 10.74 万亿元,比年初增加 3 963.99 亿元,贷款余额同比增速 8.54%,比去年同期下降 3.65 个百分点。各项存款余额 16.00 万亿元,比年初增加 3 329.44 亿元,同比增长 10.65%,增速较去年同期下降 1.77 个百分点。辖内银行业金融机构不良贷款余额 891.07 亿元,比年初增加 71.43 亿元,不良率 0.83%,比年初上升 0.04 个百分点,但仍远低于全国平均水平。

专栏 20

上海银保监局与临港新片区管委会共建
"临港新片区银行业保险业科技金融创新试验基地"

　　为贯彻落实习近平总书记对临港新片区重要指示精神及临港新片区建设总体方案，支持推进实施《临港新片区加快发展新兴金融业行动方案》，上海银保监局与临港新片区管委会共建"临港新片区银行业保险业科技金融创新试验基地"，以科技金融业务创新为重点，率先试点实施一批新产品、新工具、新模式，运用上海银保监局创新业务监管互动机制，探索更加包容审慎的监管方式，重点解决金融供给与科技型企业需求脱节的问题，促进形成科技、产业和金融良性循环新局面。对个案试验项目，实施"有方案、有标准、有口径、有回溯"的全流程闭环管理，对试点个案动态跟踪、评估效果。目前试验基地已推出首个试验项目，为临港新片区科技企业人才提供专项金融支持。

第十四章 证券业务①

第一节 基本情况

截至 2022 年末,上海共有证券公司 31 家(包括 11 家证券公司下属的资产管理公司),占全国 140 家的 22.1%;证券公司分公司 141 家,证券营业部 779 家。此外,上海还有证券投资咨询公司 16 家;境外证券类机构上海代表处 34 家②。

第二节 主要特点

1. 总资产、净资产增长,净资本保持相对平稳

截至 2022 年末,上海证券公司总资产 2.4 万亿元,同比增长 3.6%;总负债 1.7 万亿元,同比增长 2.7%;净资产 6 453.8 亿元,同比增长 6.3%;净资本 4 726.8 亿元,同比增长 2.5%。

表 14-1　2022 年上海证券公司经营情况(未经审计) 单位:亿元

项　目	2017 年 (25 家)	2018 年 (25 家)	2019 年 (26③ 家)	2020 年 (30 家)	2021 年 (31 家)	2022 年 (31 家)
总资产	14 059.69	14 032.52	16 049.92	19 472.47	22 846.65	23 676.02
总负债	9 607.89	9 509.33	11 198.19	14 026.27	16 774.76	17 222.19

---

① 机构经营数据未经审计。
② 含 1 家境外交易所上海代表处。
③ 不含华信证券。

（续表）

项 目	2017 年 （25 家）	2018 年 （25 家）	2019 年 （26 家）	2020 年 （30 家）	2021 年 （31 家）	2022 年 （31 家）
净资产	4 451.81	4 523.19	4 851.73	5 446.21	6 071.90	6 453.83
净资本	3 928.91	3 799.51	3 807.94	4 176.03	4 611.08	4 726.75
营业收入	708.78	646.65	816.93	999.77	1 111.61	865.19
净利润	294.05	151.91	317.61	375.13	461.24	328.26

资料来源：上海证监局。

2. 自营业务收入下降，收入结构整体稳定

2022 年，上海证券公司盈利水平较 2021 年明显下降，分别实现营业收入和净利润 865.19 亿元和 328.26 亿元，同比减少 22.16％、28.90％。从各部门业务收入看，自营业务收入大幅下降，同比减少 61.64％，经纪、投行、资管、融资类等业务收入也同比分别下降 16.52％、2.13％、26.05％、17.01％。除自营业务收入结构占比下降明显外，其他业务收入占比较为稳定。

表 14-2　2022 年上海证券公司盈利结构数据表　　　　　　　　单位：亿元

项 目	2020 年	结构占比	2021 年	结构占比	2022 年	结构占比
营业收入	999.77	100.00％	1 111.61	100.00％	865.19	100.00％
净利润	375.13	37.52％	461.24	41.49％	328.26	37.94％
经纪业务收入	239.97	24.00％	278.74	25.08％	232.68	26.89％
自营业务收入（含浮盈）	242.85	24.29％	266.91	24.01％	102.38	11.83％
投行业务收入	146.69	14.67％	154.78	13.92％	151.49	17.51％
资产管理收入	127.71	12.77％	146.65	13.19％	108.45	12.53％
融资业务利息收入	247.83	24.79％	273.91	24.64％	234.09	27.06％

资料来源：上海证监局。

3. 合规内控体系逐步健全，行业文化建设巩固推进

组织架构、境外子公司整改规范工作进入收尾阶段，法人治理水平显著提高，治理体系不断完善。面对新冠肺炎疫情和复杂外部环境等多重冲击考验，上海证券行业牢牢守住了不发生系统性、区域性风险的底线，个案风险得到稳妥处置，整体呈现稳健发展势头。

同时,行业文化建设持续推进,证券行业廉洁从业建设不断深化,行业整体形象明显改善。

第三节　2023 年第一季度情况

截至 2023 年第一季度末,上海证券公司资产总额 2.5 万亿元,同比增长 8.1%;净资产总额 6 575.7 亿元,同比增长 6.0%;净资本总额 4 746.7 亿元,较同期增长 1.8%,上海证券公司整体综合实力持续增强。

表 14-3　2023 年第一季度上海证券公司经营情况　　　　单位:亿元

项　目	2023 年第一季度末	占全国比重	同比增减
总资产	24 525.23	21.1%	8.1%
净资产	6 575.7	23.1%	8.9%
净资本	4 746.7	22.4%	1.8%

资料来源:上海证监局。

从全国占比看,上海证券公司数量为 31 家,占全国(140 家)比重为 22.14%,净资产占全国比重为 23.1%,净资本总额占全国比重为 22.4%,维续了上海证券公司相对较强的风险抵御能力。上海证券公司营业收入为 237.6 亿元,全国占比 21.0%;净利润为 103.3 亿元,全国占比 24.1%,体现出上海证券公司的总体业务能力较为稳健。

表 14-4　2023 年第一季度上海证券公司盈利结构数据表　　　　单位:亿元

项　目	2023 年第一季度累计	占全国比重	2022 年同期累计	同比增减
营业收入	237.62	20.97%	172.00	38.15%
净利润	103.29	24.05%	72.00	43.45%
经纪业务收入	51.06	17.96%	60.43	−15.50%
自营业务收入	97.26	19.47%	−11.95	—
投行业务收入	26.62	21.63%	43.12	−38.27%
资产管理收入	20.97	39.94%	25.18	−16.74%
融资利息收入	52.91	19.40%	64.05	−17.39%

资料来源:上海证监局。

专栏 21

上海证券公司积极服务实体经济高质量发展

一、贯彻落实资本市场重大改革举措

上海证券公司在全面推行注册制、新三板改革、提高上市公司质量等资本市场重大改革任务中发挥了积极作用,充分发挥投行业务专业优势,为科技创新企业、绿色产业、地区发展提供高效的金融服务。2022 年,上海证券公司共保荐了 111 家企业 IPO 上市,融资规模 2 245 亿元,主承销债券规模 3.92 万亿元,3 家公司(国泰君安、海通证券、民生证券)投行业务收入排名全国前十。服务 45 家"硬科技"企业登陆科创板,培育了一批拥有核心技术创新能力的优质企业,引导市场向科技创新领域集聚资源。证券公司私募基金子公司及另类投资子公司投资临港新片区、长三角企业 75 家,总计金额 46.88 亿元。

二、推动创新业务发展,不断提升对外开放水平

上海证券公司围绕科技自立自强、中小企业发展、绿色发展等主题,积极参与创新产品试点,3 家证券公司(国泰君安、申万宏源、东方证券)取得首批科创板做市商资格。在深入推进上海国际金融中心建设中,上海证券行业的国际化发展水平也得到显著提高,国泰君安证券在澳门设立子公司,海通证券和光大证券的境外子公司新增境外服务牌照,开放步伐继续走在全国前列。

第十五章 期货业务[①]

第一节 基本情况

　　截至 2022 年末，上海共有期货公司 36 家，占全国 150 家的 24.0％，国有公司 18 家、民营公司 17 家、外资间接控股公司 1 家，期货公司下设 22 家风险管理子公司（均注册在上海），3 家资管子公司；期货分支机构共 196 家，其中本地公司设立 61 家，异地期货公司设立 135 家。

第二节 主要特点

1. 综合实力进一步增强

　　上海期货公司的总资产、客户权益、净资产等指标均处于全国首位，营业收入、净利润等主要经营指标也都接近或超过全行业的三分之一。截至 2022 年末，上海期货公司资产总额、客户权益总额、净资产总额分别为 6 001.92 亿元、5 387.2 亿元、498.43 亿元，全国占比分别为 35.31％、36.38％、27.06％，同比分别增长 25.18％、27.28％、13.29％。2022 年度，期货公司营业收入 127.35 亿元，全国占比 31.71％；净利润 36.11 亿元，全国占比 32.81％。

表 15-1　2022 年上海地区期货公司主要经营指标表（未经审计）　　　　　单位：亿元

项　目	2019 年 （34 家）	2020 年 （34 家）	2021 年 （35 家）	2022 年 （36 家）
总资产	2 036.9	3 312.66	4 780.47	6 001.92
净资产	314.05	355.57	435.08	498.43

①　机构经营数据未经审计。

（续表）

项　目	2019 年 （34 家）	2020 年 （34 家）	2021 年 （35 家）	2022 年 （36 家）
净资本	201.46	226.03	308.73	360.08
客户权益	1 678.42	2 884.90	4 224.65	5 387.20
净利润	15.83	23.68	41.83	36.11

资料来源：上海证监局。

2. 合规风控水平稳步提升

在 2022 年期货公司分类评价结果中，上海 A 类公司的数量达到 15 家，创历史新高，占全国 54 家 A 类公司的 28%，其中 AA 级公司 7 家，占全国 18 家 A 类 AA 级公司的 39%，A 类公司及 AA 级公司数量占比均远超上海期货公司数量全国占比。此外，期货公司各项风险监管指标持续保持较高安全边际，净资本总额 360.08 亿元，全国占比 30.84%，同比增长 15.46%，净资本与风险资本准备总额比例为 217.07%，净资本与净资产比例为 72.24%，流动资产与流动负债比例为 633.78%，扣除客户权益的负债与净资产比例为 23.3%，整体数据均显著优于监管标准。

3. 服务实体经济成效显著

上海期货公司持续完善"保险＋期货"业务模式，助力服务"三农"国家战略。2022 年，17 家期货公司及其风险管理子公司开展 946 单"保险＋期货"业务，其中完成赔付 722 单，赔付金额 4.29 亿元。期货公司着力提升风险管理业务水平，加大服务产业客户力度，综合利用基差贸易、仓单服务等工具为实体企业提供定制个性化风险管理服务。

第三节　2023 年第一季度情况

2023 年一季度，上海期货公司数量保持稳定，全国占比 24%；总资产、净资产、净资本指标较去年同期均有所增长，分别为 5 913.6 亿元、504.7 亿元、356.1 亿元，分别同比增长 14.4%、12.8%、15.1%；累计净利润 6.1 亿元，同比下降 39.2%，全国占比 26.2%，高于数量占比；客户权益达 5 290.7 亿元，同比增长 15.3%，全国占比达 36.6%。

专栏 22

全国首单 QFII 境内商品期货交易落地上海

近年来,随着我国资本市场双向开放步伐加快,QFII 投资额度、方式逐步放开,为使合格投资者制度在准入条件、投资运作和持续监管等方面适应新的市场环境,2020 年 9 月 25 日,中国证监会修订合并《合格境外机构投资者境内证券投资管理办法》《人民币合格境外机构投资者境内证券投资试点办法》两项制度,整合有关配套监管规定,颁布了《合格境外机构投资者和人民币合格境外机构投资者境内证券期货投资管理办法》以及《关于实施〈合格境外机构投资者和人民币合格境外机构投资者境内证券期货投资管理办法〉有关问题的规定》。修订内容主要包括:一是降低准入门槛,便利投资运作;二是扩大投资范围;三是加强持续监管。其中,增加 QFII 可以投资的金融工具,明确"合格境外投资者可参与的金融期货、商品期货、期权等的具体品种和交易方式,由证券期货交易所报中国证监会同意"。

2022 年 9 月 2 日,上海期货交易所及上海国际能源交易中心、郑州商品交易所、大连商品交易所、中国金融期货交易所同时发布公告,明确了合格境外机构投资者(QFII)和人民币合格境外机构投资者(RQFII)可以参与的 41 个期货、期权品种,其中包括商品期货品种 23 个、商品期权品种 16 个以及股指期权,QFII 参与境内商品期货市场正式落地实施。2022 年 10 月 11 日,上海期货公司瑞银期货完成了 QFII 首单国内商品期货交易,成为全国首家支持 QFII 参与境内商品期货市场的期货公司。

上海证监局高度重视期货市场对外开放,持续引导上海地区机构采取有效措施引入合格境外交易者,助力提升上海期货市场大宗商品价格的国际影响力。首单交易正式落地上海,标志着中国期货市场高效有序推进高水平开放,有利于优化交易者结构,促进期货经营机构的国际化发展。上海证监局将积极推动 QFII 参与境内期货市场相关制度机制的持续完善,优化流程,提升效率,吸引更多 QFII 参与境内期货市场;同时,强化日常监管,压实期货公司责任,严格落实适当性管理和看穿式监管要求,确保对 QFII 的交易风控、反洗钱监控等手段的有效性,防范化解相关业务风险。

第十六章 基金业务

第一节 基本情况

截至 2022 年末,上海共有公募基金管理人 70 家,其中 64 家为基金管理公司、6 家为证券公司。64 家基金管理公司旗下共有基金专户子公司 36 家、基金销售子公司 2 家、分公司 96 家。独立基金销售机构 28 家。共有异地基金管理公司在沪分公司 42 家。2022年,新发行基金 609 只,首募规模 6 331.59 亿元。

第二节 主要特点

1. 公募基金管理规模同比基本持平,私募资管业务规模有所增长

上海共有 70 家公募基金管理人,存续公募基金产品数量 4 060 只,资产规模 9.5 万亿元,同比下跌 1.04％。其中,基金管理公司存续公募基金 3 812 只,较 2021 年底增加14.4％,资产规模 8.9 万亿元,较 2021 年底减少 1.9％;证券公司存续公募基金 248 只,资产规模 0.6 万亿元,较 2021 年底分别增长 32.6％和 13.2％。剔除货币型基金的公募基金资产规模达 800 亿元以上的有 22 家,较 2021 年底增加 1 家;权益类公募基金(包括股票型与混合型基金)资产规模达 500 亿元以上的有 14 家,较 2021 年底减少 3 家。共有 113 家持牌证券基金经营机构开展私募资管业务,存续私募资管产品 10 233 只,较 2021 年底减少6.5％,资产规模 5.11 万亿元,较 2021 年底增加 11.6％。其中,基金管理公司 4 508 只,较2021 年底增加 21.8％,资产规模 2.27 万亿元,较 2021 年底增加 78.7％;基金专户子公司 1 452 只,资产规模 0.77 万亿元,较 2021 年底分别减少 27.6％和 23.8％;证券公司 4 273只,资产规模 2.07 万亿元,较 2021 年底分别减少 18.5％和 10％。

2. 积极贯彻落实重大战略举措,服务实体经济高质量发展

华泰柏瑞基金等 3 家公司发行疫苗与生物科技 ETF 基金,助力抗疫和疫后经济恢复;汇添富基金发行张江自主创新 50ETF,发挥科技创新的"基金力量";公募 REITs 产品稳步扩容,国泰君安资管发行设立 2 只公募 REITs 产品,华泰资管发行设立 1 只公募 REITs 产品,华安基金和富国基金管理的公募 REITs 产品扩募持续推进中。

3. 外商投资公募基金管理公司进一步集聚,海外业务稳步发展

继贝莱德基金后,路博迈基金和富达基金先后于 2022 年底获准开业。上海外商投资公募基金管理公司(含合资和全资)26 家,占全国比重提升至 55.3%。11 家上海基金管理公司在美国(2 家)、新加坡(1 家)、香港(10 家)等地获批筹建或设立子公司。其中 3 家基金管理公司香港子公司开展投顾业务,产品数量 8 单,资产规模 16.48 亿元。汇丰晋信基金有 11 单来自海外的投顾业务,规模 49.87 亿元。多家基金管理公司积极开展基金互认业务,7 家公司 16 只基金产品在香港销售,在港累计保有金额 9.3 亿元;7 家公司获得香港基金内地销售代理资格,累计代理或代销 23 只基金产品,在内地累计保有金额 87.67 亿元。

第三节　2023 年第一季度情况

截至 2023 年第一季度末,上海地区共有公募基金机构数量保持稳定,管理人 70 家,其中 64 家为基金管理公司,6 家为证券公司;基金专户子公司 36 家,基金销售子公司 2 家,基金第三方支付机构 7 家,独立基金销售机构 29 家。上海地区基金管理公司公募基金管理规模 9.1 万亿元,同比增长 3.9%;专户管理规模 1.4 万亿元,同比下降 0.4%。基金专户子公司资产管理规模 6 816.2 亿元,同比下降 30.4%。证券公司资产管理规模 3.1 万亿元,同比下降 10.2%。

专栏 23

上海基金行业积极参与个人养老金投资公募基金业务

2022 年 11 月 4 日,人力资源和社会保障部、财政部、国家税务总局、银保监会、证监会等五部门联合发布《个人养老金实施办法》,明确个人养老金可投资包括公募基金在内的金融产品。同月,证监会发布了《个人养老金投资公开募集证券投资基金业务管理暂行规定》(以下简称《暂行规定》),对个人养老金投资公募基金业务的各类市场机构及其展业行为予以明确规范。

《暂行规定》发布以来,上海基金行业立即行动,积极布局个人养老金业务,快速完成系统对接及四方联合测试。上海符合条件的机构均申报增设 Y 份额。截至 2022 年末,上海地区共有 20 家公募基金管理人的 52 只基金产品被纳入个人养老金基金名录,名录中上海公募基金管理人及基金产品数量均居全国首位。同时,上海基金行业加大个人养老金产品的宣传力度,个人投资者认可度较高,兴全安泰积极养老目标五年 Y、中欧预见养老 2050 五年 Y 的产品规模在全国 133 只个人养老金产品中位居前 5,规模均超过 1 亿元。此外,上海地区个人养老金产品收益稳健,截至 2022 年末,中欧预见养老 2035 三年 Y、兴全安泰平衡养老(FOF)Y 累计净值在全国 133 只个人养老金产品中,分别位居第一位、第三位。

上海基金行业还将继续加大个人养老金投资公募基金业务参与力度,增加养老目标基金产品储备及发行,建立健全并确保有效执行专门的管理制度和流程,针对养老目标基金产品特点,强化投资、研究、风险管理等能力建设,确保业务运作符合个人养老金相关制度以及证监会规定,更好服务于居民养老投资需求。

第十七章　保险业务

第一节　总体运行情况

1. 保险机构

截至 2022 年末,上海辖内共有 59 家法人保险机构,其中保险集团 2 家、财产险公司 20 家,人身险公司 22 家,再保险公司 5 家,资产管理公司 10 家;共有 108 家省级保险分支机构,其中财产险分公司 53 家,人身险分公司 52 家,再保险分公司 3 家;共有 225 家保险专业中介法人机构,其中保险代理机构 103 家,保险经纪机构 84 家,保险公估机构 38 家;共有 278 家保险专业中介分支机构,其中保险代理机构 106 家,保险经纪机构 143 家,保险公估机构 29 家。

2. 保费收入

2022 年,上海市实现原保险保费收入累计 2 095.01 亿元,同比增长 6.30%。财产险公司原保险保费收入 663.05 亿元,同比增长 4.85%;人身险公司原保险保费收入 1 431.96 亿元,同比增长 6.98%;财产、人身险公司原保险保费收入比例为 32∶68。

3. 财险、寿险、健康、意外险保费收入情况

2022 年,财产险业务原保险保费收入 554.58 亿元,同比增长 5.85%;寿险业务原保险保费收入为 1 132.38 亿元,同比增长 8.05%;健康险业务原保险保费收入为 351.58 亿元,同比增长 8.61%;意外险业务原保险保费收入为 56.47 亿元,同比下降 25.00%。

表 17-1　上海保险市场财产险公司和人身险公司保费收入情况　　　　　　　单位:亿元

险种名称	本年累计/截至当期
1. 财产保险公司原保险保费收入	663.05
其中:企业财产保险	49.35
家庭财产保险	8.28
机动车辆保险	247.48

（续表）

险种名称	本年累计/截至当期
工程保险	9.47
责任保险	125.14
保证保险	22.03
农业保险	13.17
健康险	72.67
意外险	35.80
2. 人身险公司原保险保费收入	1 431.96
其中：人寿保险	1 132.38
健康保险	20.67
意外伤害保险	278.90
原保险保费收入合计	2 095.01

4. 赔款、给付和退保情况

2022 年，上海市原保险赔付支出累计 654.55 亿元，同比下降 11.30％。其中财产险业务原保险赔款支出 274.82 亿元，同比下降 4.10％；寿险业务原保险给付 194.64 亿元，同比下降 19.05％；健康险业务原保险赔款给付 165.90 亿元，同比下降 9.44％；意外险业务原保险赔款支出 19.18 亿元，同比下降 30.86％。

5. 资产情况

截至 2022 年末，上海保险业总资产 8 748.91 亿元，较年初增长 5.06％。

第二节　主　要　特　点

1. 力撑"上海制造"，助力畅通国内国际双循环

一是对关键核心技术等"卡脖子"工程予以保险赋能。2022 年度，首台（套）重大技术装备保险共累计完成近 180 个重点创新项目承保，涵盖 ARJ21 飞机、船舶制造、智能发电设备、工程设备等重点领域，累计提供风险保障约 700 亿元。持续推进集成电路共保体机制建设，支持对集成电路等国家战略产业设计并提供专属化、定制化保险产品和服务。引导中国集成电路共保体为全国 17 家集成电路企业提供保险保障共计 1.02 万

亿元。

二是加大外贸领域投放,保障外贸稳中提质,政策性出口信用保险覆盖面、承保支持力度增强,2022年累计承保金额同比增长6.4%。

2. 聚焦"急难愁盼",着力保障人民群众民生需求

一是服务上海都市型农业发展,涉农保险规模保持较高增速,乡镇保险服务覆盖率达到100%。

二是丰富普惠型保险产品供给。丰富"上海保险码"线上平台应用场景,扩大"沪惠保"覆盖面,一年总赔款达7.5亿元。试点灵活就业人员职业伤害保险和参与新就业形态就业人员保险保障服务,提供更加灵活的健康保险产品。累计推出普惠保险产品70多款、保单2 000多万件。

三是积极推进上海养老理财产品试点,继续推进税延养老保险试点、住房反向抵押养老保险试点、长期护理保险试点等,努力探索适合我国国情的养老金融体系发展路径。

四是精准防疫助力打赢大上海保卫战。面对2022年上半年严峻复杂的疫情防控形势,创新推出社区抗疫守"沪"险,无偿为150万名抗疫一线社区工作者提供新冠肺炎专属保障,已累计赔付913万元。在沪保险公司在2 700余款保险产品上扩展新冠责任,覆盖参保人数500余万人。

3. 紧抓保险保障,切实提升市场主体化险功能

一是聚焦科技保险,引导产业转型升级,发布《上海自贸试验区临港新片区科技保险创新引领区工作方案》,推动科技保险创新引领区在临港新片区落地。推进面向科技型中小微企业的"科技贷""微贷通"等贷款履约保证保险项目。

二是深化责任保险服务与经济生活深度融合,加强与应急管理部门等的联动,创新推出普惠版网安险产品,覆盖了中小企业日常经营中面临的80%风险,降低了企业获取安全服务的成本80%以上,取得良好社会反响。

三是深入推进政、银、担、保合作,扩大融资担保行业领域和担保规模,建立更加科学的风险分担机制。

第三节　2023年第一季度情况

2023年1—3月,上海市原保险保费收入累计826.40亿元,同比增长16.39%。其中财产险公司原保险保费收入214.03亿元,同比增长9.09%;人身险公司原保险保费收入612.37亿元,同比增长19.18%。

2023 年 1—3 月,上海市原保险赔付支出累计 169.91 亿元,同比减少 24.89%。其中财产险业务原保险赔款支出 78.38 亿元,同比增长 14.73%。寿险业务原保险给付 53.51 亿元,同比减少 40.97%。健康险业务原保险赔款给付 33.12 亿元,同比减少 47.00%。意外险业务原保险赔款支出 4.90 亿元,同比增长 3.20%。

专栏 24

上海保险码平台正式上线

　　2022 年 12 月 30 日,上海保险码平台正式上线。该平台由上海银保监局指导推动,联合上海保交所、中国银保信、上海市保险同业公会及北大方正人寿、建信人寿、交银人寿、工银安盛人寿、安联人寿、众安保险、太保人寿上分、太平人寿上分等各方力量共同建设,以百姓需求为导向,以信息科技为手段,为金融消费者提供普惠、高效、安全的数字化一站式综合保险服务,助推保险行业数字化转型,打造新时代"人民城市"与数字普惠保险的上海样本,让数字化成果惠及每一位市民,织密百姓幸福生活"保障网",朝着共同富裕目标持续增进民生福祉,推动上海国际金融中心建设能级不断提升。

　　1. "码"上可及,数字保险赋能为人民

　　上海保险码平台的数字服务渠道,让保险下沉服务、触达更多受众成为可能,为百姓提供"随时、随地、随心"的接入体验,增强了普惠保险服务的便利性和获得感。一方面,上海市民可通过在微信、支付宝小程序中搜索"保险码"获取服务。另一方面,在上海市大数据中心的支持下,上海保险码平台已融入"随申办"APP 及小程序,在"随申办"进行过实名认证的用户,无需另行注册和认证,即可直接使用上海保险码服务。

　　2. "码"上服务,跑出保险惠民"加速度"

　　上海保险码平台有效整合金融监管、政府部门、保险机构、要素市场等各方资源,形成保单查询、在线投保、理赔申请、保全批改等功能的统一服务入口,通过集中运营管理,有效提升普惠保险服务效率,努力成为覆盖老百姓、实体企业各类普惠性风险保障需求的"暖心平台"。

　　根据建设规划,上海保险码平台将打造"一码通查""一码通保""一码通服""一码通赔""一码通达""一码通代"六大核心功能,此次已成功上线:一码通查,支持消费者查询在平台投保的保单信息,包括保险明细、保障金额、已缴保费等;一码通保,基于上海保险码平台与保险公司业务系统的直连直通,可提供各类普惠保险产品的一键购买功能,目前已有 9 款普惠保险产品试点上线,覆盖养老、医疗、意外等多个险种;一码通赔,已将上海"沪惠保"理赔服务入口集成到上海保险码平台，用户可直接从平台进入"沪惠保"理赔服务系统，完成理赔申请、进度查询等操作；一码通达，已支持监管政策宣导、保险知识科普等。

3."码"上放心，金融消费者使用更安心

上海保险码平台严格落实国家法律法规关于信息安全和个人信息保护相关要求，按照等保三级标准建设并部署在上海保交所私有云平台，确保系统稳定可靠；使用专线对接上海市大数据中心、中国银保信、保险公司等各家单位，确保数据交互安全。

此外，上海保险码平台专门配备人工客服团队与智能客服机器人，帮助减少信息不对称情况，有效保护金融消费者合法权益；支持各类金融知识普及和宣传，不断提升消费者的金融素养和风险防范意识。

第十八章　银行卡业务

2022 年，中国银联上海分公司增强各项工作的政治性和人民性，积极服务上海国际消费中心城市建设和长三角一体化发展战略，持续深化受理场景建设，推进云闪付业务转型，加快重点产品建设与推广，同时积极参与政府消费券项目，助力消费提振。全年银联跨行系统高效安全运行，有效地促进了地区经济和社会发展。

第一节　银行卡市场整体情况

2022 年，上海全年社会消费品零售总额 1.64 万亿元，同比下降 9.1％。受疫情影响，上海地区银联体系内消费交易笔数和金额同比下降。

1. 跨行交易

2022 年，在银联体系内，全市实现银行卡跨行清算交易笔数 11.81 亿笔，交易金额 21.12 万亿元，交易笔数和金额分别占全国总笔数的 8.0％和总金额 14.6％，在全国均排名第 1。其中消费类交易 10.75 亿笔，消费金额 1.33 万亿元，同比分别下降 2.2％和 30.6％。

2. 发卡情况

截至 2022 年底，全市银行卡累计发行量 2.97 亿张，同比增长 4.5％。其中信用卡累计发卡量超 6 800 万张，占全市银行卡总量的 23.1％，远高于全国平均占比水平。

3. 受理市场

截至 2022 年底，全市银行卡月均活动受理商户达 35.9 万户，其中二维码月均活动商户为 17.0 万户，占比超 47.3％。

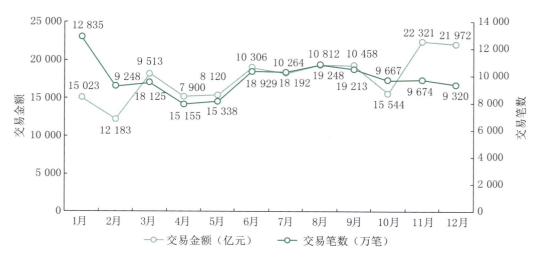

图 18-1　2022 年上海地区银行卡跨行交易月度走势

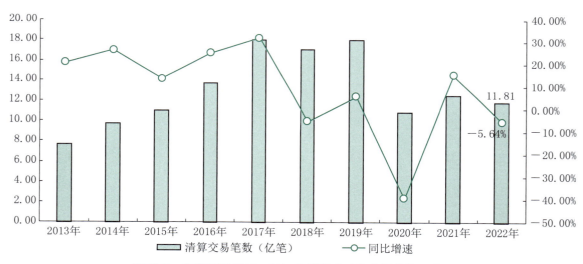

图 18-2　上海地区 2013—2022 年银行卡跨行交易笔数及增速

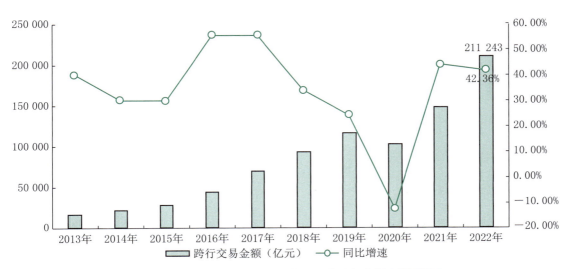

图 18-3　上海地区 2013—2022 年银行卡跨行交易金额及增速

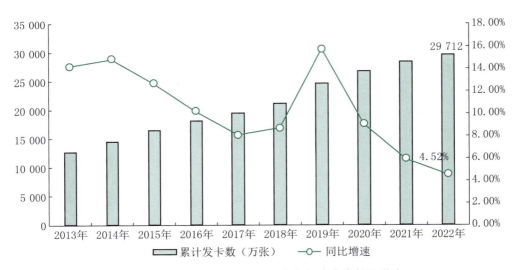

图 18-4　上海地区 2013—2022 年银行卡发卡数及增速

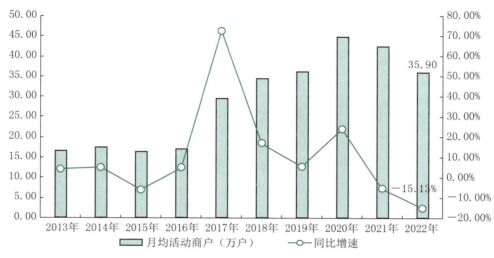

图 18-5　上海地区 **2013—2022** 年月均活动商户数及增速

第二节　重点产品和业务发展情况

　　中国银联上海分公司响应和落实人民银行加快构建电子支付"四方模式"政策要求，充分发挥卡组织和清算机构的组织协调作用，联合产业各方大力推进受理环境线上线下一体化建设，加快云闪付网络支付平台建设推广及条码支付互联互通等工作，通过数字化解决方案和平台服务能力满足商户和消费者多元化支付需求，通过产品创新及权益优化，持续提升支付便民惠民服务水平和商户服务能力，切实推动支付服务实体经济和金融创新，提升上海国际金融中心全球影响力。

　　1. 加强基础受理环境建设，打造消费新空间

　　一是助力商业数字化转型，打造商业数字化转型示范场景。积极与上海本地商圈、餐饮、零售等业态开展数字化经营合作，打造定制化、体验式的商业新业态新模式。联合上海新世界城、百联股份、佛罗伦萨小镇等知名商圈共推银联数字化解决方案，为商户数字化经营提供更灵活的运营方式。

　　二是推进示范智慧商圈建设，打造消费新地标。通过网格化运营工具加强商圈经营管理，完成辖内两大机场、三大奥特莱斯、百联股份、徐家汇商城、南京路特色商圈等重点商圈及优质连锁品牌的银联受理情况排摸和运营维护，实现商圈 80% 以上商户受理银联支付，助力数字商圈和国际消费中心城市数字化转型示范区建设。

三是持续做深做透行业场景。上海地铁全线受理云闪付乘车码,全市地铁、公交、轮渡等场景实现"一码通行";持续推进医疗付费"一件事"项目,上线长三角信用就医的功能受理,为长三角地区上海异地就医备案的用户提供签约身份认证和支付服务;积极参与上海市营商环境创新试点实施项目,上线税费同缴项目,实现缴纳税费"一网通办";推动随申办 60 项业务以 H5 方式接入云闪付。

2. 推进云闪付网络支付平台建设,构建消费新生态

一是云闪付 APP 建设与推广成效明显。截至 2022 年底,上海地区云闪付 APP 累计注册用户 1 026 万户,其中累计绑卡用户 679 万户,年内新增绑卡用户 240 万户,云闪付 APP 跨功能用户占比 43.7%,排名全国第 2。

二是云闪付网络支付平台进展显著。积极推广云闪付网络支付平台,将支付能力、用户经营、权益内容、场景资源、平台服务等赋能银行 APP,在银行 APP 侧实现票券"看、领、查、用"全流程能力,服务银行开展具有属地特色的用户经营,帮助银行实现经营目标。目前 9 家银行 10 个 APP 已接入。

三是云闪付开放平台场景内容不断拓展。积极提升云闪付的本地化运营水平,目前上海运营的本地专区为全国最活跃板块,独立访客数占据一半全国访客数。积极向银行输出云闪付 APP 营销配置功能,服务银行个性化需求。

四是与商业银行建立优势互补、互利共赢的合作关系,与辖内 14 家主要银行签署长期全面合作协议,推动银行业务转型发展。组织召开银联业务交流会,交流讨论发卡数字化转型、线上线下受理环境优化、银联数字化解决方案落地、用户联动经营、创新业务推广等多项议题。

五是权益服务模式加快升级。搭建以 1 元权益为核心的上海高端卡权益体系,开展有礼乐开花动态权益项目,共 22 家银行参与到上海分会场活动中。做好辖内银行做好绿色低碳卡、长三角卡、无界卡在辖区的推广,与民生银行共同打造消费生态借记卡"畅想魔都卡"。

3. 大力推广创新支付产品,培育消费新动能

一是建立分期消费受理服务体系。积极做好分期受理商户环境建设,形成以拼多多、宜家、得物、中免日上、微软等为代表的核心商户池,打造出一批用户爱用的分期受理商户。同时联合商业银行,在拼多多商业、苹果、得物、小米、宜家、携程、东航商户开展分期主题营销活动,扩大消费规模。

二是加快线上产品布局和推广。紧紧围绕用户与商户一体化经营,重点突破线上受理商户空白、受理产品不全和受理体验优化。完成得物、中国移动上海、天天果园、麦德龙 APP、悦动圈、甄会选等 13 个 APP 线上收银台接入银联统一收银台,进一步提升用户线上支付受理体验。

三是大力推广手机闪付业务。联合华为等手机厂商，对手机闪付产品进行宣传，积极参加手机闪付标杆城市建设，线上业务和手机闪付标杆城市上海地区总分全国排名第一；围绕线下在重点商圈、餐饮零售消费场景重点商户和交通出行场景开展手机闪付专项营销，打造商户受理标杆范例。

四是积极布局对公解决方案场景建设。发挥上海国际贸易中心建设区位优势，联动商业银行大力发展对公结算领域场景，积极做好订单支付的通道和场景建设，推广拓展B2B对公支付、资金托管和企业移动等在线支付业务。推动晶耀前滩钱包 II/III 账户项目投产，协助推动长三角、大湾区银行五要素验证互联互通开通。

4. 落实助企纾困政策，激发消费新活力

在重点场景、商圈、生活圈周边持续开展促消费活动，落实助企纾困政策，在回馈了持卡人的同时，提升了地区日常消费的质量与水平。

一是全力服务市商委政府消费券和绿色家电消费补贴发放。银联充分发挥银行卡产业核心枢纽和金融基础设施的支撑和赋能作用，配合市商委打造上海国际消费中心城市电子消费券公共服务平台，在全国率先实现了发券平台之间的互联互通，做到了资金统一管理、规则统一可控、系统标准对接，打造了"支付惠民"顶层设计新模式，实现政府服务民生的重大金融创新。2022 年上海政府电子消费券 4 轮活动累计核销资金 9.45 亿元，拉动消费金额近 35.06 亿元，杠杆率接近 3.71 倍，社会反响效果较好，充分实现了消费券的消费"乘数效应"。

二是多项措施提振消费，助力防疫抗疫、复工复产。整个疫情前后，共计推出了 35 项抗击疫情助力消费活动，共计投入资金近 6 600 万元。积极落实《上海市提信心扩需求稳增长促发展行动方案》32 条，年底投入资金近 3 000 万元开展"百福到沪"系列主题活动，助力文旅、零售消费提振。

三是充分发挥银联平台优势，探索与银行的营销联动机制。携手银行同业公会和 30多家银行共同出资 500 万开展 2022 年全市银联卡有奖用卡活动，联合上海地区全部 11 家社保卡发卡行共同开展"三补一奖"活动。全年联合银行共同开展营销活动超过 70 项，投入金额超亿元，回馈广大持卡人。

第三节　业务发展展望

2023 年疫情扰动正在逐步减弱，支付产业将沿着数字经济发展主线，积极利用数字技术更好地服务实体经济，支持普惠金融和绿色金融更快发展。支付产业各方将通过产品创新和开放合作深化用户经营,全方位满足消费者需求,提升市场竞争力。支付监管政策将更加注重长期性和稳定性,有力扶持支付产业健康平稳发展。

1. 产业各方将持续推进数字服务升级,注重差异化用户经营和场景化业务建设

金融机构将进一步利用大数据、人工智能等技术强化用户分析和分层能力,深入理解不同客户的消费习惯和需求差异,针对年轻客群、下沉客群、高端客群等细分客群推出差异化产品和服务,并围绕客户生命周期开展精细化经营,最终实现"千人千面"的个性化、定制化用户体验,持续升级数字化服务范围和能力。支付机构将关注对公支付、数字政务、私域消费、跨境支付等具有较大发展空间的场景,并积极面向普惠金融和绿色金融场景推出特色产品。

2. 市场双向开发将进一步影响产业竞合生态,推动跨境支付业务发展

2023 年,支付清算市场双向开放将继续推进,预计连通公司、贝宝支付等已获批境内展业的境外支付机构将基于对国内市场的深入理解,探索差异化的发展路径,进一步优化自身定位,并加强与境内产业各方的业务合作,扩大场景和客群覆盖面。国内支付产业方将在与境外机构的竞合过程中,获得更多潜在发展机会,同时不断优化自身经营效率,提升产品供给和客户服务能力。

3. 科技发展将进一步推动支付行业产品与服务创新

银行卡产业机构已全面推进数字化转型,2023 年,各类技术将进一步交叉融合发展,赋能支付产业。云计算作为产业技术应用的底层基础设施,促进各类技术开发向高效敏捷的趋势发展;区块链作为信任科技的主体技术,将加快与多种技术融合创新,解决支付产业存在的多种安全问题。各国央行也在积极利用区块链等技术推进央行数字货币的研究和试点,国内将有序扩大数字人民币试点和应用范围,并持续完善相关软硬件基础设施建设。

4. 境内支付产业方将继续完善国际业务布局

随着疫情影响持续减弱,跨境经济活动将加速恢复,带动跨境支付需求较快增长。支付机构将进一步优化跨境支付解决方案,不断通过数字技术和产业合作解决跨境支付链条中存在的痛点,为进出口商家提供更优质的服务。针对个人跨境消费场景,产业方也将通过优化技术路线、加强网络合作等方式提升用户跨境支付体验,并向用户提供更多、更优质的消费权益。

5. 监管将更注重长期性和稳定性,有力扶持支付行业健康平稳发展

2023 年,在持续健全网络支付"四方模式"和平台反垄断的大背景下,我国支付清算顶层设计将进一步完善,产业各方将深化研究"四方模式"落地方案。支付业务监管将进一步强化和收紧,收单业务、商户实名制及反洗钱仍是查处焦点,支付机构将更加重视展业合规性。支付监管还将持续发挥金融支持实体经济的积极作用,引导支付产业相关方加大对小微企业、普惠适老、绿色金融、乡村振兴和科技创新的支持。

第十九章　地方金融业务

第一节　本市地方金融组织基本情况

1. 地方金融组织基本情况

2022年，面对复杂严峻的国内外形势和新冠疫情等多重超预期因素冲击，上海市地方金融组织发展主要呈现四大特点：

一是行业进一步"减量增质"，结构持续优化。机构数量进一步减少为2 196家，本年度共完成4家典当行、1家融资担保公司收证，3家小额贷款公司退出试点工作，吊销注销、转型退出及迁出的融资租赁公司和商业保理公司分别为143家、52家。下降幅度边际递减，地方金融监管已取得阶段性成效。行业注册资本总计8 127.33亿元，同比降低5.18%，但注册资本实缴率达52.89%，同比进一步提升2.87个百分点。

二是经营呈"开局震荡、冲高回落、持续恢复"态势。受3—5月疫情冲击，行业收入低迷，6月份因延迟确认达到高峰。11—12月新冠感染潮让业务再度承压，但全年依然呈现稳健发展态势，年度营业收入、净利润分别为1 077.03亿元、265.03亿元，仅同比分别小幅下降13.76%、5.52%。得益于发展环境优化、运营管理水平提升、政策举措大力支持等因素，行业的净利润率同比反升2.15个百分点。

三是服务实体经济能力加强。2022年，融资租赁、商业保理、融资担保、小额贷款公司投向小微领域的资金余额达5 879.05亿元，同比增长24.70%，占投放资产比重平均达57.82%，远远高于传统金融机构。融资租赁公司投向绿色行业资产余额超3 500亿，约占全国同类规模的2/3。据统计，2022年3—12月本市小额贷款公司、融资担保公司、典当行对受疫情影响的客户减息降费17 829笔共8 414万元，延长还款期限4 095笔合计本金99亿元，实施征信保护、协助征信修复672家，有效助力中小微企业渡过难关。

四是行业风险整体可控。地方金融组织的风险外溢性和涉众性较小，全年运行平稳，风险整体可控。2022 年本市新发非法集资案件数 101 件,同比下降 62％;涉案金额 18 亿元,同比下降 80％;参与人数 0.8 万,同比下降 76％,此类风险总体有所收敛。此外,2022 年,共收到涉七类地方金融组织信访件 202 件,较去年减少 66 件,相关投诉举报主要集中于融资租赁和小额贷款行业,均已获得平稳处理。

2. 2023 年一季度地方金融组织情况及展望

截至 2023 年一季度末,本市七类地方金融组织共 2 154 家,注册资本总计 8 029.11 亿元,资产总额合计 1.98 亿元,从业人员总计约 2.8 万人。其中:小额贷款公司 114 家(另有分支机构 4 家)、注册资本 186.30 亿元,资产总额 229.21 亿元;融资担保公司 30 家,注册资本 201.35 亿元,资产总额 255.74 亿元;区域性股权市场 1 家,注册资本 2.68 亿元,资产总额 8.38 亿元;典当行 232 家,注册资本 64.69 亿元,典当余额 50.53 亿元;融资租赁公司 1 417 家,注册资本 6 831.88 亿元,资产总额约 1.71 万亿元;商业保理公司 358 家,注册资本 666.89 亿元,资产总额约 1 288.76 亿元;地方资产管理公司 2 家,注册资本 75 亿元,资产总额 871.48 亿元。

展望 2023 年,地方金融行业"减量增质"趋势仍将延续,业务经营进一步聚焦主责主业;受前期低基数效应的影响,预计全年行业盈利水平将有所提升。同时,地方金融组织将进一步发挥"毛细血管"作用,加大服务实体经济力度,提高投向小微、科创、绿色领域的资产余额。全年来看,在整体宏观经济平稳运行背景下,已相对净化的地方金融行业风险平稳可控。

第二节　小额贷款公司

1. 基本情况

至 2022 年末,本市共有小额贷款公司 115 家,注册资本总计 190.2 亿元,资产总额 229.3 亿元,负债 26 亿元,资产负债率 11.3％。本市小额贷款行业累计放贷 987.5 万户 19 564.2 万笔 4 587.2 亿元,贷款余额 88.6 万户 425.5 万笔 397.2 亿元。全年实现营业收入 18.6 亿元(其中贷款利息收入 17.7 亿元),净利润 5.5 亿元。

2. 行业发展情况

(1)持续加大服务实体经济力度

本市小额贷款行业持续加大服务实体经济力度,全年累计发放"三农"贷款 1 913 户 6.2 亿元,小微企业贷款 34 259 户 74.2 亿元。行业累计向小微企业发放贷款 1 230.1 亿元,向科创企业发放贷款 363.3 亿元,向文化创意企业发放贷款 29.0 亿元。

（2）积极落实支持实体经济发展相关政策措施

2022 年,本市小额贷款公司落实支持实体经济发展相关政策措施,积极响应《上海市加快经济恢复和重振行动方案》,对受疫情影响较大的困难行业、中小微企业和个体工商户适当降低贷款利率,通过展期、无还本续贷等方式减轻客户还款压力,主动履行社会责任,助力中小微企业渡过难关。

（3）业务保持"小额、分散"特点

至 2022 年末,本市小额贷款行业户均贷款余额 4.5 万元,笔均贷款余额 9 335 元。

第三节　融资担保公司

1. 基本情况

至 2022 年末,本市共有 30 家融资担保机构持有有效经营许可证。注册资本总计 200.9 亿元(含分支机构营运资金 12 亿元),净资产总计 204.9 亿元;全年累计业务收入 20.5 亿元,其中融资担保费收入 6.9 亿元;行业净利润合计 4.7 亿元。

2. 行业发展情况

（1）服务小微企业作用增强

至 2022 年末,本市小微企业融资担保在保余额 735.4 亿元,较 2021 年末上升 19.5％,占全市融资担保在保余额的 86.2％。同时,担保费保持稳定,年化平均融资担保费率 0.7％,较 2021 年末有所下降。

（2）融资担保余额稳步增长

至 2022 年末,本市融资担保机构融资担保在保余额 853.5 亿元,较 2021 年末上升 3.3％;在保户数 13.5 万户。融资担保平均放大倍数为 4.3 倍,较 2021 年末上升 16.2％。

（3）业务模式基本稳定

至 2022 年末,本市融资担保机构在服务对象类型方面,为商贸类企业担保的担保余额占比最高,为 30.8％;在担保额度方面,单笔 200—500 万元的担保余额占比最高,为 47.7％;在担保期限方面,6—12 个月的担保余额占比最高,为 90.5％;在反担保方式方面,信用担保占比最高,为 78.2％。业务模式与 2021 年保持基本一致。

第四节 典 当 行

1. 基本情况

至 2022 年末,本市共有典当企业 231 家,含新设 3 家,分支机构 48 家,共计经营网点 279 个,注册资本 63 亿元。全年典当总额 290 亿元,年末典当余额 55 亿元。

2. 行业发展情况

(1)积极为中小微企业提供融资服务

本市典当行业始终坚持为中小微企业提供融资服务。2022 年行业向中小微企业提供贷款合计达 170 亿元,占全市典当总额的 59%。8 家优质典当行作为第一批试点单位入驻"上海市企业服务云",加大对中小微企业融资支持力度。

(2)积极助力复工复产和经济发展

疫情期间,本市典当行积极响应《关于上海地方金融组织进一步支持新冠肺炎疫情防控和经济社会发展的若干意见》(沪金监〔2022〕38 号)《上海市全力抗疫情助企业促发展的金融支持举措》(沪金监〔2022〕39 号),落实支持实体经济发展相关政策措施,主动履行社会责任,采取减免息费、暂缓绝当等措施,缓解企业资金压力,助力中小微企业渡过难关。

(3)传统业务保持稳定,房地产业务仍为主要业务

2022 年,房地产业务典当总额 182 亿元,占比 63%,占比仍保持首位。民品业务典当总额 56 亿元,占比 19%,业绩相对稳定。机动车业务典当总额 13 亿元,占比 5%。财产权利业务典当总额 33 亿元,占比 12%,较 2021 年略有下降。

第五节 地方资产管理公司

至 2022 年末,本市共有地方资产管理公司 2 家。注册资本 75 亿元,净资产 489 亿元。当年累计收购不良资产 9.1 亿元,处置不良资产 15.2 亿元。2022 年末存量不良资产 46.5 亿元。

第六节　融资租赁公司

2022年,作为全国融资租赁行业集聚地之一,上海以防风险、强监管、促发展为主线,不断健全监管机制、优化营商环境,推动上海融资租赁行业稳步迈入高质量发展新阶段。

1. 行业发展保持平稳,行业风险总体可控

截至2022年末,上海共有融资租赁公司1 459家,较去年同期减少140家;资产规模约2万亿元,约占全国融资租赁行业资产规模的三分之一;2022年累计实现净利润约329亿元,同比增长6.13%。2022年,上海市融资租赁行业各类风险指数总体位于合理区间,不良租赁资产率约1.73%。

2. 行业结构不断优化,尾部企业大幅收缩

截至2022年末,本市融资租赁公司资产规模超百亿的共计31家,资产规模约1.56万亿元,其中超千亿的4家,资产规模约8 467亿元,占行业总规模近半,头部企业尤其是千亿级规模以上融资租赁公司在国内外已形成较强的品牌影响力。同时,随着市场竞争愈发激烈、监管力度不断加强,非正常经营以及"小、散、弱"的市场主体正加速退出行业,截至2022年末,累计554家融资租赁公司主动注销、更名转型或被吊销营业执照,行业进一步实现"减量增质"。

3. 主营业务日益突出,服务实体作用显著

2022年末,上海融资租赁行业融资租赁及经营性租赁资产余额约1.59万亿元,租赁物主要为通用机械设备、工业装备、交通运输设备、基础设施、建筑工程设备等,其中交通运输设备、通用机械设备、工业装备占比最高且增幅明显,交通运输设备类租赁资产余额约2 858亿元,同比增长37.8%,通用机械设备类租赁资产余额约2 790亿元,同比增长14%,工业装备类租赁资产余额约2 259亿元,同比增长16.5%。上海市融资租赁行业服务涵盖了航空航运、工程机械、医疗设备、科技创新、新能源等国民经济各领域,尤其在支持中小微企业发展方面也发挥了重要作用,2022年末,上海市融资租赁公司投向中小微企业的融资租赁及经营性租赁资产余额达5 000亿元,约占上海融资租赁行业融资租赁及经营性租赁资产余额的1/3,行业在服务国家战略、助力产业创新升级、带动新兴产业发展方面的作用正不断提升。

第七节　商业保理公司

2022年,随着政策环境不断完善,监管机制逐步健全,上海商业保理行业发展平稳有序,风险总体可控,在服务实体经济、促进应收账款周转、缓解中小微企业融资难等方面发挥了积极作用。

1. 头部企业引领效应显著

2022年末,上海存续商业保理公司共计375家,资产总额1 240亿元,较2021年小幅增长;上海商业保理公司发放保理融资款本金余额合计约902亿元,与上年基本持平。截至2022年末,上海商业保理公司资产规模超10亿的共计22家,主要为央企、国企或产融一体化平台发起设立的商业保理公司,资产规模合计约920亿元;其中资产规模超100亿的共计3家,资产规模合计约448亿元,行业集中度格局稳定。

2. 行业合规经营意识提升

近年来,上海市地方金融监管局不断健全监管制度,先后在全国率先出台了强化事中事后监管、实施分类监管等制度文件,以监管系统在线备案报送数据信息、现场检查、监管评级为主要手段,非现场监管与现场检查相结合的行业监管体系初步形成。随着监管力度不断加大,本市商业保理公司"拥抱"监管、合规经营意识持续提升,大量"失联""空壳"等非正常经营企业退出行业,截至2022年末,累计192家商业保理公司主动注销、更名转型或被吊销营业执照。

3. 金融服务实体能力增强

伴随行业发展与各类资本涌入,商业保理业务覆盖面进一步扩展,服务触角已逐步渗透到以电力能源、基建工程为代表的国家支柱行业,以高端设备制造、电子通讯设备为代表的高精科技行业,以医疗健康、教育辅导、电子商务为代表的民生服务行业。随着行业不断调整、回归本源,不同股东背景的商业保理公司充分发挥各自优势和专长,深耕供应链,服务对象逐步转向产业链中小微供应商,形成了"专业化、精细化、场景化、链条化"发展特点。

环境篇

第二十章 金融监管

第一节 银行业保险业监管

1. 2022年监管工作重点

2022年，面对严峻复杂的经济形势和艰巨繁重的改革发展任务，上海银行业保险业以习近平新时代中国特色社会主义思想为指导，深入践行人民金融发展理念，逆水行舟，锐意进取，有效推进防范化解风险、服务实体经济和深化改革三项任务，各项工作取得积极成效。

（1）坚持金融为民，经济民生服务有效。增强金融工作的政治性、人民性。落实稳住经济大盘工作部署，出台十五条惠民保企举措和建立"纾困融资"工作机制，全年累计投放纾困融资金额4 726.4亿元。全面推广无缝续贷"十百千亿"工程，稳定市场融资预期。普惠型小微企业贷款继续"增量扩面、提质降本"，年末余额达9 153.5亿元，同比增长26%。支持做好"保交楼"工作，推进上海"两旧一村"改造及保障性租赁住房建设。出台十二条加强新市民金融服务举措，拓展新市民版"沪惠保"。推进普惠型保险平台"保险码"上线。开展"消保专项治理年"活动，推进消保"一把手"工程。

（2）坚持风险为本，风险处置化解有序。推动高风险机构处置化险取得重要成果。坚持依法将各类金融活动全部纳入监管，开展金融中介治理专项行动，依法打击代理退保黑产。深入推进非法集资整治，做好P2P网贷专项整治收尾工作，持续拆解影子银行风险。督促加大不良处置力度，辖内银行业不良率0.79%。坚持重典治乱定力，全年作出行政处罚决定99例，罚没金额6 815.5万元。

（3）坚持开拓创新，改革开放发展有成。推进建设临港新片区科技保险创新引领区，与临港新片区管委会共同创建科技金融创新试验基地。引导中国集成电路共保体为全国17家集成电路企业提供保险保障共计1.02万亿元。联合出台多个行动方案，支持上海科创中心建设，服务"双碳"目标实现，力争到2025年科技型企业贷款余额突破1万亿元，绿色融资余额、绿色保险保障金额均突破 1.5 万亿元。支持长三角区域一体化发展,协同四地银保监局推出长三角跨省(市)协同授信制度。启动国际再保险业务平台建设,引导银行保险机构有序集聚,批复同意上银理财和 6 家分行级专营机构开业。

2. 2023 年监管工作规划

一是强化稳增长保民生金融支撑。全力支持经济运行整体好转,为恢复和扩大消费,营造良好金融环境,助力稳住外贸外资基本盘,发挥金融纾困作用,深入推进普惠金融。丰富养老、健康领域金融产品和服务,强化民生保障。二是推进金融赋能现代化产业体系建设提速。提高金融服务国家重大战略能力,助力上海"五个中心""四大功能""三大任务一大平台"建设。聚焦上海"2＋3＋6＋4＋5"产业发展布局,引导金融资源向重点领域倾斜。推动科技金融、绿色金融行动方案落地见效,促进上海城市数字化和绿色低碳转型。三是推动国际金融中心加快打造升级版。助力上海加快打造国际金融资产交易平台、建设科创金融改革试验区。继续推进上海国际再保险中心、全球资管中心建设,引导优质金融机构在沪有序集聚和高质量发展。持续提升金融服务共建"一带一路"水平。四是促进金融与房地产正常循环。支持做好"保交楼"工作,为优质房企提供并购融资,加大对上海"两旧一村"、保障性租赁住房的支持力度,推动房地产业向新发展模式平稳过渡。五是加强重点风险处置应对。会同地方政府加快推动中小机构改革化险,有效应对信用风险集中反弹,加强对保险公司偿付能力情况的日常监测和现场检查。六是引领上海银行业保险业高质量发展。引导各类银行保险机构聚焦主业、回归本源,找准市场定位,差异化发展。督促各类机构不断改进公司治理,加强股东资质穿透审核,强化关联交易整治。统筹发展和安全,督促行业做好安全生产各项工作。七是严查重处违法违规金融活动。持续打击脱实向虚、隐匿不良、违规套利、退保黑产等行为,整治各类"名实不符"金融产品。依法将各类金融活动全部纳入监管,提升金融中介治理专项行动成效。八是加强消费者权益保护。牢固树立以人民为中心的发展思想,开展"消保深化治理年",大力发扬"枫桥经验",加强体制机制建设,努力促进金融服务更好满足消费者需求。

第二节　证券业监管

2022 年,上海证监局认真贯彻落实证监会和上海市有关工作要求,全力维护市场平稳有序健康发展,有力支持上海抗击疫情,服务重大国家战略落地见效和实体经济高质量发展。

1. 防范和化解重大金融风险

充分利用金融委办公室地方协调机制等，加强风险预研预判和关键风险信息的及时互通。上海资本市场风险整体可控，债券违约、私募基金、股票质押等重点领域风险总体呈收敛态势，已发生的个案风险均在稳步推进解决。先后推动 5 家债券发行人共 25 只债券产品（含资产支持证券）完成展期，金额累计 169 亿元，年内未新增债券违约风险。深入推进私募基金分类整治工作，推动一批失联、经营异常等"僵尸"私募"双出清"或消除经营异常情形。推动 2 家上市公司平稳退市。结束国盛期货接管。稳妥配合安信信托风险化解。

2. "零容忍"打击违法违规行为

全年查办证券期货违法违规案件 52 件①，审结 25 件。作出行政处罚决定 53 份，同比增长 89％。案件查办时限、审理时限分别同比下降 26％、30％。查办央批"专网通信"案件 2 件。处罚证监会首单未经批准委托管理期货公司股权案、首单公募基金管理公司私募业务违规案。1 件案件入选证监会等四部门联合发布的依法从严打击证券犯罪典型案例。

3. 持续加强诚信及法治环境建设

充分发挥桥梁纽带作用，配合市金融局做好浦东立法需求调研工作。支持出台《上海市浦东新区绿色金融发展若干规定》。支持《上海市推进国际金融中心建设条例》修订。深化协作机制，推动出台《上海市关于依法从严打击证券违法活动的方案》，与市高院联合发布"关于贯彻落实《关于适用〈最高人民法院关于审理证券市场虚假陈述侵权民事赔偿案件的若干规定〉有关问题的通知》加强协作的若干意见"，与市检察院签署《关于加强资本市场执法司法协作、完善资本市场法治建设的协作意见》，与人民银行上海分行、市检察院等单位联合建立《上海市打击治理洗钱违法犯罪工作机制》。推进《期货和衍生品法》学习宣传落实，指导上海市期货同业公会举办 4 期系列专题讲座。

4. 落实抗疫纾困政策举措

主动调研了解疫情影响情况和市场主体困难，积极建言献策。证监会《关于进一步发挥资本市场功能　支持受疫情影响严重地区和行业加快恢复发展的通知》出台后，局主要负责人第一时间以专访的形式通过《解放日报》报纸版面对外发声，做好政策措施宣传解读工作。积极参与制定出台《上海市全力抗疫情助企业促发展的若干政策措施》《上海市加快经济恢复和重振行动方案》。指导上海证券、期货、基金 3 家行业协会发布《关于上海证券期货基金行业进一步做好疫情防控和服务经济发展工作有关事项的通知》。配合推动上海市普惠金融顾问制度落实落地，联合印发《上海市普惠金融顾问制度实施办法（试行）》《上海市普惠金融顾问制度战略合作协议》等配套文件。

---

① 统计口径由提前介入、线索核查、初查、立案案件调整为初查及立案案件。

5. 积极支持上海国际金融中心与自贸区新片区建设

支持临港新片区企业利用资本市场融资发展,扎实做好辅导验收、政策宣传、风险监测等日常监管服务工作。鼓励证券期货基金经营机构、私募基金管理人落户临港新片区,就近提供专业金融服务。指导设立上海资本市场人民调解委员会临港调解工作室,积极探索建立跨境投资者纠纷调解机制。临港集团成功落地上海首单跨境离岸人民币权益融资产品,发行规模6亿元。国泰君安临港创新智造产业园REIT发行上市,首次引入境外机构投资者参与战略配售。上海临港国泰君安科技前沿产业私募基金合伙企业(有限合伙)注册成立并完成备案,首期规模80亿元。华安基金将总部搬迁至临港新片区。临港新片区有16家上市公司和新三板挂牌公司,15家证券经营机构、11家期货公司风险管理子公司、1家基金管理公司、354家私募基金管理人、16家律所同城分所。

第三节　地方金融业监管

2022年,市地方金融监管局以高质量监管推动地方金融行业高质量发展,科学指导上海市地方金融组织积极应对疫情挑战,为助推全市经济恢复重振、提高上海地区竞争力发挥了积极作用。一是助力疫情防控和经济社会发展。出台《关于上海地方金融组织进一步支持新冠肺炎疫情防控和经济社会发展的若干意见》,全力部署"场所码""数字哨兵"等工作以帮助地方金融组织恢复正常运营,适度调高监管容忍度以保障优质地方金融组织正常运营。二是建立健全政策制度体系。完成《上海市典当行监督管理办法》初稿及征求意见工作、启动《上海市地方资产管理公司监督管理暂行办法》修订工作、制定《上海市小额贷款公司、融资担保公司、典当行监管评级与分类监管指引》等,进一步规范市区两级行政审批工作标准及流程,推进普惠及乡村振兴相关支持政策落地。三是协同联动提升风险管理质效。构建央地协同、部门协作的风险联防联控工作格局,有力推进防范和处置非法集资工作,防范化解潜在风险。四是加快推进数字化智慧化转型。持续推进本市地方金融监督管理信息平台优化完善,规范企业相关备案、报告及信息报送行为,综合运用大数据手段及群众投诉举报等信息。

1. 小额贷款、融资担保、典当和地方资产管理公司

一是建立健全监管政策体系。启动《上海市地方资产管理公司监督管理暂行办法》的修订工作。完成四类地方金融组织监管评级与分类监管指引,起草四类地方金融组织现场检查指引。梳理四类机构行政处罚免罚清单。优化办事指南,印发《小额贷款公司、融资担保公司、典当行三类机构审批及备案事项材料清单》,细化材料内容和形式要求。优

化审批环节、提升审批效率、提高审批质量,便企利民。持续优化办事流程,做好审批备案工作。进一步强化内部工作流程和机制,提升行政许可的规范化、标准化和透明度。

二是加强行业监督管理。依托地方金融监管信息系统的建设和完善,加大对小额贷款公司、融资担保公司、典当行、地方资产管理公司数据运行监测,扎实开展非现场监管。组织开展 2021 年度小额贷款公司、融资担保公司、典当行现场检查及监管评级。根据银保监会要求,对本市地方资产管理公司开展专项检查并上报情况报告,督促落实审计整改要求。配合人民银行、银保监会等部门做好网络平台企业规范整治。根据市场监管部门所提供相关信息,梳理 40 家名称中含有“典当”字样但未取得许可证的企业名单,向社会公众提示风险。处理四类地方金融组织相关投诉举报、人民来信等,妥善做好风险防控与合规监管工作。

三是积极推动行业高质量发展。组织开展“政府开放月”活动,与融资担保机构面对面交流,明确监管要求,推动行业规范健康发展。开展“防疫情、稳经济、保安全”走访调研工作。引导支持实力雄厚企业在沪设立小额贷款、融资担保、典当公司,对经营不善及不符合监管要求的企业引导重组或退出行业。支持监管企业开展不良资产转让或核销。配合市财政局出台《关于充分发挥政府性融资担保作用　支持小微企业和“三农”主体发展的实施意见》。制定印发《关于规范本市小额贷款公司贷款资产风险分类及贷款损失准备计提的通知》,适当降低本市小额贷款公司拨备覆盖率计提比例要求。

2. 融资租赁、商业保理公司

(1) 提升监管效能,守住风险管控底线

一是积极参与制度研制。针对《地方金融监督管理条例》草案,收集汇总行业意见建议反馈中国人民银行;围绕融资租赁、商业保理公司监管制度的研制,积极调研本市行业头部企业;推进《商业保理合同准则》地方标准试点,提升行业标准化建设水平;与海南省地方金融监管局签署协作备忘录,探索建立异地协同监管机制。

二是深化事中事后监管。优化 2022 年度融资租赁、商业保理公司现场检查内容及监管评级指标体系,指导各区开展现场检查工作,督促企业整改违规行为;开展年度监管评级工作,建立健全分类监管模式,促进行业扶优汰劣;贯彻落实国家关于防范和化解拖欠中小企业账款专项行动的决策部署,开展本市商业保理公司专项检查工作,督促引导本市商业保理公司保护中小企业合法权益,维护产业链供应链稳定。2022 年初更新公告非正常经营类融资租赁公司 1 175 家、商业保理公司 267 家,协调市场监管部门加大列异和吊销力度,推动“空壳”“僵尸”企业退出行业,2022 年内共计 143 家融资租赁公司、52 家商业保理公司主动注销、更名转型或被吊销营业执照。

三是强化监管科技赋能。持续推进本市地方金融监督管理信息平台优化完善,规范企业相关备案、报告及信息报送行为;开展数字化赋能监管相关课题研究,提升行业监管信息化水平和监管效率;综合运用大数据手段及群众投诉举报等信息,做到行业风险早识别、早预警、早发现、早处置。

四是促进行业自律。指导市商业保理同业公会开发行业培训系统,邀请行业专家录制培训课程,开展线上从业人员培训和考试,范围覆盖本市全部商业保理公司,有效提高行业从业人员专业素养与合规经营意识;指导市融资租赁行业协会组织开展汽车租赁等领域专题座谈会,针对焦点领域研究开展自律规制。

（2）寓监管于服务,推动行业健康发展

一是引进增量盘活存量。2022年,继续严格把好准入关,鼓励优质企业放大资本作用,增强服务实体的能级。支持中交租赁、中远海运租赁、蔚来租赁、欧力士租赁、上汽通用租赁、茅台租赁等一批头部企业增加注册资本近80亿元;稳妥支持中国移动、新疆果业等大型央国企在本市设立融资租赁或商业保理公司。

二是持续优化政策环境。推进落实《本市优化营商环境、促进融资租赁业发展重点工作清单(2020版)》,会同人民银行支持优质融资租赁、商业保理公司接入人民银行征信系统,提升风险防范水平;围绕"政府开放月",举办医疗大健康等领域面对面座谈活动,深化政务公开水平;指导市融资租赁行业协会人民调解委员会与静安、黄浦司法局、区法院以及上海金融法院加强合作,开展相关案件调解试点工作,优化司法环境。

三是着力打响行业品牌。支持浦东新区举办"打造引领区·浦东融资租赁中心建设推介活动";支持市融资租赁行业协会绿色租赁专业委员会举办"上海市融资租赁行业协会2022年绿色租赁与ESG论坛",发布相关白皮书;举办银行业支持绿色租赁发展集中签约活动,新增2 800亿元投融资意向额度,17家融资租赁公司与17家银行发起成立全国首个绿色低碳银租合作联盟。指导市融资租赁行业协会与主流媒体共同举办"首届上海融资租赁行业年度创新融资奖—金泉奖"评选,并发布一批经典项目;指导行业协会发布本年融资租赁行业发展报告,支持协会人才工作专业委员会研制《上海市融资租赁行业人才发展白皮书》。指导市商业保理同业公会发布一批行业创新案例,开展"保理十年,再开新篇"系列活动,不断扩大行业影响力。

3. "3"类机构监管情况

一是交易场所清理整顿方面,依托市金融稳定协调联席会议,持续推进本市清理整顿各类交易场所攻坚战各项任务。提请市政府延长《上海市交易场所管理暂行办法》有效期至2025年3月1日,进一步为交易场所清理整顿和规范发展提供制度保障。上线本市地方金融监督管理信息平台交易场所模块。配合相关行业主管部门及属地区政府,开展重点类别交易场所存量风险化解与整合工作。支持行业主管部门加强所辖交易场所的规范和发展。

二是加强优质私募投资机构引入及发展促进。通过展业服务、行业调研、政策宣介等多种形式,着力支持私募机构在促进创新资本形成、提高直接融资比重、支持创新创业和产业结构调整等方面发挥更重要的作用。优化支持优质私募机构设立和发展工作机制,争取各类优质主体在沪集聚,支持和鼓励本市私募机构结合上海"3＋6"重点产业领域开展投资。截至 2022 年底,上海市共有私募管理人 4 410 家,管理基金 41 488 只,管理规模5.11 万亿元,三项数据持续领跑全国。

三是开展对本市社会众筹机构的摸排监测工作。与第三方机构合作,通过大数据等手段开展排摸,及时掌握行业运营数据及发展趋势,跟踪各主要省市的社会众筹行业动态。

4. 2023 年监管工作展望

2023 年,继续围绕"监管防风险＋服务促发展"两条主线,进一步健全监管机制、提升监管效能、优化营商环境,引导支持"7＋4"类地方金融组织围绕国家战略和上海发展重点,努力将上海打造成为产业集聚、创新引领、服务高效、进退有序、运营规范、风险可控的行业发展高地。

对于小额贷款、融资担保和地方资产管理公司、典当行、融资租赁和商业保理公司。一是加强新法新规宣贯落地。关注《地方金融监督管理条例》和相关行业监管办法以及许可制度的出台,及时研制本市相关行业监管实施细则及监管指引。二是提升事中事后监管效能。全面强化非现场监管,优化风险监测指标体系;进一步强化现场检查的深度和广度,提高检查标准和质量;完善监管评级指标体系,提高评级科学化和精准度,拓展评级结果应用;依托许可制度的出台加大市场出清力度,避免违规经营主体成为风险易发点;完善执法队伍建设,规范行业秩序。三是推动行业高质量发展。引导行业聚焦重点领域,聚焦绿色低碳、三大产业(人工智能、集成电路、生物医药)、专精特新等科创领域,推动行业对接产业端,凸显服务实体作用;聚焦重点区域,围绕临港新片区、引领区、长三角一体化示范区、"五大新城"等重点区位,以浦东新区法规制定为契机,助力特色产业高地的培育和集聚。聚焦行业品牌,促进地方金融组织与资本端的对接,建立与银行业及要素市场等金融资源的长效合作机制。聚焦"软环境",协调人行上海总部建立征信接入便捷机制,提高企业风险防控能力;发挥行业协会作用,推动建立多元化纠纷解决机制;探索建立行业从业人员档案库,打造行业人才高地。

对地方各类交易场所、私募投资机构和社会众筹机构。一是推动加强顶层设计,进一步完善相关政策法规。二是促进银企政深度合作,推动银行业金融机构与优质地方金融组织加强协同,更好地服务地方经济发展。三是落实交易场所长效机制,配合相关行业主管部门出台所辖行业交易场所管理实施细则,推动交易场所规范健康发展。四是稳妥推进本市清理整顿各类交易场所攻坚战任务,持续关注"伪金交所"等重点领域风险,做好重点类别交易场所存量风险化解及未经批准设立交易场所处置等工作。五是加强工作协同，坚持"扶优限劣"总原则，支持优质投资类机构引进，推动行业合规健康发展。六是持续做好本市社会众筹行业发展的定期监测。

同时，全面深入推进地方金融监管信息平台建设，结合地方金融监管的数字化转型需求，打造综合性数字化监管平台。依托监管信息平台规范并稳步推进地方金融组织数据报送，进一步提升地方金融监管效率。积极推进与其他政府部门、国家金融管理部门等的数据交换与共享工作，全面掌握地方金融发展态势，加强形势研判。

第二十一章 金融行业自律

第一节 银行业行业自律

2022年，上海市银行同业公会团结上海银行业敢于担当、主动作为，统筹做好防风险、稳增长、保稳定和清廉金融文化建设等各项工作。2022年末，会员单位总数增加至258家。

1.凝聚力量，全力做好金融支持抗疫和复工复产工作

（1）共同唱响金融抗疫主旋律。联合上海市保险同业公会发布《关于上海银行业保险业积极参与疫情防控工作的倡议书》《上海银行业保险业做好金融服务全力支持抗疫和复工复产工作倡议书》。

（2）不断加大金融助企惠民力度。一是号召会员单位出台抗疫助企普惠服务举措，进一步加大重点行业减费让利纾困力度，针对住房按揭贷款、信用卡等业务陆续出台纾困措施。二是充分发挥"上海市银税互动信息服务平台"效用，完成平台移动端开发，已有12家银行接入移动端。三是对接上海市税务局，首次向银行机构提供上海市制造业企业每户延缓缴纳的具体税额，快速精准对接企业融资需求。四是与上海市中小企业发展服务中心联合编制《助企纾困——2022年上海市中小企业融资索引》。五是与第一财经、澎湃新闻合作"抗疫助企"公益项目，向企业宣传抗疫相关金融举措。

（3）快速响应复工复产工作安排。一是研究制定《上海市银行同业公会推动上海银行业支持抗疫及复工复产工作方案》，提出加大信贷投放等"十一条"工作举措。二是对全体会员单位开展快速调研，形成《关于上海银行业金融支持复工复产工作有关情况的报告》报送金融管理部门。三是根据《本市金融机构复工复产疫情防控指引》，收集各会员单位的问题、困难和建议，及时向相关金融管理部门反映。四是与浦东新区金融工作局建立互联机制，协助会员单位推进复工各项工作。五是制定抗疫社会责任评估指标体系工作方案，督促和引导全体会员单位积极履行社会责任。

2.提高站位,引领上海银行业高质量发展

(1)推动银行业加强合规自律建设。一是联合上海市保险同业公会发布《上海银行业保险业数据合规倡议书》。二是在监管部门指导下,组织相关会员单位开展《上海银行业合规管理指标体系》试填写。三是举办多场内控合规管理和反洗钱监管重点专题培训,组织开展"数字人民币业务洗钱风险研究"等专题调研。四是推进《上海银行业金融中介合作自律规范》制定工作,进一步规范上海银行业金融机构与各类中介之间的合作。五是开展对公账户收费情况调研,对相关违规行为和违反自律约束要求的行为进行监督和纠正。六是结合监管要求修订完善《信用卡逾期催收自律公约》,发布《在沪总行信用卡中心联席会议落实金融服务减费让利行动倡议书》。七是推进银行函证业务规范化数字化建设。

(2)稳妥推进行业维权和风险处置工作。一是持续做好债委会协调工作,对辖内存量债委会开展专项清理,定期开展债委会运行情况和数据收集工作。二是参与中银协联合授信工作,开展联合授信典型案例征集。三是按季开展辖内金融机构预交诉讼费申退数据统计工作,建立常态化报送机制。四是发挥上海市政府基层立法联系点职能,积极参与地方立法相关工作,开展《上海市推进国际金融中心建设条例》等多项法案的意见征询,累计向相关政府部门反馈上百条意见和建议。五是结合异地村镇银行出现的风险事件,围绕银行与第三方平台的业务合作等方面向在沪村镇进行风险提示。

(3)深化清廉金融文化建设。一是组织全体会员单位开展"扬清风倡廉明"廉洁风险防控专项行动,开展廉洁风险排查。二是开展"探索创新新时代上海清廉金融文化建设的方式方法"专项课题研究并形成课题报告。三是推动清廉金融文化植根青年思想,开展上海银行业"青年清廉文化故事大讲坛"活动。四是持续开展"清廉金融进高校"活动,配合相关高校开发廉课讲义,组建清廉金融讲师队伍,为合作高校开展专题讲座。

(4)加强行业研究和智库建设。一是出版发行《人民金融发展的上海实践》,全景展现上海银行业人民金融实践成果。二是深入贯彻党中央、国务院碳达峰碳中和战略决策部署,制定绿色金融十大行动方案。三是发布2022年行业研究工作指引,加强研究资源整合和研究成果交流。四是紧扣行业热点,举办股权激励金融服务、绿色租赁业务、公司治理等研讨会。五是推进相关专委会专家人才库建设,加强专家库动态管理。六是围绕浦东引领区建设、科创金融投贷联动等课题形成29篇研究报告,编制《2022年度公会课题报告汇编》。七是以"金融助力高质量发展"为主题,编撰发布《2021年度上海银行业社会责任报告》。

3.加强消保,提升社会民生金融服务水平

(1)优化适老金融服务。一是积极响应上海市委市政府推进解决老年人等群体"数字鸿沟"问题的号召,发布《上海银行业关于提供水电气等线下缴费服务的倡议书》。二是修订《上海银行业敬老服务网点创建管理办法》,组织开展2022年上海银行业敬老服务自查工作,全市现有敬老服务网点 492 家。

（2）提升银行业窗口服务建设。一是持续推进上海银行业无障碍环境建设,举办 6 期窗口服务手语培训班,年末全市无障碍服务银行网点达到 18 家。二是组织开展 2022 年银行业营业网点文明规范服务百佳示范单位创建工作,向中银协推荐 5 家营业网点为"百佳"候选单位。

（3）扎实做好金融消费者权益保护工作。一是组织开展"3·15"消费者权益保护宣传周及线上新闻通气会等活动,开辟微信公众号专栏分享会员单位活动简报、宣教视频 85 篇。二是组织上海银行业金融辅导志愿讲师队坚持做好金融知识普及,通过线上线下方式全年累计开展 17 场次活动。三是参与第十六届上海金融服务实体经济洽谈会,组织开展"金融知识市民课堂"银行专场线上直播活动。四是召开疑难投诉处理专题研讨会,开展案例分析交流。

第二节　证券业行业自律

2022 年,在上海证监局、上海市民政局的关心指导下,在广大会员的支持下,上海市证券同业公会(以下简称"公会")深入学习宣传贯彻党的二十大精神,进一步加强行业自律管理、优化会员服务。截至 2022 年末,公会共有会员单位 993 家。

1. 组织开展学习宣传贯彻二十大会议精神系列活动

公会组织会员开展"十年奋进路　锦绣新征程——喜迎二十大上海证券业书画摄影展""行业专家畅谈二十大报告""上海券业十年公益路系列专栏"等系列活动,引领会员单位学习好、宣传好、贯彻好、落实好党的二十大精神,将"建设好具有中国特色的现代资本市场"的重大时代命题落实到具体工作。

2. 积极参与抗疫工作

公会积极动员广大会员共同抗疫:一是从 2022 年初开始坚持每日了解汇总辖区从业人员感染和工作场所关闭等情况数据,并第一时间报告有关部门;二是通过网站、微信公众号第一时间刊发 39 家会员单位 55 篇典型防疫事迹,联合媒体刊发"上海证券业携手抗疫　上海证券业在行动"65 篇宣传报道、制作发表抗疫短视频《"证"守护,"券"君行》等;三是组织力量线上线下深入调研上海证券行业复工复产情况,形成专题报告上报有关部门。

3. 围绕监管部门工作要求,加强行业自律管理

2022 年公会及时修订相关自律管理制度,通过线上线下 2 种形式对 848 家证券分支

机构开展自律检查工作,跟踪督促整改 40 家;实地走访 27 家上海地区新设证券经营机构,了解行业情况;对 949 家证券经营机构开展信息登记公示开展专项自查工作;组织调研临港新片区证券经纪业务现状形成专题报告;开发建立证券经营机构反洗钱信息报备系统数据平台,举办会员单位线上反洗钱知识竞赛。

4. 持续优化会员服务

一是推动公会数字化建设。2022 年公会创建完善会员信息交互平台"数字地图";编制并定期发布公会各类数据,如《上海辖区证券经纪业务分支机构经营情况分析报告》《上海证券业人力资源分析报告》等。二是统筹行业文化建设。公会联合期货同业公会共同举办"2022 年上海证券及期货业微课大赛";联合上海证券报开辟"新青年——资本市场新锐力量"专栏。三是举办多种形式公益培训交流活动。公会 2022 年举办各类培训活动共计 20 场,联合主办 3 场党史教育活动,覆盖会员单位从业人员、投资者等近 3 万人次。四是加强多元纠纷化解工作。2022 年度公会累计受理投诉 571 件。已处理的 523 件投诉中,和解 245 件,和解金额共 429.10 万元;与 85 家会员单位签署了《证券业务纠纷调解合作协议》;编撰《上海资本市场案例汇编》等。

5. 不断加强内部建设,健全内部制度

2022 年,公会始终坚持民主程序规范召开各类会议。同时,修订完成了各类内部管理制度 12 项,新制订 3 项。经 2022 年 9 月民政局组织的现场复评审查后,公会继续保持上海市 5A 级社团组织称号。

第三节　期货业行业自律

上海市期货同业公会(以下简称公会)在上海证监局和上海市民政局的指导下,秉持"重实务、促协调、守自律、拓发展"的宗旨,为推进资本市场高质量发展贡献应有之力。截至 2022 年年底,公会共有会员单位 288 家,其中期货公司 36 家,期货分支机构 190 家,期货风险管理公司 46 家,银行 7 家,软件公司 9 家。

1. 坚持党建引领,把学习宣传贯彻党的二十大精神作为首要政治任务

2022 年 10 月 16 日上午,党的二十大隆重开幕,各会员单位党员干部群众以不同形式收听收看大会盛况,认真聆听大会报告,并纷纷表示要把学习成果转化为推动资本市场高质量发展的实际成效。公会组织二十大专题辅导报告,充分发动会员单位多措并举把学习宣传贯彻工作向前推进,通过官网官微专栏集中展现会员单位在积极落实行业全面深化党建引领、促进高质量发展方面的风采。

2. 夯实法治基石，以高质量法治建设为行业高质量发展保驾护航

2022 年 4 月 20 日，《期货和衍生品法》正式颁布，自 8 月 1 日起施行，资本市场法治体系的"四梁八柱"基本完成。公会一是举办四期专题讲座普法释义，吸引 8 000 余人次收听收看，并组织会员单位积极开展普法宣传，全行业累计开展专项活动近百场，宣发相关文章 793 篇，覆盖超 48 万人次，有效帮助各类市场主体深刻领会各项制度安排的目的和内涵，掀起普法、学法、用法热潮。二是发挥主流媒体宣传阵地作用，与期货日报、上海证券报、国际金融报开展系列专题报道，与第一财经合作制作普法宣传片，同时与上期所合作主办"松林杯"投资者保护动画大赛，在更广泛空间凝聚共识，有效推动行业普法宣传，助力资本市场法治建设。

3. 强化规范建设，以实际行动积极履行公会社会责任

在上海证监局指导下，公会进一步建立健全各项规章制度，以规范化建设促公会发展。在上海市民政局指导下，公会先后向崇明区界东村老有所养公益关爱项目捐赠 5 万元继续投身三区建设，向上海东海慈慧公益基金会援疆小书桌项目捐赠 5 万元助力乡村振兴。公会连续 14 年组织上海地区期货公司编写社会责任报告，记录期货公司多方面履责情况，并在期货日报进行发布，促进合规诚信发展，体现期货行业担当。公会组织会员单位参与 2021 年度金融职工立功竞赛活动，与上海市证券同业公会联合举办"2022 年上海证券及期货业微课大赛"，通过评比竞赛进一步强化人才支撑。

4. 坚守人民立场，为广大投资者营造良好投资环境

一是成功举办第十三届期货机构投资者年会，线上结合线下的形式录得逾 30 万人次的关注，有力推动投资者教育与保护取得实效，积极助力上海国际金融中心建设。二是在"3·15 消费者权益日""5·15 投资者保护宣传日""防非宣传月""金融知识普及月""世界投资者周"等专项投教活动中积极落实部署，不断提升投资者权益保护有效性，全年共制作原创投教产品 639 种，组织各类投教活动 790 场，吸引近 70 万人次的参与。特别是持续推动投资者教育"走进高校、走进社区"，重点抓好"新""老"两端投资者；推荐原创微视频《网络安全从"我"做起》参与市委网信办评选并获优秀奖。三是分别与同济大学、上海对外经贸大学举办人才培育项目与大学生金融模拟交易大赛，在投资者教育纳入国民教育活动中普及期货知识，体现行业特色，培育后备人才。四是开展纠纷多元化化解实践，全年共受理投诉 188 件，办结 166 件，涉及金额 2 799.81 万元，和解金额 321.39 万元；接到调解申请 39 件，受理 37 件，其中和解 24 件，和解金额 279.81 万元，并就诉前调解、期货居间等课题与本市公检法相关单位进行深入交流。

5. 防范化解风险，把合规风控意识贯穿于公会工作全过程

一是依托联席机制打造自律品牌，举办 2 次首席风险官联席会，1 次信息技术负责人联席会，结合行业发展最新动向与热点进行主题交流，传达监管动态，引导机构合规稳健

发展。二是主动作为,排除各种困难,使得2022年上海地区唯一一次从业人员资格考试在符合防疫要求下顺利进行,解决会员单位新员工入职展业的迫切需求。三是发挥自律职能,积极沟通监管部门,协调解决特殊时期公司与居间人现场签署工作的不便,配合上海证监局完成9家次期货公司和5家期货分支机构的现场检查。四是开展从业人员合规及廉洁从业培训、联合交易所举办培训论坛、协办上市公司风险管理培训等,切实提高从业人员能力。五是发动会员单位参与"资本市场金融科技创新试点地区数字化转型"主题征文,激发金融科技创新活力,繁荣科技生态。六是参与各类年鉴编纂,编写内部刊物《上海期货》等,记录行业发展情况,满足历史文化发展需要。

6.服务上海大局,在服务实体、抗击疫情、志愿服务等工作中持续作出公会应尽的贡献

2022年3月起,公会向会员单位发出通知、慰问信等,要求进一步做好疫情防控和服务经济发展工作。会员单位发挥行业特有优势,通过期货公司的风险管理公司为大量中小微企业及农户提供专业风险管理服务,初步统计涉及期货品种10余个,服务规模逾5亿元。行业累计捐款捐物260余万元,资金主要投向老年群体、儿童新冠疫情防控等,并涌现了一大批抗疫志愿者,共同筑起坚强防线。

第四节　基金业行业自律

上海市基金同业公会(下称"公会")成立于2010年12月,5A级社会组织,"全国先进社会组织"。截至2022年12月,共有会员单位312家,其中公募基金公司68家,含公募基金管理人资格的证券资管公司6家,私募基金公司153家〔含外商独资企业(WFOE)25家〕,特定客户资产管理公司37家,异地基金公司在沪分支机构22家,独立基金销售机构32家。公募基金会员管理的总资产规模11.81万亿元,全国占比近40%;私募会员管理资产规模约1.99万亿元,占上海辖区管理总资产的39%,头部集聚效应明显。

报告期内,在上海证监局和上海市民政局的指导帮助下,公会紧跟监管步伐,以党建为锚、专业为根、服务为纲,引导上海基金业团结奋进,在服务国家、社会等方面续写新篇章。

1.喜迎二十大,基金心向党

在党的坚强领导下,上海基金业坚守初心,不断推进行业高质量发展。7月起,公会持续开展"喜迎二十大,基金心向党"主题宣传活动,通过开设专栏、专题,共宣传发布16家会员单位的24篇党建活动相关报道,展现上海基金业奋发进取的精神风貌。10月,党的

二十大胜利召开,上海基金业迅速掀起学习热潮。公会组织开展"学习二十大会议精神"系列活动,共报道30余家公司的学习活动、学习心得,营造全行业"党建引领,党史赋能"的良好氛围。

2. 获"全国先进社会组织"称号,社会责任绘新篇

2022年1月,第四次"全国先进社会组织"评选表彰结果公布,公会从沪上17 221家社会组织中脱颖而出,连同全国281个社会团体、社会服务机构和基金会被中华人民共和国民政部授予"全国先进社会组织"称号,成为唯一获评的上海市市级社会团体。10月,公会与10家上海公募基金公司发起设立的"上海基金业公益基金会"正式获批,进一步凝聚行业慈善力量,开启践行社会责任的新篇。

3. 搭建分层分类培训体系,引导行业高质量发展

2022年,公会结合市场热点和行业需求,打造"公募基金高质量发展系列培训"和"私募高质量发展系列讲堂"两个培训主线。报告期内共开展了近50场系列、系统的专业培训和研讨会,参加人数超过6 000人次,涵盖法律法规、政策解读、宏观经济、合规风控、信息技术和业务创新,以分层、分类、有针对性的方式,引导行业高质量发展;同时,积极反馈行业建议,就监管发布的3个征求意见稿进行反馈。

4. 追踪行业动态,汇报发展亮点

2022年,公会按月汇集、统计各公司国内和海外业务数据,并向监管部门报送分析报告、业绩排名报告12期,全面掌握上海辖区基金公司发展情况;同时,试运行测试线上数据报送系统,进一步打造互联互通、信息共享、业务协同的行业"数据中心"。此外,公会积极汇报行业发展成果。报告期内,积极参与《上海证券期货年度监管报告(2021年)》《上海金融发展报告2022》《上海现代服务业发展报告》《2022年上海信息化年鉴——上海市基金同业公会信息化报告》《上市公司治理工作报告》等专业报告、文件的编撰和供稿。

5. 发布《指南》(2022版),助力对外开放

为进一步推动金融高水平对外开放,在上海市地方金融监督管理局、上海证监局、中国证券投资基金业协会的指导下,由公会牵头编撰的《海外资管机构赴上海投资指南》(以下简称"《指南》")(2022版)中英双版在2022上海全球资产管理高峰论坛上正式发布。《指南》结合最新的政策方向和投资形势,对上海对外开放政策、公募和私募监管制度、上海金融机构发展数据、上海资管业务数据等方面进行了重点更新,受到各大主流新闻媒体和海外投资者的广泛关注。

6. 探索投教新模式,切实保护投资者权益

2022年,在上海证监局的统一部署下,公会以保护投资者合法权益为核心,积极开展"3·15理性认识市场,投资量力而行""5·15全国投资者保护宣传日"、防范非法证券期货宣传月等投保专项活动;编写《私募基金投资者保护问答手册》,梳理了11条私募基金

要点,倡导理性投资;基金投教电视专栏《基金时间》第七季顺利完结,聚焦养老金第三支柱,多维度解读个人养老金制度;与蚂蚁集团投资者教育基地联合出品"金融支道"3·15投资者保护特辑和5·15防非特辑精品投教视频,帮助投资者鉴别"伪私募""假大师"基金公司;上海基金业陆家嘴金融城投教基地公益投教讲堂"基金时光"聚焦公募REITs、上交所绿色金融小课堂等系列内容,倡导长期投资理念。

7. 厚植行业文化建设,铸就合规诚信底蕴

9月,公会开展"练内功强专业　促上海基金行业高质量发展"业务知识竞赛,共吸引80余家公司近17 256人次参赛,进一步增强从业人员合规意识、提升知识技能;12月,在上海证监局、中国证券投资基金业协会指导下,公会顺利举办"2022年度上海基金行业新入职从业人员培训",85家公、私募基金公司共1 000余位新入职从业人员齐聚线上,聆听入行第一课。课后,千余名新人通过视频参与集体宣誓并进行了线上统一考试,进一步厚植"合规、诚信、专业、稳健"的行业文化底蕴。

8. 逆行值守保运营,汇集力量馈社会

在困难时期,公会第一时间和金融城、楼宇物业、会员单位建立"24小时响应"机制,打通稳运营"绿色通道";联合上海证券报等权威媒体展开联合报道,展现非常时期上海基金人的使命担当;在上海证监局指导下,编撰和共同编著实录和纪念画册,展现行业砥砺前行的姿态;"上海基金业致敬白衣天使专项基金"迅速运作,以7×24小时的接力,为第一线的16 416名人员捐物捐资。

第五节　保险业行业自律

2022年,上海市保险同业公会坚持党建工作和业务工作目标同向、部署同步、工作同力,以高质量党建引领行业高质量发展,被浦东金融局授予党建联建标杆十佳单位。

1. 贯彻以人民为中心的发展思想,用心服务行业高质量发展

（1）强宣传、树典型,着力营造高质量发展浓厚氛围。一是结合党史学习教育、喜迎党的二十大等主题,在"上海保险"微信号设立"读书月""会员风采""机构一把手学习党的二十大"等专栏。二是面向公众加强保险宣教,积极组织3·15消费者权益保护周、7·8全国保险公众宣传日、9月金融知识普及月,以及新市民、防范非法集资、"沪惠保"、车险综改等民生保障类主题宣传;组织新闻通气会、媒体记者调研等活动,展示上海保险业在普惠、绿色、科技保险等新领域的积极成效。三是组建长三角专家智库和上海保险宣传通讯员队伍。

（2）守初心、办实事，着力提升行业自律和维权服务质效。一是推动实施车险保单延期。在监管部门指导下牵头车险经营公司，主动为上海车主延长商业车险保单保期30天，涉及保单约508万张；协调行业为车主提供"搭电""充气"志愿服务，10天救援逾11万车辆，让上海车主感受到有温度的保险服务。二是优化"快处易赔"运维服务。首建客服团队，全年处理事故案件37.8万件；"快处易赔"成功入驻上海大数据中心"随申办"APP，被上海市民政局授予"上海市社会组织服务品牌TOP20"称号。三是努力提升自律工作质效。以"降价、增保、提质"为目标，有力维护综改后车险市场秩序；开展车险自律警示，出台新版《车险理赔数据治理管理规范》；出台《上海市人身保险从业人员流动自律公约》《上海地区保险销售从业人员执业失信行为风险等级管理办法（2022年版）》；扩大中介机构自律范围，人身险销售人员流动中介自律机构达67家，提供风险排查信息2 600余条。四是继续推进大数据智能反保险欺诈。新增"人伤黄牛""恶意代理退保"等新型欺诈线索收集串并；配合上海公安机关立案22起，破获犯罪团伙23个，抓获犯罪嫌疑人63人；建立公安、中国银保信等五方沟通联络机制，协同发力打击"代理退保"黑产。五是持续协调推进"沪惠保"项目工作，联动上海现代服务业联合会等协会组织，推动新市民纳入2022年"沪惠保"参保人群。

2. 讲廉洁、扬清风，深耕细耘清廉金融文化建设

一是在监管指导下积极落实与高校合作备忘录内容，协调复旦大学等高校廉课活动和大学生假期实习。二是依托微信号"微课堂·清廉金融"栏目、"上海（长三角）保险直播间"平台和《上海保险》杂志打造清廉金融文化宣传矩阵。三是举办"扣好廉洁从业的第一粒扣子"青年征文活动，制作发布"阳光承保""阳光理赔"自律公约宣导动漫视频，助力督促机构压实主体责任，将清廉金融文化融入公司治理和经营发展各环节。四是通过"长三角直播间"线上分享廉政教育培训、案例警示教育、机构经验交流、安全培训等课程。

3. 围绕服务国家战略，充分发挥桥梁纽带平台作用

（1）助力上海国际金融中心建设。一是制定并发布全国首个网络安全保险行业团体标准《网络安全保险服务规范》，构建"保险＋服务＋科技"三位一体新生态，推动数字经济时代下网络安全保障体系建设。二是贯彻落实《关于推进上海国际再保险中心建设的指导意见》，成立"再保险专业委员会"，由再保直保公司、复旦大学经济学院、上海保交所共25家单位组成。

（2）深化长三角车险一体化工作。一是组织2次长三角保险社会组织联席会议，明确持续推进党建和清廉金融文化建设、保险宣传、车险反保险欺诈等重点合作项目。二是依托中国银保信数据支持，规范车险跨地区流动，加强高风险车险治理，构建跨区域车险欺诈联防、联控、联合打击模式；联合浙江省保险行业协会共商长三角车险服务一体化，牵头沪上8家车险公司签约"浙江高速路产直赔项目"；持续推动长三角、安徽地区车险代位求

偿机制落地，制定施行《代位求偿日常协调实施办法》。三是打造长三角保险交流阵地。建立微信矩阵、打造"长三角保险直播间"，全年共推出 7 期直播课程。其中，"以案说法"廉政课程，在线人数超 5 万。

第六节　互联网金融行业自律

2022 年上海市互联网金融行业协会坚持党的领导，努力贯彻落实党中央、国务院和上海市委关于推动数字经济发展的各项方针政策，紧紧围绕《上海市国民经济和社会发展第十四个五年规划和二〇三五年远景目标纲要》和《上海国际金融中心建设"十四五"规划》，聚焦金融业的数字化转型开展各项工作。在抗击疫情过程中，协会党支部更是充分发挥带头作用，作出了应有的表率。

1. 坚定不移强化基层党建和学习

协会党支部全面贯彻党中央、市委相关重要会议、文件精神，积极落实市金融工作党委及市金融工委直属综合党委年度基层党建工作重点任务，强化协会基层党建工作，提升协会服务能力。

党支部通过理论学习、上党课、党性锻炼、警示教育等形式，教育引导党员干部筑牢思想根基，坚决捍卫"两个确立"、树牢"四个意识"、坚定"四个自信"，做到"两个维护"。

党支部充分认识学习宣传贯彻党的二十大精神的重大意义，把学习宣传贯彻党的二十大精神作为当前和今后一个时期全党全国的首要政治任务，组织党员、群众开展全面学习，做到学深悟透。

2. 向数字金融方向转型发展

为深入领会习近平总书记关于数字经济的多次重要讲话，贯彻落实《"十四五"数字经济发展规划》，服务于上海金融业数字化转型，在理事会领导下，协会努力推动更名工作，并围绕数字金融开展了一系列活动。

为加强金融机构与科技企业间的联系与合作，协会启动"走进"系列参访活动，首站组织近 50 家会员单位会员参观了华为上海研究所 5G 展厅，并与华为代表深入交流。

为解读行业发展趋势、相关政策法规、提升会员单位专业素养，协会与上海科技金融博物馆携手打造了"长三角数字金融大讲堂"，围绕数据安全、网络安全等主题开展了线上研讨活动，并继续落实上海市专业技术人才知识更新工程高级研修项目，开办了"区块链金融与金融科技高级研修班"。

为深入贯彻落实《长江三角洲区域一体化发展规划纲要》，协会与浙江、江苏、安徽兄弟协会合作上线运行 E 课堂平台,借助云端实现线上行业互动、分享,并组织会员赴皖参加交流活动。

3. 努力维护消费者权益

行业整治已在收尾阶段,协会也已没有 P2P 网络借贷类的会员,但协会仍认真处理投诉举报,维护消费者权益。2022 年协会共接到 95 起关于会员单位的投诉,均已与有关会员接洽协调。

4. 抗击疫情共克时艰

在抗击疫情过程中,协会员工一方面坚持居家办公,另一方面在党支部号召下积极参与志愿服务,总计服务时长 1 482 小时。同时,协会积极响应金融系统的号召,向上海抗疫一线捐赠了价值 10 万元的抗疫物资。在协会倡议下,会员单位向抗疫一线捐赠了总价值近 300 万元的抗疫物资。

此外,协会为了贯彻落实市委、市政府及市金融局关于加快恢复经济和重振行动的方案要求,减轻疫情对会员单位的冲击,经理事会同意,免除所有会员 2022 年全年会费,并对 2023 年会费减半收取。

第二十二章 金融集聚区

第一节 浦东新区

　　2022年是浦东新区推进社会主义现代化建设引领区各项任务的第一个完整年。浦东新区全力推进《引领区意见》金融领域各项任务,在深化金融改革创新、完善金融市场体系、提升服务实体经济能力、健全金融风险防范机制等方面取得重要进展,新区全球资源配置能力进一步增强,高水平制度型开放有序推进,浦东国际金融中心核心区迈向更高能级。

　　1. 全力推进金融业"稳增长"

　　2022年,新区积极探索新路径、新方法,聚焦核心指标和重点纳统机构,建立健全监测机制,统筹浦东政策资源,优化服务保障,帮助银行做大存贷款规模,强化金融业对经济重振的支撑作用。浦东全年实现金融业增加值5 010.2亿元,同比增长3.8%,在新区所有行业中占比最高、增速最快、贡献最大,上拉浦东经济增长1.2个百分点,占全区GDP 31.3%。

　　2. 推动引领区金融改革创新

　　(1)着力推动重要金融平台建设。上海私募股权和创业投资份额转让平台业务不断扩大,2022年1—12月成交份额转让24单,总金额为34.21亿元。全国性大宗商品仓单登记中心(简称"全仓登")于2022年11月正式启动,"全仓登"的设立有利于改善市场生态,优化市场诚信体系建设,保障大宗商品的安全流通和高效运转。上海保交所数字化再保险登记清结算平台全面启动,已支持登记2.96万笔,为再保险信息流、数据流和资金流的中心节点和双循环链接点打下坚实基础。

　　(2)深化金融业务和产品创新。2022年以来,外汇交易中心与上交所等联合发布市场互联互通业务暂行办法,债券市场互联互通取得重要进展。外汇交易中心(全国银行间同业拆借中心)在国内首次开展内地与香港利率互换市场互联互通合作(简称"互换通")。中芯国际、格科微等一批红筹企业登陆科创板,科创板正式启动做市商制度。金融期货与期权品种不断丰富,上期所螺纹钢期权、白银期权正式上市,中证沪港深张江自主创新50ETF、中证1000股指期货和期权相继上市,上证50股指期权成功挂牌并平稳运行。自贸区离岸债发行量不断提升,2022年全年,中央结算公司上海总部累计支持53家境内外主体发行62期上海自贸区离岸债券,规模约385亿元人民币(等值)。

(3)加强改革系统集成。引领区产业基金挂牌并实现实质化运作,完成对S基金的首期出资,成立首支引导母基金,储备中移动产业基金、生物医药产业基地等一批高质量投资项目。率先推进金融领域立法。积极参与制订《上海市浦东新区绿色金融发展若干规定》,该《规定》已于2022年7月1日正式实施。聚焦绿色信贷、绿色证券、绿色租赁三个领域形成推进方案。绿色信贷方面,鼓励银行加强绿色信贷产品创新,截至2022年末,20家银行浦东地区绿色融资规模同比增加超过50%;绿色债券业务创新不断深化;绿色租赁方面,推动头部融资租赁公司在新能源、污水处理、绿色农业等多方面开展业务创新。此外,积极推进融资租赁立法,找准行业发展瓶颈,深入开展立法需求调研。

3. 持续开展精准招商和战略招商

(1)构筑高能级持牌类机构集聚高地。2022年,新区共吸引31家持牌类金融机构落户,持牌类金融机构总数达到1 173家(银行类302家、证券类541家、保险类330家),约占全市三分之二。其中,浦银理财和高盛工银合资理财相继开业,浦东先后集聚了交银、广银、浦银等3家理财公司和汇华理财、贝莱德建信、高盛工银等3家合资理财公司。路博迈基金和富达基金两家外资独资公募基金获监管部门批准开业,加上贝莱德基金在内,全国已获批设立的三家外商独资公募基金全部落户浦东;招商银行、农业银行、广发银行和浙商银行四家资金中心先后落地,浦东商业银行资金中心达到10家,占全市的3/4,占全国的40%。

(2)加快打造全国性融资租赁中心。新区立足产业基础、区位优势和发展潜力,着力引进央企、省属大型国企、具备一定产业背景的股东发起设立的融资租赁公司,加大对异地经营机构的安商和育商支持,加快建设全国性融资租赁中心。截至2022年底,浦东累计拥有融资租赁公司1 330家,融资租赁资产规模约2.33万亿元,同时,资产规模占全国比重由年初的35%上升至39%。融资租赁行业已成为金融服务实体经济的重要力量。

(3)积极推进全球顶级资产管理中心建设。2022年,浦东新区新登记私募基金管理人41家,占全市的38%,累计拥有私募基金管理人近1 600家,管理规模近1.7万亿,分别占全市36%、32%。推动上海首支百亿S基金、上海首支市级国资体育产业基金和管理规模超20亿的上海盛迪生物医药基金等重点项目落地,协调全球知名头部私募纪源资本旗下的纪源私募基金管理公司迁入浦东。

4. 进一步拓展服务实体经济的广度和深度

(1)深化普惠金融服务。一是加大对受疫情影响企业的融资纾困工作力度。制定发布新区助企纾困政策措施金融条目配套细则，编写发布企业融资纾困政策与服务问答和金融机构支持内外贸企业抗疫政策。组织金融支持企业复工复产政策宣讲活动，惠及 1 000 余家企业。开展调研走访，协调银行加大对叮咚买菜、盒米供应链等民生保供企业的信贷支持。编制《引领区金融服务实体经济工具箱手册——浦东金融助力经济复苏重振专题》，帮助市场主体用足用好各类金融工具。二是进一步强化小微增信基金工作力度，推动落实小微增信基金"十四五"政策，提升政策覆盖面和精准度。2022 年 1—12 月，浦东小微增信基金直接担保贷款累计服务 3 616 家次浦东企业，贷款总金额达 130.87 亿元，贷款笔数同比增加 22.45％，贷款金额同比增加 31.46％。三是持续加大三农金融服务力度。推动市担保基金项下农业担保专项资金有力支持浦东农企，2022 年 1—12 月，市担保基金项下浦东三农企业新增贷款 143 家次，共计 3.41 亿元。积极走访服务新区农业产业化联合体等重点农企，为鑫枫、舒爽等农产品专业合作社解决无缝续贷 3 456 万元。

（2）发挥多层次资本市场融资功能。推进上市服务机制创新，2022 年以来，在全国率先试点信用报告代替上市合规证明，针对市场监管、对外投资等 11 个领域，已办理 291 家企业的申请，进一步便利企业经营活动。做好上市服务保障，联合证监局、沪、深、北交易所举办座谈会，加强辅导验收和上市申报指导，协调解决企业个性化问题。深化对优质拟上市企业的发现挖掘，动态更新和充实企业储备库，挖掘重点培育对象。2022 年，全年新增上市企业 21 家（其中科创板 12 家），其中境内上市 16 家，募集资金 254 亿元；境外上市 5 家，募集资金 15 亿元。至年末，全区共有上市企业 228 家（其中科创板 44 家），场外市场股交中心挂牌企业 183 家。

（3）支持长三角高质量一体化发展。2022 年，持续拓展长三角服务网络，新设立皖西南分中心、皖南分中心，将基地分中心从 17 个拓展到 19 个。积极开展"基地走进长三角""上市问诊""创星未来"等品牌活动，基地已举办相关活动 380 余期，服务长三角企业超过 5 800 家次。建设"金证创通"科创金融服务平台，升级企业库、机构库功能，打造上市行政服务功能，提升投融资匹配服务能力。同时，依托平台推出"上市直通车"节目，已播出 20 期，浏览量总计达 100 万。

5. 牢牢守住金融安全底线

（1）认真履行地方金融监管职责。对于融资租赁、商业保理、小额贷款、融资担保、典当行等地方金融组织的日常监管，做好初步审查、信息统计、现场检查、非现场监管及风险防范与处置等工作。2022 年，完成多家公司变更备案事项办理、月度和年度数据统计以及信访核查回复等工作，有序推进落实了地方金融组织的年度现场检查和监管评级。

（2）坚决完成金融风险防范各专项任务。完成互联网金融风险整治工作，新区网贷存量业务已清零。对风险领域重点私募机构开展排查，有效化解风险。"伪金交所"专项整治工作，对疑似企业进行排摸核查，对重点企业形成"一企一档"。持续推进养老领域非法集资排查工作和涉嫌非法证券期货企业排查工作。

（3）加强金融风险防范基础建设。进一步发挥浦东金融风险全网监测预警系统的实战作用，开展动态监测，为风险形势分析研判提供了有力支撑。深入开展金融风险防范宣传教育，充分发挥浦东投资者教育基地作用，积极开展面向公众的宣传培训。

第二节 黄 浦 区

2022年，黄浦区积极应对复杂多变的国内外经济形势，在扎实部署"大上海保卫战"的同时，区域经济，尤其是金融业继续保持强劲韧性，全区GDP首度突破3 000亿元，达3 023.05亿元，可比增长0.37％，其中金融业增加值达1 348.57亿元，增速6.4％，高于全市1.2个百分点，占全区GDP比重达进一步提升至44.6％，占全市金融业增加值约六分之一，金融业的贡献度也进一步提升。

1. 加速推进重点金融机构集聚，进一步完善金融机构体系建设

持牌金融机构加速集聚，上银理财、融通财险、恒丰银行资金运营中心、恒丰银行私人银行部等一批高能级持牌金融机构落户黄浦。金融科技行业代表性企业再添一军，金融科技行业代表性企业——太保集团全资金融科技子公司太保科技成功落户黄浦。外资金融机构进一步集聚，鼎晖系QDLP试点项目——鼎晖熙泰和鼎晖源泓顺利落地，合资券商星展证券的首家营业部在外滩正式开业。

2. 全力保障金融要素市场和机构驻区发展，服务国际金融中心建设稳步持续

2022年突发疫情期间，为切实保障要素市场、重点机构在特殊时期保持业务稳定连续，黄浦区建立了针对驻区金融要素市场、重点金融机构的协调保障机制，全力支持各项重点任务不断，支持上海清算所顺利推出首单欧元玉兰债、上海抗疫保供债券等创新产品与服务，支持上海票据交易所新一代票据业务系统成功投产上线。同时，在第一时间协助符合条件的金融机构有序复工复产，制定发布《黄浦区推进金融机构复工复产工作指南》，加速推进金融机构恢复生产，并支持上海清算所成功获得欧盟"第三国中央对手方"认证，支持其在中央对手方的机构建设、风险管理、业务能力等方面达到国际行业的先进水平。

3. 积极举办各类高能级生态活动，不断提升外滩金融品牌的国际化影响力

继续支持筹办第四届"外滩金融峰会"，聚焦绿色金融、金融开放、资产管理、金融科技四大主题，广邀国内外专家学者、行业代表齐聚外滩，助力黄浦区持续做强"资产管理"和"金融科技"两大新增长极，服务上海国际金融中心建设迈入更高水平。支持举办"第二届

长三角金融科技创新与应用全球大赛""金融科技潜力企业赋能交流专题活动""长三角金融科技三十人论坛"等在业界具备前沿性、先进性、创新性的高规格金融科技代表活动,通过政产学研投的各种合作交流,加快区域金融科技产业聚集,为推动上海金融科技高地建设及加速长三角金融科技发展注入新的动力。

4. 大力支持金融机构不断创新、推动金融服务实体发展

大力支持各类金融机构主动创新。支持东方证券、兴业证券、东吴证券获得科创板做市商试点资格,进一步发挥科创板改革"试验田"作用的重要举措,提升科创板股票流动性,增强市场韧性。推动自贸区金融创新制度复制推广。做好拓展自由贸易账户相关工作,对相关市场主体进行排摸梳理与申报支持,同时,引导企业及市场主体开立账户,提升账户活跃度和使用率,更好地服务实体经济发展。积极助推企业对接多层次资本市场。主动发布并落实《黄浦区关于进一步推进企业改制上市和并购重组的实施意见》,支持企业加速上市进程,仅2022年,黄浦区内企业普蕊斯完成在深交所创业板挂牌、英方软件顺利通过科创板审批并在上交所上市。积极培育一批上市后备力量,形成多层次、有梯度的上市储备。

5. 不断完善金融风险防范机制、守牢区域金融风险底线

继续积极稳妥推进P2P存量规模压降出清,市、区联手多次约谈平台切实履行主体责任,保障出借人合法权益。顺利完成"伪金交所"排查及风险私募机构分类整治等专项整治任务,深入推进金融放贷领域扫黑除恶常态化和打击整治养老诈骗专项行动。

第三节　虹　口　区

2022年,虹口区立足区域金融产业发展情况,积极对接上海国际金融中心建设,着力构建北外滩全球资管中心和金融科技中心的核心承载地。继续抓牢北外滩新一轮开发建设的机遇,有序开展各项工作,大力推动区域金融产业健康平稳发展。

1. 持续提升产业集聚规模和质量

2022年,虹口区新入驻金融企业126家,金融企业总数达2 075家,资产管理规模达到7.8万亿元。金融产业全口径税收收入125.72亿元,同比增幅8.1%,占全区全口径税收比重的18.4%。年内引进邮惠万家网络直销银行、工银瑞信上海分公司、天演资本、瓴仁投资等一批重点金融企业,已形成产业集聚效应和示范效应。建立企业服务联络员制度,做好企业政策服务各项工作。起草制定《虹口区促进碳金融产业发展的实施意见》,着力推进北外滩建设成为上海绿色金融枢纽核心及碳金融集聚区。

2. 大力推进金融服务实体经济

为重点企业在改制上市工作进程中做好协调与服务，实现1家企业在多层次资本市场挂牌。组织"金融赋能 虹企上市"金融政策宣讲会、举办2022年虹口区改制上市"专精特新"企业沙龙，加强企业改制上市挂牌宣教工作。做好疫情期间的抒困服务，以搭建线上投融资平台的方式，先后与厦门国际银行开展"疫情与法律支持政策及产品宣导"线上会议、与兴业银行开展"知识产权助力企业复工复产"线上会议、与建设银行开展"疫起守沪 纾困解难"线上交流会等信贷互动对接活动，为银行和企业牵线搭桥，有效缓解了复工复产企业营运资金的燃眉之急。

3. 扎实做好金融风险防范与处置工作

切实加强五类地方性金融机构的常态化监管，依托区互联网＋监管系统、上海市地方金融监管信息平台，对企业报送的经营数据进行实时审核，构建全方位、立体化的金融、类金融领域预警防控体系。加大风险隐患处置力度，对多家疑似存在非法集资风险的问题对象开展监管谈话，对私募投资基金风险开展分类整治，整治工作完成率居全市前列。积极化解矛盾纠纷，妥善处理信访投诉，做好关键时点的维稳工作，及时有效地防范化解了可能造成的不良社会影响。积极拓展宣传形式与范围，借助非法集资宣传月、打击整治养老诈骗专项行动等活动开展的时机，综合运用线上授课、公益广告、宣传品发放等形式，灵活开展金融风险防范主题宣传教育，累计发放海报20 000张、手册2 000本、主题宣传品2 200件。

4. 不断优化金融产业发展环境

为提升虹口金融在上海国际金融中心建设中的影响力，虹口区大力加强特色产业集聚区建设，积极举办和配合举行各类高端金融论坛，进一步完善金融人才政策，通过做好各方面服务、落实激励措施等，营造虹口良好金融发展环境。年内，沪上金融家颁奖仪式、中国基金业发展论坛暨金牛奖颁奖典礼、中国资产管理年会、中国首席经济学家论坛年会暨十周年活动、第八届中国北外滩资产管理峰会、第十九届中国国际金融论坛等20余场重大论坛活动落地北外滩，使"上海北外滩、浦江金三角"名声更为响亮。2022年9月，上海资产管理协会于北外滩正式揭牌，为上海打造全球资产管理中心注入新活力。

专栏 25

上海资产管理协会揭牌成立，全球资管中心建设再上新台阶

2021年5月，上海市人民政府发布《关于加快推进上海全球资产管理中心建设的若干意见》，明确提出加强资产管理行业品牌建设并支持资产管理专业组织建设。2022年

9月21日，上海资产管理协会由上海市委常委、常务副市长吴清揭牌成立，这是上海全球资产管理中心建设进程中具有里程碑意义的重大事件。

上海具有资管规模总量大、各类资管机构聚集、国际化水平高等特点，成立上海资产管理协会适应我国资产管理行业发展趋势，也是落实《上海国际金融中心建设"十四五"规划》《关于加快推进上海全球资产管理中心建设的若干意见》的任务要求。协会首批会员123家，涵盖银行理财、信托、保险资管、券商资管、公募、私募等六大领域，以及外资资管、专业服务等机构。

协会正以上海的科技、产业、金融及人才等区域建设发展资源优势，有特色地开展相关工作；围绕服务实体经济发展、服务财富管理需求"两个目标"，实现跨行业合作交流、跨行业监管沟通"两大功能"，重点推动产业资本对接、国际资管合作、金融科技服务"三项任务"，助力上海构建健全、创新、有活力的资产管理生态系统，推动上海全球资产管理中心迈向新的台阶。

第二十三章　金融人才队伍建设

　　2022年上海金融人才工作坚持以习近平新时代中国特色社会主义思想为指导,深入贯彻党的二十大精神和习近平总书记在中央人才工作会议上的重要讲话精神,围绕上海国际金融中心建设,坚持党管人才,统筹协调各方资源,全方位培养、引进、用好金融人才,着力造就高素质金融人才队伍。上海金融从业人员已超过47万,金融人才发展环境进一步优化,金融人才素质进一步提高,上海国际金融人才高地的影响力和吸引力持续提升。

第一节　金融人才工作机制情况

　　1. 坚持党管人才,加强党对人才工作的全面领导
　　深入贯彻习近平总书记关于做好新时代人才工作的重要思想,全面落实新时代人才工作的新理念、新战略、新举措。在市金融工作党委的领导下,充分发挥金融系统人才工作领导小组作用,确定年度人才重点工作,有序有效推进各项重点工作落实。加强党对人才的政治引领,不断坚定政治信念、站稳政治立场、把好政治方向,组织举办各类专题研修班,结合最新的金融、经济形势,宣传解读习近平新时代中国特色主义思想和党的二十大精神,强化对人才的政治引领和思想理论武装。坚持规划引领,制定发布《上海金融领域"十四五"人才发展规划》,明确"十四五"期间金融人才发展的指导思想、愿景目标、主要任务和保障措施,确保金融人才工作沿着正确的方向有力、有序前进。
　　2. 组织协调、广泛联合、多方配合,不断完善金融人才工作机制
　　充分发挥市金融工作党委牵头作用,组织协调各方资源,广泛联合各市有关部门、中央在沪金融监管部门、金融企业等相关单位,形成多方配合的工作局面,构建人才工作高质量发展新格局。深化与市委组织部、市人力资源社会保障局、各有关区等单位合作,完善市场化引才机制,加大政策扶持力度,建立健全职能部门和地区齐抓共管的工作格局。加强与中央在沪金融监管部门、金融同业公会和行业协会、民主党派金融工委、欧美同学

会金融分会等单位配合,搭建各单位之间沟通桥梁,优势互补,资源共享,工作联动,协同发力。畅通与200余家金融机构的沟通渠道,充分发挥用人单位的主体作用,广泛发动用人单位参与到金融人才队伍建设中,有力推动人才集聚。

第二节　金融人才队伍建设情况

1. 优化人才集聚选拔,努力打造具有全球竞争力和影响力的金融人才队伍

坚持国际化、复合型和紧缺急需导向,以上海建设全球资产管理中心、金融科技中心、国际绿色金融枢纽、人民币跨境使用枢纽、国际金融人才高地、金融营商环境高地对人才的需求为重点,大力引进海外高层次人才。谋划"东方英才计划"拔尖项目、青年项目金融平台的组织实施工作,制订配套实施细则,重点选拔在完善金融市场、产品、机构体系,增强资源配置功能,创新金融科技应用,推进普惠金融,完善科创金融,发展绿色金融,促进航运金融,支持跨境金融等方面作出有效贡献和突出业绩的人才,更好地激发金融人才活力。

2. 创新培养举措,大力推动人才成长

做实上海金融人才培训基地,举办2022年上海金才金融前沿专题研修班,93名金融人才围绕"中国经济新格局"和"上海国际金融中心建设"等主题参训。做优上海金融人才实践基地,为金融人才提供沟通交流平台,65名干部人才在17家单位开展实践锻炼,开拓视野,提升能力。建立上海金融科技人才涵养实训基地,依托实训基地,对接在沪高校和企业资源,加快形成产学结合、校企合作的金融科技人才培养培育体系。支持交大高金开展金融科技人才认证体系相关研究,推广CGFT人才认证项目,探索加大对金融科技人才培养和认证的支持力度。组织开展"金英汇坛""沪上金融大讲堂"等各类主题培训班,邀请专家学者、政府智囊等为金融人才讲授,紧跟形势热点,全方面提升金融人才综合素质。推荐金融人才参与申报国家和本市各类高层次人才计划、博士服务团、全市各类高级专家研修班等项目,提供锻炼机会,加大培育力度。开展金融人才奖评审,为优秀金融人才提供扶持金和奖励金,支持人才发展。

3. 树立正确用人导向,支持人才发挥作用

开展人才工作"唯帽子"问题专项治理自查工作,全面审查人才政策制度、人才计划与选拔评审、人才培养、人才宣传、人才服务保障、人才评价与考核等方面情况,确保树立正确的人才工作政绩观。推荐提名各类人才计划入选者、高级职称等专家14名作为新一届市人大代表、市政协委员,鼓励人才建言献策,推动优质建言献策转化为政策举措。不断

优化金融支持人才的创新创业环境，为金融人才保驾护航。加大对有效投资等金融支持力度；加大信贷投放，满足复工复产资金需求，试点实施"人才贷"项目；鼓励银行通过合理续贷、展期、调整还款安排等方式，支持人才企业；推动政府性融资担保机构为符合条件的人才企业和人才提供融资增信支持；鼓励保险机构通过减费让利、适度延后保费缴纳时间等方式，支持受疫情影响较重的人才企业和人才渡过暂时难关。

第三节　金融人才发展综合环境

1. 加强人才服务保障，切实解决人才需求

积极协调相关委办局和区政府，为金融人才在落户、就医、人才公寓、子女就学、外籍员工出入境和申请永久居留等方面提供便利。积极落实专家特定生活待遇政策。支持重点金融机构人才引进工作，新增 47 家金融机构纳入"本市人才引进重点机构"名单。促进我市人才就业，开展第七届"海聚英才——金招荟·校园行"上海金融行业人才校园招聘活动，为高校应届毕业生提供 81 家单位的 3 700 余个工作岗位，组织参加 2022"潮涌浦江　再启征程"云选会系列活动，动员 53 家金融机构发布 1 100 余个招聘岗位。实施人才安居工程，做好本市人才安居平台日常沟通对接和集中匹配等工作。持续开展"金巢小屋"项目，启动"新上市保租房项目"，帮助金融人才申请公租房、保租房，创造更好的宜居条件和安居环境。

2. 强化宣传引导，努力营造良好氛围

充分运用传统媒介和新媒体技术，扩大金融人才的影响力和引领作用。密切与上海主流媒体的合作，发布《上海金融领域"十四五"人才发展规划》相关解读和关于内容的专家专访，引导金融人才发展。抓住典型事迹、典型人物，深入挖掘在上海国际金融中心建设过程中涌现的优秀人物事迹，突出示范带动作用。联合权威媒体对上海金融系统具有代表性人物专访，进一步扩大上海金融人才的影响力。通过公众号上海金融官微、公众号金融 E 党校、上海金融 APP 等平台，实时发布上海金融人才工作事迹，营造良好的宣传氛围。

第二十四章 支付体系和信用体系建设

第一节 支付体系建设情况

2022年,人民银行上海总部以习近平新时代中国特色社会主义思想为指导,在总行党委的正确领导下,持续推进上海市支付体系建设,加强疫情期间金融服务保障,提升银行账户服务水平,持续建设移动支付便民工程,统筹做好支付系统与会计核算系统管理。

1. 精准助力疫情防控,确保支付服务不断档

疫情初发阶段,未雨绸缪,靠前履职,对疫情期间上海市支付系统、中央银行会计核算数据集中系统(ACS)和同城票据交换等业务提前研究部署,将业务连续性管理工作落到实处。疫情发展期间,一方面通过加强对各支付系统参与者监测报告,持续沟通关注可能影响业务连续开展的苗头性事件,督促合理安排资金头寸,防范支付系统风险;另一方面,不断完善优化疫情期间 ACS 人民币存款准备金、境外存放人民币存款准备金、外汇存款准备金及财政性存款交存等业务的应急操作流程,保障了中央银行会计核算业务的不间断。通过有关各方的共同努力,疫情期间各金融基础设施实现了安全、稳定运行,筑牢了金融安全底线。

2. 持续提升银行账户服务水平,全面优化支付服务

一是持续推进电子营业执照与电子印章在银行账户领域应用。新增上海辖内2家地方性法人银行在开户环节应用电子营业执照,新增1家地方性法人银行在开户环节应用电子印章,累计实现21家银行的2 629个网点在银行账户领域应用电子营业执照、电子印章,开立账户33 768户。二是加强银政系统对接联动。累计指导辖内49家银行的2 830个网点对接"一网通办"实现企业预约开户服务,进一步优化企业开办流程。三是落地本外币合一银行结算账户试点工作。根据总行有关工作安排,积极组织开展上海市本外币合一银行结算账户体系试点前各项准备工作,稳妥推动试点工作于12月19日平稳落地,并持续监测本外币合一银行结算账户业务开展情况。12月19日至12月30日,辖内5家

试点银行（工商银行上海市分行、农业银行上海市分行、中国银行上海市分行、建设银行上海市分行、招商银行上海分行）共计开立本外币合一银行结算账户 837 户，涉及资金交易量分别达 94.93 亿元人民币和 509.25 万美元（折合）。

3. 切实践行支付为民理念，持续建设移动支付便民工程

一是提升移动支付便民服务水平，实现"云闪付"乘车码在地铁所有线路和磁浮线闸机的全线应用；持续推进上海市年度民生工程医疗付费"一件事"项目，实现"一码双扣"无感支付，大幅提升市民就医支付便利度。二是助力支付适老化服务提质增效，组织辖内银行业金融机构和非银行支付机构协助解决老年人线下公共事业缴费难题，扩大线下受理机构覆盖面，保障老年人线下缴费业务便捷、畅通；推动实现社保卡（带闪付标识）和金融IC卡（含绑定银行卡的手机 Pay）在上海市所有城区和郊区的公交车上全线开通应用，便利老年用户公共出行。三是推动农村支付服务环境建设，推广农村地区银行卡助农取款业务，延伸助农服务普惠范围，逐步实现助农取款业务他行卡取款功能；推进有关美丽乡村建设的具体举措，为农产品线上销售、农村旅游等活动提供支付便利和促销优惠。

4. 统筹做好支付系统与会计核算系统管理，确保支付清算业务运行稳健

一是支付清算系统接入机构不断拓展，支付清算系统覆盖面逐步扩大。辖内分别新增 3 家金融机构接入网上支付跨行清算系统、3 家银行和 1 家财务公司接入 ACS 综合前置子系统、2 家财务公司开通 ACS 综合前置子系统自助转账功能、1 家银行开通 ACS 资金归集功能。二是对辖内 15 家支付系统参与者进行支付清算系统巡检，指导完善各支付清算系统业务连续性保障措施和应急处置预案。三是优化中央银行会计核算数据集中系统功能，完成 ACS 两次升级换版工作，第一次升级换版实现货币政策工具券款兑付结算功能上线，支持金融机构在申请货币政策工具相关业务后证券与资金同步交割结算；第二次升级换版实现 ACS 境外存放人民币存款准备金管理等功能，支持金融机构通过 ACS 综合前置子系统在线办理境外存放人民币存款准备金业务，有效提高业务办理效率。

第二节　信用体系建设情况

2022 年，中国人民银行上海总部积极发挥在征信监督管理中的牵头抓总作用，进一步完善信用体系建设，切实强化机构监管与征信信息安全管理，扎实开展征信宣传教育，推动征信服务提质增效。

1. 深入推进上海市地方征信平台及长三角征信链建设，进一步完善社会信用体系

一是推动上海市地方征信平台扩展数据来源，加强数据归集，丰富应用场景，服务中

小微企业融资。二是积极协调相关地方政府部门合力推动地方征信平台接入长三角征信链，持续扩大长三角征信链信息覆盖面。三是鼓励企业征信机构根据金融机构需求，开发征信产品，拓展征信产品在金融领域应用。四是稳步推进农户电子信用档案建设，开展"信用户""信用村"评定，为乡村振兴贡献金融力量。

2. 落实"我为群众办实事"工作要求，全面优化征信服务水平

一是大力推广多样化查询渠道，便利社会公众查询。动态优化个人自助查询机布局，截至2022年末上海市共布放97台个人自助查询机，个人自助查询量约占全市个人自主查询总量的99%。大力宣传信用报告线上查询渠道，通过微信公众号介绍各商业银行网银及手机APP查征信的详细步骤，在上海疫情严峻时期为企业和个人提供快捷方便的线上查询服务。二是优化"上海征信查询指南"微信公众号功能，推动线上服务便利化。

3. 切实加强接入机构、企业征信机构、信用评级机构监管，推动征信市场健康发展

一是加强现场监管，依法合规高效开展现场检查工作。二是构建多层次、多渠道的非现场监管框架，切实提升非现场监管能力，筑牢征信合规防火墙，强化征信信息安全管理。三是坚持动态备案管理机制，多措并举加强企业征信机构监管，优化机构培育，壮大征信市场。四是全面提升信用评级机构管理能力，加强行业自律管理，督促评级机构合规展业，提升评级质量。

4. 组织开展征信宣传教育，营造诚信社会氛围

一是创新宣传载体，拓展线上宣传渠道。通过线上直播、推送电子宣传手册、开展线上知识问答等方式，向广大公众和企业宣讲征信知识。二是组织征信知识进校园微课程设计制作，联合高校成功举办开课仪式，宣讲征信知识。三是通过进社区、进乡村、进企业等方式全面普及征信知识，并宣传"动产融资统一登记公示系统""应收账款融资服务平台"等功能，帮助企业获取便捷融资服务。

专栏 26

探索解决疫情期间企业发放工资难题，解决群众急难愁盼

受新冠肺炎疫情影响，上海全市全域静默封控管理初期，一度出现企业财务人员因不能临柜或网银优盾不在身边而无法及时给员工发放工资的问题。上海总部根据《中国人民银行　国家外汇管理局关于做好疫情防控和经济社会发展金融服务的通知》精神和上海市政府有关要求，及时响应企业需求，大胆探索，果断行动，切实破解难题，维护社会稳定。相关工作被中央人民政府网、新华社、人民日报、学习强国APP宣传报道。

　　根据上海市政府专题会议精神,上海总部及时召集辖内53家中资银行召开专项工作会议,就疫情期间做好银行代发工资工作做出明确部署,制定并下发《关于做好上海市新冠肺炎疫情防控期间代发企业工资业务的通知》,要求辖内银行建立代发企业工资业务应急处理机制,对于企业相关负责人(含法定代表人/单位负责人、财务负责人或预留印鉴人员)因疫情管控无法临柜或通过优盾登录网银发放工资的企业客户,在风险可控的条件下,支持通过视频方式、技术手段核验企业相关负责人身份与发放工资意愿的真实性,并通过约定的互联网渠道接收企业发放工资清单、书面代发申请等材料,由银行完成真实性审核后代企业进行工资发放操作。同时,要求银行根据客户身份及交易记录保存有关规定,留存视频核实的录音录像,在企业相关负责人具备临柜条件后,再及时向银行补交发放工资清单、书面代发申请等材料原件。

　　上海总部与上海市地方金融监管局、上海银保监局、12345市民服务热线等部门建立对接机制,做到快速反应,确保企业代发工资业务咨询及时受理,相关问题得到妥善解决。针对银行在落实应急处置机制和业务管理制度实施过程中碰到的新情况、新问题,上海总部加强窗口指导,分类施策,持续跟踪落实。针对银行远程视频客户端等软件使用问题,指导银行通过热线应答机制与客户充分沟通,辅导客户正确安装和使用客户端,帮助客户顺利配合完成身份与意愿真实性的核验工作;针对企业有关负责人为外籍人士的情况,鼓励银行通过人事部门临时调用对应外语技能人员,与客户进行视频核实,并妥善留存视频资料。通过上述创新举措进一步提高了疫情期间银行服务质效,及时解决了人民群众急难愁盼问题,为打赢大上海疫情保卫战贡献了金融力量。

　　2022年5月1日至6月5日,上海辖内中资银行通过应急处理机制成功办理代发工资业务2.6万件,金额达135.04亿元,惠及近290万人。

第二十五章 金融法治建设和风险防范

第一节 金融司法建设

2022年,在中央和市委的坚强领导下、市人大的有力监督下、上级法院的大力指导和社会各界的关心支持下,上海金融法院坚持以习近平新时代中国特色社会主义思想为指导,深入贯彻习近平法治思想,认真落实党的二十大和市第十二次党代会精神,充分发挥金融审判职能作用,努力推动上海国际金融中心建设能级提升,全力保障上海高质量发展和高水平改革开放,各项工作取得明显成效。

一是狠抓执法办案,维护公平正义,金融司法核心竞争力实现新提升。扎实开展"审判质量月"系列活动,全年共受理各类金融案件8 715件,结案8 716件,涉案标的额1 985.33亿元,案件结收比达100.01%。初执案件收案1 588件,到位金额213.92亿元,占全市34.82%。妥善审结全国首例落实民事赔偿责任优先的证券侵权案、涉新三板操纵证券交易市场案、涉退市新规行政诉讼等一批重大、疑难、新类型金融案件。14件案件分别入选新时代推动法治进程2022年度十大案件及十大提名案件、人民法院十大案件以及上海法院金融商事审判十大案例、上海高院参考性案例等。发布上海金融法院2021年度典型案例、证券期货投资者权益保护十大典型案例,发布《上海金融法院审判工作情况通报(2018—2021)》,为金融市场主体提供明确稳定的规则预期。成功调解横跨两国三地超亿美元的保证合同纠纷案等重大涉外金融案件,切实提高上海金融司法的国际吸引力。接待国家法官学院外国法官研修班线上参观,与来自22个国家一百余名外国法官进行交流。在国际知名法律信息平台等发布第三批中英文案例,检索量达154万次,宣传中国金融司法创新经验,不断扩大中国金融司法的国际影响力。

二是坚持服务大局,聚焦"四个放在",金融司法保障再上新台阶。全面准确贯彻新发展理念,紧扣"金融服务实体经济、防控金融风险、深化金融改革"三大任务,服务国家金融战略实施和上海国际金融中心建设能级提升。发布《金融市场案例测试机制规定(试行)》,审理首个测试案例,该机制被写入最高法院相关保障意见与浦东新区绿色金融条例。召开首届长三角金融司法论坛,发布首批长三角金融审判典型案例,服务长三角一体化高质量发展。强化金融案件诉调引导,推进多家金融机构概括性同意诉前调解,率先提出并推动上海证券交易所将证券纠纷多元化解纳入其上市规则。疫情防控期间开辟执行绿色通道,优先发放涉民生、中小微企业执行案款,探索"现场看样+云直播"等方式,最大限度提高拍卖成交率和溢价率,助力市场主体尽快恢复正常经营。落实金融纠纷法律风险防范报告年度发布机制,发布《私募基金纠纷法律风险防范报告》,被写入最高人民法院两会工作报告。多份司法建议被上海证券交易所、上海银保监局等单位采纳,为上级决策、职能部门完善监管、金融机构加强风控提供有效参考。

三是站稳人民立场,践行为民初心,司法便民利民再添新举措。畅通金融消费者维权通道,让人民群众在每一个司法案件中感受到公平正义。建设全国法院系统首家投资者教育基地及首个投资者司法保护综合平台,为投资者提供更集约高效的诉讼服务和更透明可视的维权流程。圆满完成13个"为群众办实事"重大项目,着力解决人民群众"急难愁盼"问题。完善12368诉讼服务和网上立案审查分工协作模式,共办理热线和网络工单8 315件,当事人满意度达99.88%。设立判后答疑专窗,建立判后答疑工作台账,精准对接当事人司法需求。加强全流程在线办案,及时保障受疫情影响当事人的诉讼权利,真正实现"足不出户"的纠纷化解。拟定诉讼费用退还及移送执行规定,研发退费管理系统,统筹推进"胜诉退费"与"败诉追缴",切实为群众办实事、解难题。微信公众号发文279篇,被《人民日报》《人民法院报》等报刊、电视电台刊发报道27 211篇次,诉讼热点问答等"同心抗疫"系列宣传总阅读量超10万,积极营造全社会知法守法懂法的良好氛围。

四是深化司法改革,优化智慧司法,审判能力现代化建设取得新进展。发挥全国首家金融专门法院先行先试作用,全面深化司法体制综合配套改革。成立执行案件专业法官委员会,进一步提高执行规范化、专业化水平。健全案件提级管辖机制,实现全市金融案件与金融行政案件提级管辖"双首例"突破。拟定《上海金融法院推进简案快审工作实施细则(试行)》2.0版,及时跟进新法修订及行业发展,进一步优化金融审判资源配置。发布《关于证券纠纷示范判决机制的规定》2.0版,拟定《上海金融法院关于损失核算机构名册管理规定(试行)》,优化平行案件集约化审理模式。持续发挥大宗股票协助执行机制作用,通过大宗股票司法协助执行平台成交金额超89.74亿元,案拍比居全市首位,切实维护当事人胜诉权益。自主研发的财产执行综合管理系统被正式纳入全市法院执行管理系统,有力促进上海执行工作规范化、财产处置专业化和执行信息公开化。推进"智源平台"二期稳步实施,深化平台行业分析和风险预警,为审判执行高效推进和金融风险防范化解提供辅助参考。

五是加强严管厚爱,强化履职担当,金融司法铁军建设展现新风貌。紧紧围绕习近平总书记提出的"五个过硬"要求,努力锤炼特别忠诚、特别讲法、特别硬朗、特别正气的金融司法干警队伍。坚持党建引领,创新"融党建"模式,加强组织融通、内容融入、空间融汇,充分发挥作为"人民法院党建工作先进集体"的示范作用。认真组织党史学习教育、"两个坚持"专题教育和"两个确立"主题教育等学习教育活动,建立党的二十大报告领读研读常态化机制,切实筑牢干警政治忠诚思想根基。拟定《上海金融法院法官助理管理办法(试行)》《上海金融法院文员管理办法(试行)》,不断提升审判辅助人员能力素质和干事创业积极性。完善"进党校砥砺党性、进高校进阶培养、进机构开拓视野、进梯队积累才干"及"岗位先锋引领、法助交流培养、文员岗位激励"的"四进""三机制"人才培养模式,举办"金融大讲堂",开展"宣研社""译研社""学研社"等社团活动,打造"智荟融法"沙龙品牌,与上海交大高金学院打造"金融法治菁英"项目 3.0 版,进一步强化高素质、复合型、国际化金融司法人才培养。全年共有二十名干警获评全国审判业务专家、全国法院办案标兵、人民法院政治工作先进个人、上海法院审判业务专家及上海法院审判业务骨干。积极开展"五个一"警示教育月活动,严格落实"三个规定""四责协同",建立"一岗双责"可视化工作台账,建立"家院联动"反腐助廉机制,筑牢廉政防线,保持建院以来违法违纪案件"零记录"。

第二节　金融风险防范

2022 年,上海市严格贯彻党中央、国务院关于防范化解金融风险工作系列指示精神和"疫情要防住、经济要稳住、发展要安全"工作要求,加强党对金融风险防控工作的全面领导,克服疫情冲击等不利因素,健全工作机制,强化监测预警,加强宣教引导,全力做好重点领域、重点个案风险防范化解及相关信访维稳工作,牢牢守住金融和社会稳定重要底线。

1. 持续健全金融风险防控长效机制

持续强化市金融稳定协调联席会议机制和国务院金融委办公室地方协调机制(上海市)的信息共享和重大事项沟通,协同各方工作力量,着力构建央地协同、部门协作的风险联防联控工作格局。持续健全市金融稳定协调联席会议"一办三组"＋属地区"一事一案一专班"工作机制,督促指导各区涉众型投资受损类矛盾化解工作专班实体化运作,进一步压实各方风险防范处置主体责任。

2. 不断完善风险监测预警和研判评估机制

一是依托大数据手段提升监测精度。进一步健全上海市新型金融业态监测分析平台与经济风险洞察系统的数据交互和双向预警机制,加强对高风险类金融企业的监测预警。围绕数据融合、工作协同等持续完善地方金融监督管理信息平台中非法集资板块相关功能,着力提升市区两级线索共享与合力处置能力,进一步发挥风险监测早发现、早预警作用。

二是运用专业力量提高监测深度。持续深化商业银行账户资金异动监测工作机制,及时研判后分解至主(监)管部门及属地区落地核查。截至目前,依托该机制先期发现一批重大风险个案及"退保理财"等类案风险线索,为后续稳妥处置赢得工作主动。

三是积极动员群众力量加大监测预警广度。继续推进依托城市网格化管理平台发现涉非线索,持续拓宽非法集资线索来源。加大举报奖励力度,有效调动社会大众参与防非打非工作积极性。

3. 有序有力推动重点领域风险防范化解

一是全力做好P2P网贷风险专项整治收尾工作。按照国家网贷整治部门的统一部署要求,坚持"市场化""法治化"原则,聚焦P2P网贷存量余额尚未清零的重点区,指导相关区做好存量风险化解工作,督促平台平稳清退。2022年末,在辖内网贷机构全部停业退出基础上,存量风险持续压降。

二是有力有序推进防范和处置非法集资工作。研究起草并积极推动《上海市防范和处置非法集资工作实施细则》出台。落实国务院处非联办有关工作要求,指导各区突出重点领域、重点对象组织开展常态化涉非风险排查。根据国家层面有关工作部署,组织开展养老领域涉非线索专项排查整治,明确工作任务要求,压实属地工作责任。聚焦各区排查发现的重点个案,金融、公安、行业主管等相关部门协调沟通,持续推动处置进程。

三是精准施策稳妥处置重点风险个案。积极配合中央金融管理部门,通过央地协同、部门联合、市区联动,有序处置相关重大金融风险个案。按照法治化、市场化原则,推动办案、维稳、舆情引导、资产处置等环节有机衔接。强化风险早期干预、分类施策、分层化解,切实防范次生风险。金融、公安、信访、网信等建立高效联动、快速响应工作机制,及时分解落实风险处置责任。合理回应投资人关切,最大程度维护投资者合法权益。

4. 各方协同营造良好环境

一是多措并举加强网络舆情管理。金融、网信、"一行两局"等部门共同建立网上涉重大财经资讯信息沟通协调机制,强化正面舆情引导,及时对不实舆情作出研判和处置。

二是统筹开展形式多样的宣传教育活动。金融、公检法、市场监管等单位联合部署开展以"守住钱袋子·护好幸福家"为主题的防范非法集资宣传月活动,多层面、多渠道深入开展集中宣教。健全完善常态化宣传教育工作机制,结合疫情防控形势,线上线下、因地制宜宣教引导社会公众增强风险防范意识。结合养老领域涉非线索排查及专项整治工作,重点针对养老领域开展靶向性宣教,提高"银发"群体反诈防非意识。

附　录

2022 年上海金融大事记

1月28日，经国家外汇管理局批准，外汇局上海市分局发布了《中国(上海)自由贸易试验区临港新片区开展跨境贸易投资高水平开放外汇管理改革试点实施细则》。

2月11日，《上海市关于依法从严打击证券违法活动的方案》正式印发。

4月1日，人民银行上海分行印发《2022年上海信贷政策指引》，引导金融机构重点落实好助企纾困措施，进一步优化信贷结构，切实增强金融服务实体经济能力。

4月12日，上海银保监局印发《关于坚持人民至上做好金融支持抗疫和复工复产工作的通知》，提出十五条惠民保企工作举措。

4月23日，中国信登上线股权信息管理系统，正式开展信托公司股权集中托管业务。

5月29日，上海市政府发布《上海市加快经济恢复和重振行动方案》，全力助企纾困、推动复工复产复市。

6月3日，上海票据交易所新一代票据业务系统成功投产上线。

6月7日，上海市人民政府办公厅印发《上海市2022年优化营商环境重点事项》。

6月10日，上海证券交易所发布实施科创板第五套上市标准《上海证券交易所科创板发行上市审核规则适用指引第7号——医疗器械企业适用第五套上市标准》，适用企业范围拓宽至医疗器械企业。

6月13日，外汇交易中心在银行间外汇市场新增美式、亚式、障碍和数字期权等奇异期权交易品种。

6月28日，上海银保监局会同中国人民银行上海分行、上海市地方金融监督管理局联合印发《关于做好新市民金融服务工作的通知》。

6月28日，中央结算公司创建全国首个标准化绿色债券担保品池。

6月28日，上海清算所成功推出大宗商品现货清算业务供应链金融服务。

6月29日，上海市地方征信平台开业暨"沪信融"平台抗疫助企首批授信仪式成功举行。

7月1日，《上海市浦东新区绿色金融发展若干规定》颁布实施。该规定是自2021年6月全国人大常委会授权上海市人大及其常委会制定浦东新区法规以来，上海市首次运用立法变通权在金融领域的一次有益尝试。

7月4日，中国人民银行、香港证券及期货事务监察委员会、香港金融管理局决定同意中国外汇交易中心、银行间市场清算所股份有限公司和香港场外结算有限公司开展香港与内地利率互换市场互联互通合作（"互换通"）。

7月7日，人民银行上海总部与上海市科委共同发布"高新技术企业综合授信服务方案2.0"。

7月22日，中国金融期货交易所开展中证1000股指期货和期权交易。

8月15日，上海资本市场人民调解委员会设立的临港调解工作室揭牌。

8月17日，上海证监局联合推进G60科创走廊建设专责小组办公室等单位共同发布《金融支持长三角G60科创走廊先进制造业产业链供应链稳链保供循环畅通的专项行动方案》。

8月22日，上海证监局联合长三角生态绿色一体化发展示范区执行委员会等单位共同发布《长三角生态绿色一体化发展示范区关于加快科创金融发展的实施意见》。

8月25日，上海市地方金融监督管理局、上海市工商联、上海金融业联合会等部门共同印发《上海普惠金融顾问制度实施办法（试行）》。

9月21日，上海普惠金融顾问制度正式启动。

9月21日，上海资产管理协会揭牌成立。

10月19日，农业银行发布公告称，法巴农银理财有限责任公司获批在沪筹建。至此，国内五大行参与设立的外资控股合资理财公司全部落户上海。

11月18日，经国务院同意，人民银行、发展改革委、科技部、工业和信息化部、财政部、银保监会、证监会、外汇局印发《上海市、南京市、杭州市、合肥市、嘉兴市建设科创金融改革试验区总体方案》。

11月23日，全国性大宗商品仓单注册登记中心启动仪式在浦东新区举行。

11月25日，路博迈基金管理（中国）有限公司获得经营证券期货业务许可证，正式获批开业。

11月26日，由中国人民银行上海总部和上海交通大学上海高级金融学院智库共同编制的《上海绿色金融指数》正式出炉。

12月9日，富达基金管理（中国）有限公司获得经营证券期货业务许可证，正式获批开业。

12月19日，中国金融期货交易所开展上证50股指期权交易。

12月30日，上海保险码平台正式上线。

2022 年上海金融统计数据

(截至 2022 年末)

主 要 指 标	当年值	同比±%
全市 GDP(亿元)	44 652.80	—0.2
银行间市场累计成交额(万亿元)	2 114	23.85
中外资金融机构本外币存款余额(亿元)	192 293.06	9.36
中外资金融机构本外币贷款余额(亿元)	103 138.91	7.40
有价证券累计成交额(万亿元)	496.1	7.59
其中:股票累计成交	96.3	—15.53
债券累计成交	380.3	15.5
基金累计成交	18.8	22.88
沪市股票筹资额(亿元)	8 477.18	1.69
金融衍生品市场累计成交额(万亿元)	133	12.52
保费收入(亿元)	2 095.01	6.30
其中:财产险保费	663.05	4.85
人身险保费	1 431.96	6.98
商品期货市场累计成交金额(万亿元)	181.3	—15.52
黄金市场累计成交额(万亿元)	8.5	—17.48

2017—2022 年上海各金融市场重要数据

主 要 指 标	2017	2018	2019	2020	2021	2022
金融业增加值(亿元)	5 330.5	5 781.6	6 600.6	7 166.26	7 973.25	8 626.31
金融业增加值占全市 GDP 比重	17.7%	17.7%	17.3%	18.5%	18.5%	19.3%
中外资金融机构本外币存款余额(亿元)	112 462	121 112.3	132 820.27	155 865.06	175 831.08	192 293.06
当年新增额	1 951	8 421.4	11 679.94	23 018.75	19 966.51	16 463.21
中外资金融机构本外币贷款余额(亿元)	67 182	73 272.4	79 843.01	84 643.04	96 032.13	103 138.91
当年新增额	7 200	5 735.45	5 609.84	6 741.57	11 390.73	7 106.78
金融市场成交额(2011 年起包含外汇市场,万亿元)	1 428.4	1 645.8	1 934.3	2 274.8	2 511.07	2 932.9
银行间市场成交额(万亿元)	997.8	1 262.8	1 454.3	1 618.2	1 706.9	2 114.0
有价证券累计成交额(万亿元)	306.4	264.6	283.5	366.7	461.1	496.1
其中:股票累计成交额(万亿元)	51.1	40.3	54.4	84.0	114	96.3
债券累计成交额(万亿元)	247.4	216.7	221.8	271.1	330.7	380.3
基金累计成交额(万亿元)	7.8	7.2	6.9	10.8	15.3	18.8
期货市场成交额(万亿元)	89.9	81.5	112.5	152.8	214.6	181.3
金融衍生品市场成交额(万亿元)	24.6	26.1	69.6	115.4	118.2	133.0
黄金市场成交额(万亿元)	9.8	10.7	14.4	21.7	10.3	8.5
保费收入(亿元)	1 587.1	1 405.8	1 720.01	1 864.99	1 970.9	2 095.01
其中:财产险保费(亿元)	482.67	582.1	643.39	594.35	632.41	663.05
人身险保费(亿元)	1 104.43	823.7	1 076.62	1 270.64	1 338.49	1 431.96
沪市股票筹资额(亿元)	7 778	7 339	7 695	9 151.73	8 335.93	8 477.18

2022 年上海金融管理部门和金融机构名录

序号	名　称
\multicolumn{2}{c}{金融管理部门}	
1	上海市地方金融监督管理局（上海市金融工作局）
2	中国人民银行上海总部
3	上海银保监局
4	上海证监局
\multicolumn{2}{c}{金融市场}	
1	中国外汇交易中心
2	上海黄金交易所
3	上海清算所
4	上海证券交易所
5	上海期货交易所
6	中国金融期货交易所
7	上海票据交易所
8	中国信托登记公司
9	上海保险交易所
10	中国银联股份有限公司
11	上海联合产权交易所
12	上海股权托管交易中心
13	跨境银行间支付清算有限责任公司
14	中央国债登记结算有限责任公司上海总部
15	中国证券登记结算有限公司上海分公司
\multicolumn{2}{c}{银行业金融机构}	
\multicolumn{2}{l}{一、国有大型商业银行分支机构}	
1	中国工商银行股份有限公司上海市分行

（续表）

序号	名　　称
2	中国农业银行股份有限公司上海市分行
3	中国银行股份有限公司上海市分行
4	中国建设银行股份有限公司上海市分行
5	交通银行股份有限公司上海市分行
6	中国邮政储蓄银行股份有限公司上海分行
二、法人银行	
1	上海银行股份有限公司
2	上海农村商业银行股份有限公司
3	上海华瑞银行股份有限公司
4	上海崇明沪农商村镇银行股份有限公司
5	上海奉贤浦发村镇银行股份有限公司
6	上海松江民生村镇银行股份有限公司
7	上海浦东江南村镇银行股份有限公司
8	上海浦东中银富登村镇银行有限责任公司
9	上海闵行上银村镇银行股份有限公司
10	上海嘉定民生村镇银行股份有限公司
11	上海宝山富民村镇银行股份有限公司
12	上海金山惠民村镇银行有限责任公司
13	上海青浦惠金村镇银行股份有限公司
14	上海嘉定洪都村镇银行股份有限公司
15	上海浦东恒通村镇银行股份有限公司
16	上海松江富明村镇银行股份有限公司
17	上海宝山扬子村镇银行股份有限公司
三、股份制银行	
1	中信银行股份有限公司上海分行
2	中国光大银行股份有限公司上海分行
3	华夏银行股份有限公司上海分行
4	中国民生银行股份有限公司上海分行
5	招商银行股份有限公司上海分行
6	兴业银行股份有限公司上海分行

（续表）

序号	名　称
7	广发银行股份有限公司上海分行
8	平安银行股份有限公司上海分行
9	上海浦东发展银行股份有限公司上海分行
10	恒丰银行股份有限公司上海分行
11	浙商银行股份有限公司上海分行
12	渤海银行股份有限公司上海分行
13	中国民生银行股份有限公司上海自贸试验区分行
14	平安银行股份有限公司上海自贸试验区分行
15	渤海银行股份有限公司上海自贸试验区分行
16	宁波银行股份有限公司上海分行
17	北京银行股份有限公司上海分行
18	杭州银行股份有限公司上海分行
19	南京银行股份有限公司上海分行
20	江苏银行股份有限公司上海分行
21	天津银行股份有限公司上海分行
22	浙江泰隆商业银行股份有限公司上海分行
23	温州银行股份有限公司上海分行
24	大连银行股份有限公司上海分行
25	浙江民泰商业银行股份有限公司上海分行
26	盛京银行股份有限公司上海分行
27	浙江稠州商业银行股份有限公司上海分行
28	宁波通商银行股份有限公司上海分行
29	厦门国际银行股份有限公司上海分行
四、外资法人银行	
1	花旗银行（中国）有限公司
2	三菱日联银行（中国）有限公司
3	南洋商业银行（中国）有限公司
4	星展银行（中国）有限公司
5	三井住友银行（中国）有限公司
6	瑞穗银行（中国）有限公司

(续表)

序号	名　称
7	恒生银行(中国)有限公司
8	大华银行(中国)有限公司
9	富邦华一银行有限公司
10	华侨永亨银行(中国)有限公司
11	法国巴黎银行(中国)有限公司
12	澳大利亚和新西兰银行(中国)有限公司
13	盘谷银行(中国)有限公司
14	东方汇理银行(中国)有限公司
15	浦发硅谷银行有限公司
16	华美银行(中国)有限公司
17	国泰世华银行(中国)有限公司
18	正信银行有限公司
五、外资银行分支机构	
1	汇丰银行(中国)有限公司上海分行
2	渣打银行(中国)有限公司上海分行
3	东亚银行(中国)有限公司上海分行
4	阿联酋阿布扎比第一银行上市股份公司上海分行
5	埃及国民银行股份公司上海分行
6	澳大利亚澳洲联邦银行公众股份有限公司上海分行
7	澳大利亚国民银行有限公司上海分行
8	澳大利亚西太平洋银行有限公司上海分行
9	巴西银行有限公司上海分行
10	北欧银行瑞典有限公司上海分行
11	比利时联合银行股份有限公司上海分行
12	创兴银行有限公司上海分行
13	大丰银行股份有限公司上海分行
14	大新银行(中国)有限公司上海分行
15	德国巴登—符腾堡州银行上海分行
16	德国商业银行股份有限公司上海分行
17	德意志银行(中国)有限公司上海分行

（续表）

序号	名　　称
18	第一商业银行股份有限公司上海分行
19	俄罗斯外贸银行公众股份公司上海分行
20	法国外贸银行股份有限公司上海分行
21	法国兴业银行(中国)有限公司上海分行
22	国民银行(中国)有限公司上海分行
23	韩国产业银行上海分行
24	韩国大邱银行股份有限公司上海分行
25	韩亚银行(中国)有限公司上海分行
26	荷兰安智银行股份有限公司上海分行
27	荷兰合作银行有限公司上海分行
28	华南商业银行股份有限公司上海分行
29	加拿大丰业银行有限公司上海分行
30	开泰银行(中国)有限公司上海分行
31	科威特国民银行股份有限公司上海分行
32	马来西亚联昌银行股份有限公司上海分行
33	马来西亚马来亚银行有限公司上海分行
34	美国富国银行有限公司上海分行
35	美国纽约梅隆银行有限公司上海分行
36	美国银行有限公司上海分行
37	蒙特利尔银行(中国)有限公司上海分行
38	摩根大通银行(中国)有限公司上海分行
39	摩洛哥非洲银行股份有限公司上海分行
40	日本横滨银行股份有限公司上海分行
41	日本三井住友信托银行股份有限公司上海分行
42	瑞典北欧斯安银行有限公司上海分行
43	瑞典银行有限公司上海分行
44	瑞士信贷银行股份有限公司上海分行
45	瑞士银行(中国)有限公司上海分行
46	上海商业银行有限公司上海分行
47	首都银行(中国)有限公司上海分行

序号	名　称
48	台湾土地银行股份有限公司上海分行
49	台湾银行股份有限公司上海分行
50	台湾中小企业银行股份有限公司上海分行
51	泰国汇商银行大众有限公司上海分行
52	西班牙对外银行有限公司上海分行
53	西班牙桑坦德银行有限公司上海分行
54	新韩银行(中国)有限公司上海分行
55	意大利联合圣保罗银行股份有限公司上海分行
56	意大利西雅那银行股份有限公司上海分行
57	意大利裕信银行股份有限公司上海分行
58	印度爱西爱西爱银行有限公司上海分行
59	印度国家银行上海分行
60	印度尼西亚曼底利银行有限责任公司上海分行
61	英国巴克莱银行有限公司上海分行
62	永丰银行(中国)有限公司上海分行
63	友利银行(中国)有限公司上海分行
64	约旦阿拉伯银行公众有限公司上海分行
65	招商永隆银行有限公司上海分行
66	中国信托商业银行股份有限公司上海分行
67	中信银行国际(中国)有限公司上海分行
六、非银行金融机构	
1	上银理财有限责任公司
2	汇华理财有限公司
3	贝莱德建信理财有限责任公司
4	施罗德交银理财有限公司
5	高盛工银理财有限责任公司
6	上海国际信托有限公司
7	华宝信托有限责任公司
8	中海信托股份有限公司
9	上海爱建信托有限责任公司

（续表）

序号	名　　称
10	中泰信托有限责任公司
11	安信信托股份有限公司
12	华澳国际信托有限公司
13	中国华融资产管理股份有限公司上海市分公司
14	中国长城资产管理股份有限公司上海市分公司
15	中国东方资产管理股份有限公司上海市分公司
16	中国信达资产管理股份有限公司上海市分公司
17	中国华融资产管理股份有限公司上海自贸试验区分公司
18	中国长城资产管理股份有限公司上海自贸试验区分公司
19	中国信达资产管理股份有限公司上海自贸试验区分公司
20	锦江国际集团财务有限责任公司
21	宝武集团财务有限责任公司
22	上海汽车集团财务有限责任公司
23	东航集团财务有限责任公司
24	上海电气集团财务有限责任公司
25	中船财务有限责任公司
26	上海浦东发展集团财务有限责任公司
27	松下电器(中国)财务有限公司
28	申能集团财务有限公司
29	日立(中国)财务有限公司
30	中远海运集团财务有限责任公司
31	上海复星高科技集团财务有限公司
32	上海华谊集团财务有限责任公司
33	百联集团财务有限责任公司
34	上海上实集团财务有限公司
35	光明食品集团财务有限公司
36	上海外高桥集团财务有限公司
37	上海文化广播影视集团财务有限公司
38	红星美凯龙家居集团财务有限责任公司
39	东方国际集团财务有限公司

序号	名　　称
40	商飞集团财务有限责任公司
41	上海城投集团财务有限公司
42	中国石化财务有限责任公司上海分公司
43	中国电力财务有限公司华东分公司
44	交银金融租赁有限责任公司
45	招银金融租赁有限公司
46	农银金融租赁有限公司
47	浦银金融租赁股份有限公司
48	太平石化金融租赁有限责任公司
49	长江联合金融租赁有限公司
50	广融达金融租赁有限公司
51	交银航空航运金融租赁有限责任公司
52	招银航空航运金融租赁有限公司
53	华融航运金融租赁有限公司
54	上汽通用汽车金融有限责任公司
55	福特汽车金融（中国）有限公司
56	东风日产汽车金融有限公司
57	菲亚特克莱斯勒汽车金融有限责任公司
58	上海东正汽车金融股份有限公司
59	华晨东亚汽车金融有限公司
60	吉致汽车金融有限公司
61	中银消费金融有限公司
62	上海尚诚消费金融股份有限公司
63	平安消费金融有限公司
64	上海国利货币经纪有限公司
65	上海国际货币经纪有限责任公司
七、专营机构	
1	中国工商银行股份有限公司票据营业部
2	中国工商银行股份有限公司贵金属业务部
3	中国工商银行股份有限公司私人银行部

（续表）

序号	名　　称
4	中国农业银行股份有限公司票据营业部
5	中国农业银行股份有限公司信用卡中心
6	中国农业银行股份有限公司私人银行部
7	中国银行股份有限公司上海人民币交易业务总部
8	中国建设银行股份有限公司信用卡中心
9	中国建设银行股份有限公司贵金属及大宗商品业务部
10	交通银行股份有限公司太平洋信用卡中心
11	交通银行股份有限公司私人银行部
12	招商银行股份有限公司信用卡中心
13	兴业银行股份有限公司资金营运中心
14	兴业银行股份有限公司信用卡中心
15	平安银行股份有限公司资金运营中心
16	上海浦东发展银行股份有限公司信用卡中心
17	上海浦东发展银行股份有限公司小企业金融服务中心
18	宁波银行股份有限公司资金营运中心
19	杭州银行股份有限公司资金营运中心
20	南京银行股份有限公司资金运营中心
21	江苏银行股份有限公司资金营运中心
22	浙江泰隆商业银行股份有限公司资金营运中心
23	宁波通商银行股份有限公司资金营运中心
24	昆仑银行股份有限公司上海国际业务结算中心
25	上海银行股份有限公司信用卡中心
26	上海银行股份有限公司小企业金融服务中心
27	中信银行股份有限公司信用卡中心上海分中心
28	华夏银行股份有限公司信用卡中心上海分中心
29	中国民生银行股份有限公司信用卡中心华东分中心
30	平安银行股份有限公司信用卡中心上海分中心
31	平安银行股份有限公司汽车消费金融中心上海分中心
32	兴业银行股份有限公司私人银行部
33	招商银行股份有限公司资金营运中心

序号	名　　称
34	中国农业银行股份有限公司资金运营中心
35	浙商银行股份有限公司资金营运中心
36	恒丰银行股份有限公司资金运营中心
37	恒丰银行股份有限公司私人银行部
38	广发银行股份有限公司资金营运中心
39	广发银行股份有限公司信用卡中心上海分中心
八、其他银行机构	
1	国家开发银行上海市分行
2	中国进出口银行上海分行
3	中国农业发展银行上海市分行
九、外资银行代表处	
1	大西洋银行股份有限公司上海代表处
2	大众银行(香港)有限公司上海代表处
3	台新国际商业银行股份有限公司上海代表处
4	阿联酋马捷力银行公共股份公司上海代表处
5	德国黑森—图林根州银行上海代表处
6	法国工商银行有限公司上海代表处
7	韩国输出入银行上海代表处
8	加拿大帝国商业银行有限公司上海代表处
9	加拿大多伦多道明银行有限公司上海代表处
10	加拿大国民银行有限公司上海代表处
11	卡塔尔多哈银行股份有限公司上海代表处
12	卡塔尔国民银行公众股份公司上海代表处
13	美国国泰银行有限公司上海代表处
14	美国浦瑞兴银行股份有限公司上海代表处
15	南非第一兰特银行有限公司上海代表处
16	尼日利亚万通银行公共有限公司上海代表处
17	挪威商业银行公共有限公司上海代表处
18	日本 CHUGOKU 银行股份有限公司上海代表处
19	日本八十二银行股份有限公司上海代表处

序号	名　称
20	日本百十四银行股份有限公司上海代表处
21	日本百五银行有限公司上海代表处
22	日本北国银行有限公司上海代表处
23	日本北陆银行股份有限公司上海代表处
24	日本北洋银行股份有限公司上海代表处
25	日本常阳银行股份有限公司上海代表处
26	日本大垣共立银行股份有限公司上海代表处
27	日本第四北越银行股份有限公司上海代表处
28	日本肥后银行股份有限公司上海代表处
29	日本福冈银行股份有限公司上海代表处
30	日本广岛银行股份有限公司上海代表处
31	日本京都银行股份有限公司上海代表处
32	日本静冈银行股份有限公司上海代表处
33	日本蓝天银行股份有限公司上海代表处
34	日本里索那银行股份有限公司上海代表处
35	日本鹿儿岛银行股份有限公司上海代表处
36	日本名古屋银行股份有限公司上海代表处
37	日本七十七银行股份有限公司上海代表处
38	日本千叶银行股份有限公司上海代表处
39	日本群马银行股份有限公司上海代表处
40	日本山阴合同银行股份有限公司上海代表处
41	日本商工组合中央金库股份有限公司上海代表处
42	日本十六银行股份有限公司上海代表处
43	日本信金中央金库有限公司上海代表处
44	日本伊予银行股份有限公司上海代表处
45	日本滋贺银行有限公司上海代表处
46	西日本城市银行股份有限公司上海代表处
47	瑞士宝盛银行有限公司上海代表处
48	瑞士苏黎世恒比银行股份有限公司上海代表处
49	瑞士盈丰银行股份有限公司上海代表处

(续表)

序号	名　　称
50	沙特阿拉伯国家银行股份有限公司上海代表处
51	土耳其担保银行股份公司上海代表处
52	土耳其实业银行股份公司上海代表处
53	西班牙萨瓦德尔银行股份有限公司上海代表处
54	西班牙商业银行股份有限公司上海代表处
55	智利信贷银行股份有限公司上海代表处
十、外资非银机构代表处	
1	日本中央短资公司上海代表处
2	日本上田八木短资公司上海代表处
3	日本东京短资股份有限公司上海代表处
4	万邦有利上海代表处
5	美国速汇金国际有限公司上海代表处
6	英国满利通国际特快汇款有限公司上海代表处
7	韩国首尔货币经纪株式会社上海代表处
证券业金融机构	
一、证券公司	
1	爱建证券有限责任公司
2	长江证券承销保荐有限公司
3	德邦证券股份有限公司
4	东方证券承销保荐有限公司
5	东方证券股份有限公司
6	光大证券股份有限公司
7	国泰君安证券股份有限公司
8	海通证券股份有限公司
9	华宝证券股份有限公司
10	华金证券股份有限公司
11	华兴证券有限公司
12	民生证券股份有限公司
13	摩根大通证券(中国)有限公司
14	摩根士丹利证券(中国)有限公司

（续表）

序号	名　　称
15	上海证券有限责任公司
16	申港证券股份有限公司
17	申万宏源证券有限公司
18	星展证券(中国)有限公司
19	野村东方国际证券有限公司
20	中银国际证券股份有限公司
21	长江证券(上海)资产管理有限公司
22	东证融汇证券资产管理有限公司
23	华泰证券(上海)资产管理有限公司
24	上海东方证券资产管理有限公司
25	上海光大证券资产管理有限公司
26	上海国泰君安证券资产管理有限公司
27	上海海通证券资产管理有限公司
28	中泰证券(上海)资产管理有限公司
29	上海甬兴证券资产管理有限公司
30	天风(上海)证券资产管理有限公司
31	德邦证券资产管理有限公司
二、外国证券类机构上海代表处及境外证券期货交易所代表处	
1	东洋证券股份有限公司上海代表处
2	法国巴黎资本(亚洲)有限公司上海代表处
3	法国兴业证券(香港)有限公司上海代表处
4	富兰克林华美证券投资信托股份有限公司上海代表处
5	冈三证券股份有限公司上海代表处
6	高盛(中国)有限责任公司上海代表处
7	海通国际证券有限公司上海代表处
8	韩国爱思开证券股份有限公司上海代表处
9	韩国国民证券公司上海代表处
10	韩国农协投资证券公司上海代表处
11	韩国投资信托运用株式会社上海代表处
12	韩国未来资产证券股份有限公司上海代表处

序号	名　称
13	韩国新韩金融投资股份有限公司上海代表处
14	华南永昌综合证券股份有限公司上海代表处
15	凯基证券亚洲有限公司上海代表处
16	坤信国际证券有限公司上海代表处
17	蓝泽证券股份有限公司上海代表处
18	马来西亚城市信贷投资银行有限公司上海代表处
19	麦格理证券（澳大利亚）股份有限公司上海代表处
20	美国美林国际有限公司上海代表处
21	内藤证券公司上海代表处
22	群益国际控股有限公司上海代表处
23	日本瑞穗证券股份有限公司上海代表处
24	日本三井住友德思资产管理股份有限公司上海代表处
25	日盛嘉富证券国际有限公司上海代表处
26	瑞士信贷（香港）有限公司上海代表处
27	台湾美好证券股份有限公司上海代表处
28	台湾元大证券股份有限公司上海代表处
29	香港上海汇丰银行有限公司（证券业务）上海代表处
30	野村证券株式会社上海代表处
31	永丰金证券（亚洲）有限公司上海代表处
32	致富证券有限公司上海代表处
33	中信里昂证券有限公司上海代表处
34	香港富盈交易香港有限公司上海代表处
35	新加坡萨默塞特资本管理有限公司上海代表处
36	巴西证券期货交易所上海代表处

三、基金公司

序号	名　称
1	长信基金管理有限责任公司
2	东吴基金管理有限公司
3	富国基金管理有限公司
4	光大保德信基金管理有限公司
5	国海富兰克林基金管理有限公司

序号	名　　称
6	国联安基金管理有限公司
7	国泰基金管理有限公司
8	华安基金管理有限公司
9	华宝基金管理有限公司
10	华富基金管理有限公司
11	汇丰晋信基金管理有限公司
12	海富通基金管理有限公司
13	汇添富基金管理股份有限公司
14	金元顺安基金管理有限公司
15	交银施罗德基金管理有限公司
16	诺德基金管理有限公司
17	农银汇理基金管理有限公司
18	浦银安盛基金管理有限公司
19	上投摩根基金管理有限公司
20	申万菱信基金管理有限公司
21	泰信基金管理有限公司
22	天治基金管理有限公司
23	万家基金管理有限公司
24	中信保诚基金管理有限公司
25	兴证全球基金管理有限公司
26	华泰柏瑞基金管理有限公司
27	银河基金管理有限公司
28	中海基金管理有限公司
29	中欧基金管理有限公司
30	中银基金管理有限公司
31	西部利得基金管理有限公司
32	富安达基金管理有限公司
33	财通基金管理有限公司
34	长安基金管理有限公司
35	德邦基金管理有限公司

（续表）

序号	名　　称
36	华宸未来基金管理有限公司
37	太平基金管理有限公司
38	东海基金管理有限责任公司
39	兴业基金管理有限公司
40	上银基金管理有限公司
41	永赢基金管理有限公司
42	鑫元基金管理有限公司
43	兴银基金管理有限责任公司
44	圆信永丰基金管理有限公司
45	嘉合基金管理有限公司
46	华泰保兴基金管理有限公司
47	凯石基金管理有限公司
48	恒越基金管理有限公司
49	博道基金管理有限公司
50	弘毅远方基金管理有限公司
51	中庚基金管理有限公司
52	蜂巢基金管理有限公司
53	湘财基金管理有限公司
54	睿远基金管理有限公司
55	朱雀基金管理有限公司
56	淳厚基金管理有限公司
57	西藏东财基金管理有限公司
58	达诚基金管理有限公司
59	瑞达基金管理有限公司
60	贝莱德基金管理有限公司
61	易米基金管理有限公司
62	泉果基金管理有限公司
63	富达基金管理(中国)有限公司
64	路博迈基金管理(中国)有限公司
四、期货公司	
1	渤海期货股份有限公司
2	东航期货有限责任公司

（续表）

序号	名　称
3	东吴期货有限公司
4	东兴期货有限责任公司
5	光大期货有限公司
6	国富期货有限公司
7	国盛期货有限责任公司
8	国泰君安期货有限公司
9	国投安信期货有限公司
10	国信期货有限责任公司
11	海通期货股份有限公司
12	海证期货有限公司
13	恒力期货有限公司
14	恒泰期货股份有限公司
15	华闻期货有限公司
16	华鑫期货有限公司
17	建信期货有限责任公司
18	金信期货有限公司
19	瑞银期货有限责任公司
20	上海大陆期货有限公司
21	上海东方财富期货有限公司
22	上海东方期货经纪有限责任公司
23	上海东亚期货有限公司
24	上海东证期货有限公司
25	上海浙石期货经纪有限公司
26	上海中期期货股份有限公司
27	申银万国期货有限公司
28	紫金天风期货股份有限公司
29	天鸿期货经纪有限公司
30	通惠期货有限公司
31	铜冠金源期货有限公司
32	新湖期货股份有限公司

（续表）

序号	名　称
33	中财期货有限公司
34	中辉期货有限公司
35	中融汇信期货有限公司
36	中银国际期货有限责任公司
五、独立基金销售机构	
1	诺亚正行基金销售有限公司
2	上海好买基金销售有限公司
3	上海天天基金销售有限公司
4	上海长量基金销售有限公司
5	上海利得基金销售有限公司
6	通华财富（上海）基金销售有限公司
7	海银基金销售有限公司
8	上海大智慧基金销售有限公司
9	上海财咖啡基金销售有限公司
10	上海联泰基金销售有限公司
11	上海汇付基金销售有限公司
12	上海钜派钰茂基金销售有限公司
13	上海凯石财富基金销售有限公司
14	上海基煜基金销售有限公司
15	上海陆金所基金销售有限公司
16	上海景谷基金销售有限公司
17	利和财富（上海）基金销售有限公司
18	上海尚善基金销售有限公司
19	上海攀赢基金销售有限公司
20	上海中正达广基金销售有限公司
21	中民财富基金销售（上海）有限公司
22	上海云湾基金销售有限公司
23	上海爱建基金销售有限公司
24	上海万得基金销售有限公司
25	上海陆享基金销售有限公司

序号	名　称
26	上海挖财基金销售有限公司
27	上海有鱼基金销售有限公司
28	民商基金销售（上海）有限公司
六、证券投资咨询机构	
1	上海东方财富证券投资咨询有限公司
2	上海海能证券投资顾问有限公司
3	上海汇正财经顾问有限公司
4	上海九方云智能科技有限公司
5	上海凯石证券投资咨询有限公司
6	利多星（上海）投资管理有限公司
7	上海荣正投资咨询股份有限公司
8	上海申银万国证券研究所有限公司
9	上海世基投资顾问有限公司
10	上海亚商投资顾问有限公司
11	上海益学投资咨询有限公司
12	上海聿莜信息科技有限公司
13	上海证券通投资资讯科技有限公司
14	上海智蚁理财顾问有限公司
15	上海中和应泰财务顾问有限公司
16	益盟股份有限公司
保险业金融机构	
一、人身险法人机构	
1	建信人寿保险股份有限公司
2	上海人寿保险股份有限公司
3	中宏人寿保险有限公司
4	安联人寿保险有限公司
5	中美联泰大都会人寿保险有限公司
6	交银人寿保险有限公司
7	北大方正人寿保险有限公司
8	长生人寿保险有限公司

（续表）

序号	名　　称
9	陆家嘴国泰人寿保险有限责任公司
10	汇丰人寿保险有限公司
11	复星保德信人寿保险有限公司
12	工银安盛人寿保险有限公司
13	友邦人寿保险有限公司
二、人身险公司分支机构	
1	中国人寿保险股份有限公司上海市分公司
2	中国太平洋人寿保险股份有限公司上海分公司
3	中国平安人寿保险股份有限公司上海分公司
4	新华人寿保险股份有限公司上海分公司
5	泰康人寿保险有限责任公司上海分公司
6	太平人寿保险有限公司上海分公司
7	天安人寿保险股份有限公司上海分公司
8	光大永明人寿保险有限公司上海分公司
9	民生人寿保险股份有限公司上海分公司
10	富德生命人寿保险股份有限公司上海分公司
11	平安养老保险股份有限公司上海分公司
12	中融人寿保险股份有限公司上海分公司
13	合众人寿保险股份有限公司上海分公司
14	太平养老保险股份有限公司上海分公司
15	中国人民健康保险股份有限公司上海分公司
16	华夏人寿保险股份有限公司上海分公司
17	君康人寿保险股份有限公司上海分公司
18	信泰人寿保险股份有限公司上海分公司
19	农银人寿保险股份有限公司上海分公司
20	昆仑健康保险股份有限公司上海分公司
21	和谐健康保险股份有限公司上海分公司
22	中国人民人寿保险股份有限公司上海市分公司
23	国华人寿保险股份有限公司上海分公司
24	英大泰和人寿保险股份有限公司上海分公司

（续表）

序号	名　　称
25	泰康养老保险股份有限公司上海分公司
26	幸福人寿保险股份有限公司上海分公司
27	阳光人寿保险股份有限公司上海分公司
28	中邮人寿保险股份有限公司上海分公司
29	大家人寿保险股份有限公司上海分公司
30	利安人寿保险股份有限公司上海分公司
31	前海人寿保险股份有限公司上海分公司
32	东吴人寿保险股份有限公司上海分公司
33	弘康人寿保险股份有限公司上海分公司
34	大家养老保险股份有限公司上海分公司
35	太平洋健康保险股份有限公司上海分公司
36	复星联合健康保险股份有限公司上海分公司
37	中信保诚人寿保险有限公司上海分公司
38	中意人寿保险有限公司上海分公司
39	中荷人寿保险有限公司上海分公司
40	中英人寿保险有限公司上海分公司
41	同方全球人寿保险有限公司上海分公司
42	招商信诺人寿保险有限公司上海分公司
43	瑞泰人寿保险有限公司上海分公司
44	华泰人寿保险股份有限公司上海分公司
45	平安健康保险股份有限公司上海分公司
46	中国人寿养老保险股份有限公司上海市分公司
三、财产险法人机构	
1	永诚财产保险股份有限公司
2	中远海运财产保险自保有限公司
3	国泰财产保险有限责任公司
4	安盛天平财产保险有限公司
5	三星财产保险(中国)有限公司
6	史带财产保险股份有限公司
7	美亚财产保险有限公司

序号	名　　称
8	苏黎世财产保险(中国)有限公司
9	东京海上日动火灾保险(中国)有限公司
10	三井住友海上火灾保险(中国)有限公司
11	瑞再企商保险有限公司
12	安达保险有限公司
13	劳合社保险(中国)有限公司
14	中国大地财产保险股份有限公司
15	中国太平洋财产保险股份有限公司
16	华泰财产保险有限公司
17	天安财产保险股份有限公司
18	太平洋安信农业保险股份有限公司
19	众安在线财产保险股份有限公司
20	中国融通财产保险有限公司
四、财产险公司分支机构	
1	中国人民财产保险股份有限公司上海市分公司
2	中国太平洋财产保险股份有限公司上海分公司
3	中国平安财产保险股份有限公司上海分公司
4	太平财产保险有限公司上海分公司
5	中国大地财产保险股份有限公司上海分公司
6	中国大地财产保险股份有限公司营业部
7	中国人寿财产保险股份有限公司上海市分公司
8	永安财产保险股份有限公司上海分公司
9	太平洋安信农业保险股份有限公司上海分公司
10	阳光财产保险股份有限公司上海市分公司
11	华泰财产保险有限公司上海分公司
12	华泰财产保险有限公司营业部
13	中华联合财产保险股份有限公司上海分公司
14	华安财产保险股份有限公司上海分公司
15	天安财产保险股份有限公司上海分公司
16	英大泰和财产保险股份有限公司上海分公司

（续表）

序号	名　　称
17	安诚财产保险股份有限公司上海分公司
18	亚太财产保险有限公司上海分公司
19	中银保险有限公司上海分公司
20	国任财产保险股份有限公司上海分公司
21	国元农业保险股份有限公司上海分公司
22	浙商财产保险股份有限公司上海分公司
23	紫金财产保险股份有限公司上海分公司
24	长安责任保险股份有限公司上海市分公司
25	鼎和财产保险股份有限公司上海分公司
26	东海航运保险股份有限公司上海分公司
27	都邦财产保险股份有限公司上海分公司
28	大家财产保险有限责任公司上海分公司
29	渤海财产保险股份有限公司上海分公司
30	众诚汽车保险股份有限公司上海分公司
31	京东安联财产保险有限公司上海分公司
32	日本财产保险(中国)有限公司上海分公司
33	中意财产保险有限公司上海分公司
五、航运保险中心	
1	中国人民财产保险股份有限公司航运保险运营中心
2	中国太平洋财产保险股份有限公司航运保险事业营运中心
3	中国平安财产保险股份有限公司航运保险运营中心
4	中国大地财产保险股份有限公司航运保险运营中心
5	中国人寿财产保险股份有限公司航运保险运营中心
6	永安财产保险股份有限公司航运保险运营中心
7	天安财产保险股份有限公司航运保险中心
8	太平财产保险有限公司航运保险运营中心
9	华泰财产保险有限公司航运保险运营中心
10	阳光财产保险股份有限公司航运保险运营中心
六、外资保险代表处	
1	慕尼黑再保险公司上海代表处

（续表）

序号	名　　称
2	韩国贸易保险公社上海代表处
3	大西洋再保险公司上海代表处
4	台湾新安东京海上产物保险股份有限公司上海代表处
5	台湾产物保险股份有限公司上海代表处
6	比利时裕利安怡信用保险公司上海代表处
7	美国安泰人寿保险公司上海代表处
8	台湾南山人寿保险股份有限公司上海代表处
9	日本第一生命控股股份有限公司上海代表处
10	百慕达富卫人寿保险（百慕达）有限公司上海代表处
11	英国佰仕富人寿再保险有限公司上海代表处
12	比利时富杰保险国际股份有限公司上海代表处
13	中国太平保险控股有限公司上海办事处
14	美国大陆保险公司上海代表处
七、其他保险机构	
1	中国出口信用保险公司上海分公司
2	建信养老金管理有限责任公司上海养老金中心

后　记

在市领导的关心下,在市金融工作党委、市地方金融监管局的直接指导下,在中国人民银行上海总部、上海银保监局、上海证监局以及在沪金融市场、金融机构、金融行业组织的大力支持下,《上海金融发展报告 2023》出版了。《上海金融发展报告 2023》较为全面地反映了 2022 年以来上海国际金融中心建设取得的进步,准确记载了 2022 年以来上海金融市场、金融业、金融环境等方面的发展变化,是一本关于上海国际金融中心建设的综合性发展报告。在此,谨向所有关心和支持金融发展报告编写的领导以及付出辛勤劳动的各位作者,表示衷心的感谢。

本书的初稿,按章节顺序由下列同志提供:第一章上海市地方金融监督管理局黄醉清,第二章中国人民银行上海总部李冀申,第三章、第四章中国外汇交易中心陆晨希,第五章上海黄金交易所吴宇峰、刘欣,第六章上海票据交易所李智康,第七章上海证券交易所刘泽黎、上海证监局何毛毛、上海股权托管交易中心沈依宁,第八章上海期货交易所屈琳珊、中国金融期货交易所付迟、常鑫鑫,第九章上海保险交易所黄铄珺,第十章中国信托登记公司詹君怡,第十一章上海联合产权交易所贾彦,第十二章上海清算所吴韵、中央国债登记结算公司上海总部孟惟齐、中国证券登记结算公司上海分公司王焱、跨境银行间支付清算(上海)公司刘筱,第十三章上海银保监局李倩,第十四章、第十五章、第十六章上海证监局何毛毛,第十七章上海银保监局李倩,第十八章中国银联上海分公司周涛,第十九章上海市地方金融监督管理局武雯、周卢凡、秦艺城、吴超,第二十章上海银保监局李倩、上海证监局何毛毛、上海市地方金融监督管理局武雯、周卢凡、秦艺城、吴超,第二十一章上海市银行同业公会、上海市证券同业公会、上海市期货同业公会、上海市基金同业公会、上海市保险同业公会、上海市互联网金融行业协会,第二十二章浦东新区金融工作局张文觉、黄浦区金融服务办公室吴丽丽、虹口区金融工作局何钰,第二十三章中共上海市金融工作委员会张强,第二十四章中国人民银行上海总部陈安宇、殷楚楚,第二十五章上海金融法院赵丹阳、上海市地方金融监督管理局张依茹。专栏 1 上海市地方金融监督管理局吴超,专栏 2、3、4 上海市地方金融监督管理局张瓅心,专栏 5 上海市地方金融监督管理局翁璇,专栏 6、7 中国外汇交易中心陆晨希,专栏 8 上海黄金交易所吴宇峰、刘欣,专栏 9 上海票据交易所李智康,专栏 10 上海证券交易所刘泽黎,专栏 11 上海证监局何毛毛,专栏 12 上海期货交易所屈琳珊,专栏 13 上海保险交易所黄铄珺,专栏 14 中国信托登记公司詹君怡,专栏 15、16 上海清算所吴韵,专栏 17、18 中央国债登记结算公司上海总部孟惟齐,专栏 19 跨境银行间支付清算(上海)公司刘筱,专栏 20 上海银保监局李倩,专栏 21、22、23 上海证监局何毛毛,专栏 24 上海银保监局李倩,专栏 25 市地方金融监督管理局俞燕,专栏 26 中国人民银行上海总部陈安宇。附录由中国人民银行上海总部、上海银保监局、上海证监局提供,上海市金融稳定发展研究中心于中华整理。统稿:上海市地方金融监督管理局钱瑾、张建鹏、李广、余欣怡、黄醉清、袁远、周思宇、张源欣,上海市金融稳定发展研究中心倪经纬、李刚、于中华、周盈辰。在此表示衷心的感谢。

　　在编写过程中,尽管我们力求能准确、全面地反映上海金融业发展的特点和趋势,但由于水平有限,缺点和错误在所难免。我们真诚地欢迎广大读者批评、指正。

编　者

2023 年 9 月

图书在版编目(CIP)数据

上海金融发展报告.2023/信亚东,周小全主编
.—上海:上海人民出版社,2023
ISBN 978 - 7 - 208 - 18643 - 9

Ⅰ.①上…　Ⅱ.①信…　②周…　Ⅲ.①地方金融事业
-经济发展-研究报告-上海-2023　Ⅳ.①F832.751

中国国家版本馆 CIP 数据核字(2023)第 215961 号

责任编辑　马瑞瑞
封面设计　陈酌工作室

上海金融发展报告 2023
信亚东　周小全　主编

出　　版　上海人民出版社
　　　　　　(201101　上海市闵行区号景路 159 弄 C 座)
发　　行　上海人民出版社发行中心
印　　刷　上海华业装璜印刷厂有限公司
开　　本　889×1194　1/16
印　　张　16.25
字　　数　298,000
版　　次　2023 年 12 月第 1 版
印　　次　2023 年 12 月第 1 次印刷
ISBN 978 - 7 - 208 - 18643 - 9/F·2855
定　　价　88.00 元